再制造供应链责任转移及市场权力结构

程晋石　龚本刚　李帮义　著

科学出版社

北京

内 容 简 介

随着政府对环保的重视，再制造活动也被企业提上了运营日程。由于环保法规的约束，再制造供应链上的成员企业必须承担相应的供应链责任。本书在界定再制造供应链责任及相关问题理论的基础上，研究再制造供应链的责任转移问题，包括单向转移和双向转移问题；随后，探讨考虑博弈次序、政府主导回收以及混合回收渠道下的再制造供应链市场权力结构及各成员企业的策略制定问题；在此基础上，从具体的案例情景角度，分析这些情景下的市场权力结构的演化趋势，并给出成员企业的应对策略。

本书可作为理工类、经管类研究生学习再制造供应链企业策略制定的教材，也可供科研机构、高等院校等单位科研技术人员参考。

图书在版编目（CIP）数据

再制造供应链责任转移及市场权力结构/程晋石，龚本刚，李帮义著. —北京：科学出版社，2018.4

ISBN 978-7-03-056353-8

Ⅰ. ①再… Ⅱ. ①程… ②龚… ③李… Ⅲ. ①制造工业–供应链管理–研究 Ⅳ. ①F407.405

中国版本图书馆 CIP 数据核字（2018）第 010597 号

责任编辑：魏如萍 / 责任校对：彭珍珍
责任印制：吴兆东 / 封面设计：无极书装

科 学 出 版 社 出版
北京东黄城根北街 16 号
邮政编码：100717
http://www.sciencep.com

北京京华虎彩印刷有限公司印刷
科学出版社发行 各地新华书店经销

*

2018 年 4 月第 一 版 开本：720 × 1000 1/16
2018 年 4 月第一次印刷 印张：10 3/4
字数：220 000

定价：76.00 元
（如有印装质量问题，我社负责调换）

前　　言

　　参与整个再制造流程的成员企业通常会在保证自身利润的条件下作出相应的决策，这些决策与供应链上其他成员的决策组合成不同的市场权力结构。此时企业会对这些可能发生的市场结构将造成何种影响进行预判，从而找到最利于自身的决策行为，同时保证自己相关环保责任的履行。因此，在再制造闭环供应链的背景下，研究供应链上成员之间的责任转移问题，并且研究不同再制造市场情景下的市场结构演化问题，具有较好的理论和现实意义。

　　本书主要采用博弈论方法中完全信息下的静态和动态博弈法，对再制造闭环供应链中成员企业间的责任转移以及市场结构演化问题进行深入探讨。具体研究内容如下。

　　第 1 章阐述再制造闭环供应链责任转移及市场结构演化问题的研究背景、意义及研究现状，并对本书的框架及创新点进行归纳。

　　第 2 章阐述再制造闭环供应链责任转移及市场结构演化相关的理论基础。这两章的内容为后续的研究提供较好的理论依据。

　　第 3 章对再制造闭环供应链的责任转移问题进行研究。首先，考虑一个制造商和一个第三方回收商之间的逆向回收责任的转移问题。研究结果表明，转移因子的最大值在各方博弈过程中以及对博弈的结果影响最大；在制造商拥有转移因子的支配权的情况下，允许第三方回收商向自身转移部分回收责任，对双方的合作有较好的促进作用；当第三方回收商有支配转移因子的优先权时，其转移幅度不能过大；制造商的地位要优于第三方回收商。其次，考虑双向责任转移驱动下的一个制造商和一个零售商之间的再制造闭环供应链博弈模型。结果表明，当制造商拥有转移因子的支配权时，再制造闭环供应链的经济效果和环保效果都较好；零售商支配转移因子时，两个效果都较差；当零售商充当供应链的领导者时，环保效果和经济效果都较好。

　　第 4 章着重考虑再制造闭环供应链中的三种不同类型的市场权力结构问题。首先，考虑跟随者博弈次序不同的再制造闭环供应链市场结构问题。研究结果表明，若制造商或零售商是再制造闭环供应链中的博弈领导者，另外两方的跟随决策次序不同，对博弈结果没有影响；但当第三方回收商领导博弈时，另外两方的跟随决策次序不同，对博弈的结果有影响；第三方回收商领导博弈时其利润过低，此时可通过打破零售商的销售联盟的方式提高自身的利润。其次，考虑由政府领导博弈时的再制造闭环供应链的市场结构问题。当政府领导着其他各方组成的联合体时，回收量及各方利润最大；采用重复博弈方法，给出其他各方组成集团联合体后跟随制造商决策的市场结构成立的条件，其中通过设定利润分配参数值的方法来解决这个问题。最后，考虑混合回收渠道下，制造商领导博弈时再制造闭环供应链的市场结构问题。此时，各方组成的联合集团跟随制造商决策时，回收价以及制造商的利润都较低；同样，采用重复博弈的方法给出保证这种市场结构无法长期存在的条件。

第 5 章以目前较典型的几类再制造市场情景案例为背景，建立各情景下的不同市场结构的博弈模型，通过对参与博弈的各方决策值以及利润中的参数进行赋值分析，对两两市场结构进行比较，得到各市场情景下的市场结构演化的趋势和各市场结构的环保效果排序。在第 5 章中，首先，考虑产品拆分再制造的市场情景。在该情景下，具有技术专利优势的零部件商是再制造闭环供应链的领导者。当制造商不实施再制造时，零部件商实施再制造会受到制造商的反对；同样，零部件商不实施再制造时，其也会反对制造商实施再制造；双方同时实施再制造时，市场结构的稳定性也非常差。其次，考虑再制造闭环供应链可能涉及的副产品生产的问题。这种市场情景下，当制造商生产副产品且再制造商不实施副产品生产时的市场结构最稳定，说明了制造商在这种市场情景下的再制造闭环供应链中的重要地位。最后，采用完全信息下的动态博弈方法和演化博弈方法，考虑再制造技术许可下的市场结构演化问题。原始设备制造商和再制造商双方只实施再制造品技术许可交易时的市场结构最稳定，且环保效果最佳；再制造商只为其生产的新产品实施技术许可，会受到原始设备制造商的反对，且即使存在这样的市场结构，其稳定性也最差。从促进双方在技术许可合作的角度来看，技术许可费用的高低以及技术许可的使用效果是市场结构的演化指向的重要参考因素；若要保证双方合作成功的概率，合适的违约惩罚机制是必须配备的。

第 6 章对本书内容进行总结，并对未来的延续性研究进行展望。

本书的创新之处表现在如下几点。

（1）提出再制造闭环供应链的责任转移问题，探讨各方领导博弈以及责任转移因子的支配者的不同组合下的各市场权力结构的经济效果及环保效果。

（2）探讨再制造闭环供应链中跟随者的决策次序不同的问题。此问题的探讨是对相关研究的补充，完善了已有研究并具有一定的现实意义。

（3）考虑再制造闭环供应链中较新的案例情景下的市场权力结构演化问题，为生产者及政府制定相关经济导向的策略及政策提供理论依据。

本书的第 1 章由程晋石和龚本刚合作完成，第 2 章由程晋石和李帮义合作完成，第 3 章～第 6 章由程晋石完成。

在本书完成之际，作者想感谢很多人。在本书的初稿撰写过程中，作者的博士生导师李帮义教授和安徽工程大学的龚本刚教授对本书的前两章内容与思路进行了细致的审阅和指正，让作者能够更好地完成余下章节的撰写工作。另外，安徽工程大学的王忠群教授和王凤莲博士对本书撰写前的准备工作给予了很多指导。

作者还要感谢重庆工商大学的孟伟副教授和吴绍波副教授，两位老师对本书的撰写工作给予了很多中肯的建议。另外，还要感谢广东工业大学的程明宝教授、中国科学技术大学管理学院的杜少甫教授和郭晓龙副教授，以及天津理工大学的许垒教授，他们在作者不长的学术生涯中给予了极大的帮助。还要感谢我的父母、妻子和孩子，没有他们的支持，也不会有本书的完成。

本书的出版得到了国家自然科学基金（编号：71671001、71771002）和安徽省自然科学基金（编号：1808085MG214）的资助，在此表示感谢。

鉴于作者才疏学浅，书中难免存在不足之处，恳请读者批评指正。

程晋石

2018 年 2 月 10 日

目　　录

第1章 绪　　论

本章是本书的引入部分。首先介绍本书研究的现实背景、研究目的以及研究意义；然后对与本书相关的文献进行梳理介绍；最后介绍本书研究的主要内容。

1.1　再制造及责任转移

1.1.1　再制造活动的环保意义和获利性

中共十八大报告把环境保护，资源节约，能源节约，发展可再生能源，水、大气、土壤污染治理等一系列事项统一为"生态文明"的概念，并将其作为整个报告十二个部分中的第八部分单独强调[1]。这说明，国家对环保问题的重视大大提升，并释放了强烈关注环境保护、资源循环利用、节能减排等相关领域的信号，并且报告中着重指向了节能产品、余热利用、废弃物回收利用等行业。

2005 年以来，由于受到欧洲联盟（简称欧盟）报废电子电气设备（waste electrical and electronic equipment，WEEE）回收法案的影响，我国各项环保方面的法律法规（《中华人民共和国循环经济促进法》、《中华人民共和国清洁生产促进法》、《中华人民共和国固体废物污染环境防治法》和《废弃电器电子产品回收处理管理条例》等）已相继出台并实施，这标志着由我国政府主导的对废旧产品进行再利用已进入企业日常生产经营活动。并且，中华人民共和国国家发展和改革委员会（简称国家发改委）也选择了 14 家整车（机）生产企业和汽车零部件制造企业开展汽车零部件的回收、再利用、再制造试点工作。早在 2000 年，就有学者提出了生产者延伸责任（extended product and producer responsibility，EPR）[2]的概念，其本质上是一项环境制度，指通过将生产者的环境责任延伸至生命周期的各环节，其中的延伸责任包括经济责任、实体责任、赔偿责任和环保责任等[3]。再制造（remanufacturing）是 EPR 的延伸形式，即通过考虑产品全生命周期的一些因素，遵循优质、高效、节能、环保的准则，对寿命终止（end of life，EOL）产品实施还原修复和价值恢复的一系列技术和管理行为的总称[4]。另外，闭环供应链（closed-loop supply chain，CLSC）是指在以往的"正向"供应链上考虑逆向回收品的反馈回流过程（即逆向供应链），包括与正向形成的闭环形态的双向供应链综合体系[5]。换言之，闭环供应链既包括"资源—制造—分销—消费"的正向流程，还包括"废旧产品—回收—再利用—再分销—消费"的逆向流程[6]。综合来看，再制造闭环供应链是再制造与制造并存情况下的供应链系统，其结构也较为复杂，如图 1.1 所示。

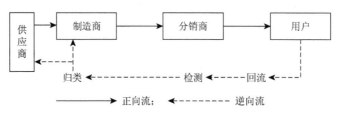

图 1.1　再制造闭环供应链示意图

　　从政府的角度看，企业对废旧产品进行回收再制造，不仅是为了使企业降低生产成本（获利性）、提高产品价格竞争力，更重要的是有利于合理使用全社会的生产资源、保护生态环境。已从多家实施再制造的生产企业得到验证：再制造品的边际成本与新品相比较低且可带来大量无形收益（如增加企业环境声誉）。显然，再制造的成本风险规避的作用非常明显，并且再制造闭环供应链中各成员可通过再制造活动更好地明确自身所应当承担的环保责任。但同时，很多企业因其资源所限，无法承担相应的环保责任及实施成本（建立回收及再制造设施），从而放弃对 EOL 产品实施回收再制造。例如，某些欧美整机厂商认为，为其代工的企业主要集中在低制造成本的亚洲地区，一个旧元件只要通过两次海运的物流成本就会高于一个新元件的制造成本，这必然会导致其放弃再制造。在这些强制性回收法规要求下，生产商名义上必然要承担相应的环保责任（包括回收责任和再制造责任）[7]。而且，随着各国对环保和资源节约问题的重视程度的加大，包括我国在内的很多国家还会出台更加严格的环保政策。如何找到企业获利性与环保要求这两个问题间的均衡点，是值得关注且研究的课题。

1.1.2　合作机制下的环保责任转移

　　显然，再制造供应链上的成员企业必然通过相应的合作机制来实现系统的稳定。但是，环保责任由生产者独自承担缺乏公平性，这也导致很多生产企业通过一些方法逃避相应的回收责任以及拒绝实施产品再制造，造成不良的社会影响。究其原因，是制造商对回收过程的成本的期望值过高，以及对返品数量的预测有极大的不确定性。所以，有学者考虑将相关责任在供应链其他成员企业间实施分担，这可保证制造商能够履行其环保责任，并在一定程度上保证其利益[8]。但是，这种表面公平且显性的责任分担却增加了其他被分担企业的成本，迫使被分担了部分责任的再制造闭环供应链成员企业忍受着低利润经营的状况，进而导致供应链的不稳定，并且这也隐藏着供应链成员不合作的风险。这些情况的存在，都不利于再制造的有效实施。所以，此时必然要求制造商和成员企业在努力转移自身所应承担的环保责任的同时，又能让各方都保证自身利润。若能在这两点间找到一个均衡点，便可以使再制造闭环供应链尽可能地处于稳定状态。

针对责任显性分担的弊端，本书考虑将环保责任在再制造供应链成员间实施转移，这可保证供应链成员都处于相对满意的境地，一定程度上可降低某些风险发生的概率，并增加供应链的稳定性。例如，制造商通过贴牌策略对再制造企业的再制造品进行限制，其实这是一种研发成本转移的方式；另外，实施回收的第三方物流企业（或零售商）通过控制返品转移价格来转移回收责任，这也是环保责任转移的形式。此时，一系列问题必然出现：环保责任如何在成员间转移、由哪方对哪方实施转移、若各方同时实施责任转移将会有何结果，这都是有待于明确的问题。

另外，很多因素都会影响再制造系统的获利性。此时，再制造供应链的市场结构会呈现出高度复杂性和不确定性，其中包括：①责任转移后各方承担比例的不确定性，由于供应链上各方之间契约制定的不确定性存在，环保责任转移后各方承担的比例呈现出不确定性，这将引发市场结构演化的不确定性；②责任转移强度的不确定性，供应链上由实施再制造生产引发的各类责任，会引起市场对供应链中各方生产的再制造品的消费者购买意愿（willing to pay，WTP）有所差别，同时各方自身承担的固定成本的利润转化功能也不同，所以，各方必将通过契约来转移相关风险及责任，而且这种转移的强度会因为各方的谈判能力及其他因素有所不同；③供应链各成员的决策行为不确定性，无论是理论情景还是现实情景下，参与方的决策行为都具有不确定性的特性。例如，企业决策行为不确定性包括抵制再制造、参与再制造或参与再制造后的决策行为的趋利性演化，也可能有趋向环保性广告效应的演化行为。再者，再制造闭环供应链中的成员企业在博弈过程中，跟随博弈次序的不同对博弈结果有何影响，也是可以探讨的问题。

1.1.3　再制造闭环供应链的市场结构演化问题

某些典型的再制造市场情景下的供应链成员企业的决策组合（如制造商实施再制造且供应商不实施再制造为一种市场结构），体现了供应链成员之间极力转移自身所需承担的环保责任的特征。很明显，供应链成员企业的利润大小将决定最终市场结构的演化趋势；反之，成员企业若预测到某市场结构下自身再制造决策的利润点，便可提前作出相应对策来规避可能不利的局面，目的是使自身利益最大化或风险最小化。

企业利润及其产品市场份额的大小，是其决策的基准点。本书讨论当前再制造市场上出现的一些较典型的市场情景（产品拆分再制造的情景、再制造品的技术许可问题以及再制造生产时产生副产品等问题）。在这些市场情景下，参与 EPR 的各企业会考虑主动实施、被动实施或放弃的几种不确定的决策选择的组合。各方决策的选择组合会构成若干种市场结构，此时各方的利润以及总利润会对各方如何采用相应策略来应对产生重要影响。对此问题的研究，将会对保证供应链的稳定起到非常重要的作用。

综上，由这几类再制造情景下的不确定性问题引发的企业决策问题，也直接影响着各再制造情景的市场结构演化趋势。另外，EPR 价值恢复系统内参与人之间的合作与冲突、激励与协调等都比一般制造系统要复杂。所以，由此产生的各市场结构的演化形式及趋势必然会出现极大的复杂性及不确定性。

1.1.4　研究范围界定

综上所述，对于 EPR 环境下的再制造闭环供应链环保责任转移及市场结构演化的研究，将以各方决策行为的选择为基点，以市场结构的演化为最终显现，以引导企业决策为最终目的。本书写作的最终目的是保证再制造供应链相关责任的成功转移，并且最终达到企业的利润以及社会对供应链的 EPR 效果的双重期望，同时可使企业规避相关决策组合下的市场结构可能带来的决策盲点。另外，本书以再制造活动下的供应链的环保责任（正向再制造和逆向回收责任）转移为主要研究范围，并分析企业的经济效果和政府要求的环保效果，从而为企业综合考量各市场结构对自身带来的影响并作出最优决策提供指导。

1.2　本书的研究意义

综上，在中共十八大倡导节能环保的背景下，如何做到既能使国家相关政策很好地履行又能保证各行业内供应链成员合作的稳定性，是非常有意义的研究课题。所以，再制造闭环供应链中的环保责任转移问题以及典型市场情景下的再制造闭环供应链市场结构演化问题是较有意义的研究领域，主要体现在如下三个方面。

1.2.1　理论意义

本书基于再制造闭环供应链的构架，梳理再制造闭环供应链上责任转移的不确定性因素及其规律，分析再制造闭环供应链上各成员企业的战术决策，研究再制造供应链系统的内部运行规律和参与人之间基于竞合关系的策略选择，协调参与人的冲突，为供应链的成员企业规划自己的策略路线，并力求达到一定的环保效果。本书的研究工作可为国家发展循环经济、微观实现循环经济提供一定的理论支撑。

1.2.2　现实意义

我国是被誉为"世界工厂"的制造业大国，但知识产权和环保责任分担等健康机制制定方面的发展是个"小国"，并且面临生态环境破坏和资源短缺的严峻局面。发展循环经济、实施 EPR 是实现环境保护和资源节约的重要途径。国家已经启动实施循环经济的产业试点，开始发展汽车零部件、机床工具、工程机械三大产业的再制造产业。并且，可以预计还有更多的行业和生产者主动承担产品延伸责任，但也存在着利润和责任的矛盾取舍问题。另外，在再制造市场情景下的一些决策盲目性，也是困扰很多企业的现实问题。所以，本书的研究会为再制造供应链上各成员企业如何通过契约将相关环保责任转移到他方提供一定的建议，会为促进各方长期的合作起到良性作用。在此基础上，力求为企业获得决策前的市场结构演化预判优势，在规避风险的基础上获得期望利润，并从保证环保效果（回收量及再制造率）的操作层面促进我国循环经济的发展。

1.2.3　应用意义

尽管国内外对再制造闭环供应链的研究已经有一段时间，但本书找到了再制造闭环供应链中各方竞争及策略选择组合的研究点。研究过程中，采用了经济学、管理学、物流学和环境科学等相关学科知识，提出的研究内容也可为这些学科中的某些部分提供更为具体情景化的案例模型及策略分析。另外，研究成果可直接为再制造供应链的交易行为模型构建与管理提供理论框架和具体实施方法，增强研究成果应用的可操作性。

1.3　相　关　研　究

当前，正向供应链的研究内容已经较为丰富[9-15]。从逆向供应链中的再制造概念出现来看，最早是由 Lund 和 Mundial[16]于 1984 年提出的，他们认为通过再制造生产，保留了原产品中的能源消耗，并且同时可以获得专有技术。在此基础上，随后有三篇文献对再制造理论进行了扩展并成为后面学者研究的基础性文献[17-19]。其中，Thierry 等[17]以 Xerox 对绿色复印纸生产线的实施为案例背景，以闭环供应链为框架研究了产品价值恢复以及再制造对供应链的影响因素，获得了一些有指导意义的研究结论。由此可以引申，闭环供应链实际上是实现产品全生命周期管理的载体[20]，并且可确保通过供应链上各个参与企业的协同运作来实现整个系统的最大效益。

从研究目标及内容来看，本书研究的方向隶属于 EPR 环境下的再制造活动研究领域[21]。此领域的研究成果较多，研究内容基本上由再制造生产管理技术与再制造策略两大类组成。再制造生产管理技术方面的研究包括再制造品的生产设计[22-33]、再制造品的库存控制[34-50]、再制造系统的网络设计[51-85]等。而再制造策略的研究领域包括 EPR 运作机理、回收系统的合作与竞争和再制造供应链相关问题。其中，再制造闭环供应链相关问题又细分为考虑回收渠道的再制造闭环供应链、再制造供应链的责任分担的研究、再制造闭环供应链契约设计与协调、再制造供应链的市场结构方面的研究。

由于研究内容过多及目标的指向性，本书将对再制造策略的研究领域进行着重阐述。针对本书的研究顺序，依次对再制造闭环供应链责任机制、再制造闭环供应链回收系统、再制造闭环供应链责任分担和再制造闭环供应链市场结构四个方面的研究现状进行阐述。

1.3.1　再制造闭环供应链责任机制研究

虽然 EPR 的概念提出的时间不长，但相关的研究非常丰富。近期代表性的文献里，学者对 EPR 的含义进行了更深入的挖掘。吴怡和诸大建[3]从主体—对象—过程的角度分析了 EPR 的内涵和激励机制。从主体的角度，EPR 的实施主体不仅仅是生产者，实际上是个"主体链条"，凡是产品链和价值链上的每个利益相关者都要承担延伸责任。这说明，生产者通过契约形式将延伸责任在"主体链条"上进行分配和协调是可行的。从闭环供应链的角度，EPR 的承担主体包括供应商、制造商、分销商、消费者和第三方企业（third party firms，TPF）。生产者处于主导地位，对"延伸责任链条"通过契约的形式，在"主体链条"上进行分配与协调，以实现社会环境成本的内部化[3, 86, 87]。本书认为责任都是可分割、可转移、可委托代理的，这是本书建立责任转移模型的基础。从实施的角度，两个上溯机制是实施的基础，即环境责任的上溯机制和环境质量控制的上溯机制。另外，Robert 和 Geraloo[88]研究了如何选择再制造、拆解、翻新等恢复模式，以实现轮胎恢复价值最大化，结果表明再制造是最理想的恢复模式。黄祖庆等[89]研究了第三方负责回收的再制造闭环供应链系统的效率。

恢复模式优化是组合各种恢复模式以实现恢复价值最大化的有效方法。Lee等[90]通过设计经济和环境的组合目标函数，研究了最优恢复模式的组合问题。

Özdemir 等[91]研究环境立法对恢复决策、参与意愿、投资机制的影响。文献[92]分析了价值恢复（value recovery）模式及其特点，价值恢复模式包括直接应用（direct reuse）、再制造（remanufacturing）、再循环（recycling）和废弃（disposal）。企业选择恢复模式依赖于 EOL 产品的质量差异，并且经常把再制造作为单一的恢复模式进行研究，冯之浚等[93]、许志端和郭艺勋[20]对废旧品的回收模式及效率进行了研究，赵晓敏等[94]详细阐述了闭环供应链管理，并且就我国电子制造业如何成功实施闭环供应链管理提出建议，刘宝全等[95]研究了不同的再制造模式和不同的回收效率下，新产品和再制造品的定价问题。另外，关于价值恢复模式的选择，并不是简单地选择再制造或者再循环，实际上是如何选择组合模式，以实现恢复价值最大化。通常，恢复模式的选择受 EOL 产品的数量和质量、网络设计[96]、环境、法律规制、恢复成本等综合因素的影响。从机会成本的概念的角度来看，这是由于没有选择最优的价值恢复模式或者放弃其他恢复模式，带来的收益减少。

由这些 EPR 运作机理方面的研究文献可以看出，供应链中各成员无论是在产品回收模式、返品的转移价格制定、再制造品的定价还是价值恢复模式上都表现出一种责任的分担和转移问题。所以，这些文献的一些研究结论，指引了本书对再制造成员企业的责任转移进行更为深入的研究，即本书第 3 章中关于责任转移方面研究内容的研究基础。

1.3.2 再制造闭环供应链回收系统

EOL 产品的回收效果是 EPR 的关键环节、延伸责任的体现和环境效益的标志。回收系统的建设也决定了后期在相关责任转移上的形态。Thierry 等[17]发表了一篇关于价值恢复的较为经典的论文，表明 EPR 的获利性依赖于高效率的回收系统、技术可行性和再制造品的市场需求，这表明了提高回收系统效率的重要性。Kaya[97]研究了回收量 $Q(t)$ 的建模与激励作用。Savaskan 等[98]考虑了回收系统的效率与投资问题，在生产者承担投资责任和 $\rho(I)=\sqrt{I}$ 的假设下，研究了不同回收模式下的回收系统的效率问题，经验证，单一投资主体不能实现协调，需要所有参与人共同承担投资责任。生产者责任组织（producers responsibility organization，PRO）模式也是一种有效的回收模式。若干个生产商可以成立一个非营利的组织（PRO），代表生产者与第三方回收机构谈判、制定合作策略，其本质是以集体承担责任代替个体责任。Fleckinger 和 Glachant[87]研究了 PRO 环境下，回收渠道的合作与竞争问题。另外，Toyasaki 等[99]研究了两种典型的 WEEE 回收模式：垄断的和竞争的，评估了每种模式的优势，给出了影响因素。Walther 等[100]建立讨价还价模型，解决回收任务在参与人之间的分配问题。但这些研究中，没有涉及固定成本承担的主体不同对整个回收系统的效率的影响问题。

　　近年来，考虑回收渠道方面的再制造闭环供应链研究内容较为多样化，国内外学者在此领域的研究成果也非常丰富[101-113]。其中具有代表性的有：姚卫新[101]通过再制造活动将产品的回收模式分为第三方回收、零售商回收及生产商负责回收三种并进行了比较。Savaskan 和 van Wassenhove[103]通过比较三种回收渠道的零售价、回收率和整个渠道的利润来评价每种回收渠道的优劣，结果表明让零售商充当回收渠道是制造商的最佳选择。王发鸿和达庆利[104]基于电子行业的再制造逆向物流系统，考虑了三种回收处理模式的决策模型，结果表明制造商自建回收处理系统可获得最大收益。胡燕娟和关启亮[106]考虑了复合渠道回收的两级闭环供应链系统决策问题，提出复合渠道回收不会影响正向供应链的最优定价及其相应需求的结论。计国君[107]研究在需求不确定情况下，新品与再制造品存在差价时的闭环供应链回收策略。邢光军等[108]考虑了两个零售商的价格竞争环境，研究了生产商回收、零售商回收及第三方回收这三种模式下的回收模式决策。周永圣和汪寿阳[109]分析比较了政府监控下的回收模式的选择对供应链的正向渠道的决策及退役产品回收率的影响。韩小花和薛声家[111]研究了闭环供应链回收渠道的演化过程，并讨论了强势零售商领导的闭环供应链回收渠道的决策问题。邢伟等[112]分析了渠道公平对生产商和零售商均衡策略的影响。易余胤和袁江[113]建立了销售渠道和回收渠道均存在冲突情形下的闭环供应链模型，提出了一个改进的两部定价契约来实现闭环供应链的协调，以弥补分散化决策的效率损失。

　　由本小节对相关文献的阐述得知，再制造闭环供应链的回收系统中的各参与企业成为再制造闭环供应链上实施责任转移的各主体方；另外，上述某些文献所研究的闭环供应链中参与方多于两个（一个领导者，其他为跟随者），但跟随者都是同时决策的，并没有跟随者的先后次序问题的研究。若跟随者也有决策的先后次序，会对各方利润造成何种影响？这将成为本书的一个主要研究驱动点。

1.3.3　再制造闭环供应链责任分担研究

　　从再制造闭环供应链中成员间的竞争与合作的关系（竞合关系）的角度来看，各成员在合作的基础上，必须考虑某些隐蔽的竞争手段来进一步争取自身利益。所以，供应链成员之间的责任分担问题就成了学者研究的兴趣点。另外，社会责任分担的问题也是通过成本的分担及转移来具体表现的，这种分担也体现了责任转移的含义。

　　这方面的研究文献不是太多，其中代表性的文献有几篇：Chao 等[114]考虑了召回成本分担的问题，并对其契约制定进行了讨论；汪翼等[115]对闭环供应链的回收责任分担问题进行了研究，得到了需求弹性高的市场中，回收责任承担者难以承受较高回收率的回收责任的结论；Ni 等[116]研究了供应商通过批发价将社会责任往销售商处转移的情形，得到了各模型下的最优均衡解，并且对各模型下的转移因子的上限进行了讨论；Toktay 和 Wei[117]对制造与再制造相关的成本分担问题进行了讨论；Atasu 和 Subramanian[118]讨论了电子废弃物的回收中，个体生产者和集体生产者的责任分担选择问题；Jacobs 和 Subramanian[119]对供应链中的产品翻新的责任分担问题进行了讨论；程晋石等[120]对再制造供应链的回收责任转移问题进行了建模求解，并分析了各种模型代表的市场结构下的各方收益及环保效果的排序问题。

再制造闭环供应链的契约设计和协调问题代表着再制造供应链上的责任转移问题，这也一直是个研究热点。由于此领域的研究点比较接近现实案例，并且定价和协调策略可能会直接影响供应链的效率，所以吸引了大量国内外学者对这个领域进行了大量的研究工作[121-140]。这里，再制造闭环供应链的契约设计及协调就表现出一种责任认定及责任分担转移的含义。其中，较多的学者涉及了 WTP 差异的问题、再制造和新产品的竞争性定价问题以及再制造闭环供应链成员之间的竞争与协调问题。

这里列举具有代表性的文献：Dekker 和 Fleischmann[121]分析了影响闭环供应链协调问题的关键因素；Nakashima 等[122]考虑了随机需求下再制造系统的最优控制问题，得到了使期望成本最小化的最优生产及定价策略；王玉燕等[126]分析了单一制造商和零售商构成的闭环供应链的定价策略；Bakal 和 Akcali[124]考虑了基于线性需求的废旧产品回收率对逆向供应链定价决策的影响。Ferguson 等[125]对闭环供应链中错误回收废旧产品的协调进行了研究；葛静燕和黄培清[128]给出了闭环供应链的定价策略并提出基于销售收入和回收费用分享的协调机制；公彦德等[129]考虑了第三方主导的闭环供应链的情形，研究了闭环供应链的定价和协调机制及外包的边界条件；孙浩和达庆利[130]采用随机回收的线性函数，研究了逆向供应链的定价与协调，得出了收益共享契约能实现逆向供应链的协调的结论；Liang 等[133]研究了再制造中回收产品的定价问题，目的是采取合理的定价机制使消费者返回废旧产品；易余胤[134]考虑了基于再制造的闭环供应链协调定价模型，通过给出一个改进的两部定价契约来协调定价；孙浩和达庆利[135]考虑了基于双产品（新产品和再制造品）WTP 差异的再制造闭环供应链的博弈定价模型；公彦德和李帮义[137]考虑了零售商回收及制造商回收的两种模型下的闭环供应链的定价策略，通过研究制造商回收的临界条件来讨论第三方物流企业的成本对制造商决策的影响；Guide Jr 和 Li[138]讨论了再制造产品及新产品的 WTP 存在显著差异的问题，得到了 WTP 对制造商的决策具有显著的影响的结论；Chen 和 Chang[139]讨论了再制造闭环供应链上各方的合作竞争问题；郭军华等[140]讨论了 WTP 差异下再制造闭环供应链的定价策略，并设计了收益共享契约对再制造闭环供应链进行了协调。

本书在目前已有的供应链责任分担的文献基础上，提出了更为动态化的再制造闭环供应链的责任转移问题，这也是本书第 3 章的研究目标。

1.3.4　再制造闭环供应链市场结构研究

这里所涉及的市场结构是指某一特定产品的市场中各种生产及交易要素之间的内在联系及特征，包括市场供给方之间，需求方之间，供给和需求方之间以及市场上已有的供给方、需求方与正在进入该市场的供给方、需求方之间的关系。从闭环供应链角度来看，不同的市场结构主要表现为不同博弈领导者引发的不同供应链权力结构，相关文献主要针对不同或相同市场结构下的企业间竞争行为进行研究。

早期，Choi[141]在制造商领导博弈、销售商领导博弈以及制造商与销售商纳什均衡这三种不同市场结构下，研究双头垄断的制造商共用一个销售商时如何实施决策的问题。近期，黄祖庆和达庆利[142]在 Savaskan 等[98]的模型的基础上，将直线型再制造闭环供应链分为五种不同的决策结构，研究了该供应链在不同市场结构下的收益。易余胤[143]研究比较了制造商领导博弈、零售商领导博弈以及制造商和零售商纳什均衡博弈三种市场结构下的均衡回收率、批发价、零售价、渠道成员利润、渠道总利润。Atasu 等[144]将再制造作为一种市场战略进行了深入的研究。易余胤[145]研究了制造商和零售商分别领导以及无领导者的三种市场结构下的竞争零售商再制造闭环供应链博弈模型，并且深入对比了不同力量结构对产品回收率、产品零售价、渠道各成员利润、渠道总利润的影响。李帮义[146]对基于三产品竞争的各不同市场结构下的产量进行分析，得到了再制造可以作为阻止战略的结论。易余胤[147]研究了不同市场结构下的闭环供应链博弈模型，并探讨了销售商主导的闭环供应链的协调机制问题。熊中楷等[148]考虑了经销商从事再制造的市场结构下的闭环供应链模式，并与制造商从事再制造的模式进行了比较分析。程晋石和李帮义[149,150]分别从产品拆分再制造的角度以及再制造过程中产生副产品的角度，研究了各种市场结构下的演化趋势问题，这两篇文献也是本书第 5 章的研究基础。

由上述再制造闭环供应链市场结构方面的研究文献可知，大多数学者只是从理念上对市场结构问题进行讨论，并未考虑各成员企业在不同的策略选择下组合成的市场结构趋势问题，且只有部分学者[148-150]考虑了一些较为接近现实市场案例的市场结构演化问题。因为正确地判断具体案例下的各策略组合（市场结构）的演化趋势，可使企业较好地规避相应的决策风险。所以，此部分文献将成为第 5 章研究内容的基础。

1.3.5　再制造闭环供应链的研究拓展

国内外学者对再制造闭环供应链方面的研究工作非常丰富，也较有现实意义。

但是，目前可查文献中，对再制造闭环供应链的责任转移问题的研究较少，并且很少有学者对具体再制造情景下的市场结构演化进行深入分析。所以，本书认为再制造闭环供应链的研究还有如下几个方面可以进一步拓展。

（1）由前述研究成果引申得知，包含再制造品的闭环供应链是多产品竞争、具有损失厌恶（loss-aversion）的系统[151]，可采用具有产品替代、WTP 差异和质量不确定的多产品报童模型，以及考虑再制造品的担保模型，且这方面涉及的现实案例较多。

（2）EPR 环境下回收供应链的相关责任如何通过契约在供应链成员间进行转移的问题，是较有意义的研究点；另外，考虑责任转移的再制造闭环供应链的市场结构的演化问题，是本书所要探讨的方向。

（3）对包含再制造因素的具体市场情景建模分析，是一个有较多复杂案例的研究领域，近期这方面的文献也较多[152-154]。随着全球再制造市场的持续发展，新的市场情景及市场形态必然层出不穷，所以这方面的研究成果也会更加丰富。这也是本书第 5 章中案例选择的基础。

1.4　本书主要研究内容和体系结构

1.4.1　研究思路和研究内容

1）研究思路

从目前较多的再制造闭环供应链相关的研究成果来看，大多数文献只是考虑了供应链相关责任分担的问题，很少有文献将再制造因素也放在责任分担的研究中，同时很少有文献考虑到再制造闭环供应链上的责任转移问题。另外，博弈领导者后面的跟随者的博弈次序问题以及对各种再制造情景下的市场结构演化问题，也很少有文献对这方面的研究进行补充。

本书将采用博弈论中的完全信息下的静态博弈、完全信息下的动态博弈和演化博弈等方法来解决如下几个问题：再制造闭环供应链上参与企业之间如何转移自身的责任，转移效果如何；哪种市场结构下的责任转移后的经济效果和环保效果都较好；在博弈的领导者后面跟随博弈的各方的次序不同，对结果有什么影响；各种有再制造因素的市场情景下，各方决策选择组合下的市场结构有什么区别，最终的市场结构趋势是什么。这些问题之间都是具有逻辑关系的，并引出了本书的研究思路。

2）研究内容

从目前本书涉及的领域来看，虽然供应链责任以及再制造闭环供应链领域的很多问题已经被其他学者所研究，但本书所做的工作是较为丰富的，具体的研究内容包括如下几个方面。

（1）通过契约实现的环保责任转移模型。在 1.3 节所述的一些文献的基础上，考虑建立以各方收益函数为基础的再制造供应链双向转移博弈模型（其中供应链中参与主体包括制造商、销售商和第三方回收商）。采用的效用函数是 $U_n(p_n) = \theta - p_n$ 和 $U_r(p_r) = \delta\theta - p_r$（其中 p_n、p_r 是新产品、再制造产品的价格）；另外，新产品与再制造产品的需求替代函数采用 $p_n = 1 - q_n - \delta q_r$ 和 $p_r = \delta(1 - q_n - q_r)$ 表示（其中，q_n、q_r 是新产品、再制造产品的产量）。这可保证各决策变量在后续计算中有解且符合现实情形。

接下来，建立基于环保责任转移的再制造供应链博弈模型。这里考虑生产商通过批发价 $w = w_0 + ky_2$（其中，w 为批发价，w_0 为基本批发价，k 为转移因子，y_2 为再制造努力水平）来转移正向再制造生产社会责任，销售商或者回收商通过回收转移价格 $p_r = p_0 + ky_1$（其中，p_r 为回收转移价格，p_0 为回收价格，k 为转移因子，y_1 为零售商的回收努力）来转移逆向的社会责任。首先，对逆向供应链的回收责任转移问题进行研究，其中参与主体包括制造商和回收商。通过这两方分别领导博弈以及分别决定责任转移因子 k 的若干种组合形式的市场结构，讨论各市场结构的各方收益以及环保效果。在此基础上，考虑加入批发价 $w = w_0 + ky_2$ 用于讨论双向责任转移情形下的各方策略问题。

（2）固定成本由一方独担时的责任转移问题。一些母公司和子公司之间存在隐性的竞合关系，且在固定成本分担上也存在一定分歧。所以，本书将研究多方参与的供应链回收及渠道建立的固定成本由某一方承担情景下，承担方可通过契约对固定成本进行转移的问题。另外，将对原始设备制造商（original equipment manufacturer，OEM）和他方再制造企业之间的三种成本转移市场情景问题进行探讨。首先，考虑回收责任的委托代理情形下，两方之间可能存在的成本独担及成本转移方式；其次，考虑生产者如何通过实施许可证制度和品牌授权将研发所需的固定成本转移给他方再制造企业；最后，考虑零部件商通过其零部件技术独占性优势，如何以契约的形式将自身具有环保因素的研发固定成本转移给生产商的情形。

（3）考虑再制造获利性下的市场结构演化模式。EOL 产品因其品质的不确定性导致采用组合价值恢复模式的问题较为复杂。组合价值恢复模式是指生产者通过分类与检测，对品质较好的回收品实施再制造，再制造品与新产品面向共同市场便会产生竞争与替代。本书考虑在各方意图将自身所要承担的环保责任转移到他方的情形下，对组合价值恢复模式的不同如何影响 EPR 系统的获利性的问题进行研究。另外，对政府干预（即政府转移环保责任同时又主导回收活动）下的各方博弈的次序不同的各市场结构进行分析，三方采取依次博弈的情况，而不同于其他文献中对跟随领导者的其他两方采用同时决策的模式。

（4）几种典型再制造市场情景下的市场结构演化问题。在环保责任转移的条件下，考虑几种典型市场情景（再制造品的再许可以及再制造品的担保等情景）下，参与的各方分别领导博弈时（各市场结构）的各方利润。其中，各方是否选择实施某行为（如购买技术许可）时将会有若干种选择组合，也就组成了包含责任转移的若干种市场结构。通过各方的利润中某参数的灵敏度分析，得到各市场结构下参与的各方决策组合可能的演化趋势。

研究中会遇见多参与者的情形，可采用拟生灭过程研究方法讨论市场结构的演化趋势；或通过数值算例，采用比较制度法对各市场结构下参与的各方的收益值曲线进行分析，得到在某参数或多参数共同变化时的市场结构演化边界条件，并讨论各市场结构的稳定性。最后，对各情景下的供应链双向责任转移的效果以及市场结构之间的演化趋势效果进行评估，分别得到各参与主体的最优决策。

综上，本书的研究思路和研究内容可由图 1.2 来表示。

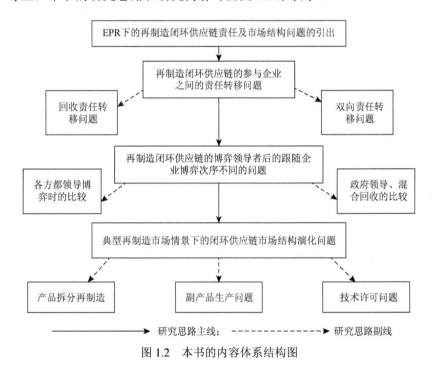

图 1.2　本书的内容体系结构图

1.4.2　组织结构

各章内容安排如下。

第 1 章介绍再制造闭环供应链责任转移及市场结构演化的研究意义、研究现状以及研究内容，然后对本书的研究工作布局进行阐述。

第 2 章介绍与本书相关的基础理论，展示本书所有工作的基本研究内容，并为后续章节的研究提供理论依据。

第 3 章对再制造闭环供应链上的参与企业之间的责任转移问题进行探讨。首先只考虑逆向供应链的回收责任转移问题，在此基础上，研究加入正向再制造责任的双向责任转移问题。第 3 章的研究目的是探求再制造闭环供应链上企业如何在履行了相关责任后进而保证自身的利润的问题。

第 4 章分析博弈过程中几个跟随者的决策次序不同的情况下，市场结构的走向以及成员的效益。具体来说，首先考虑各方分别领导博弈时其他各方跟随博弈时次序不同对市场结构及成员收益造成的影响，然后考虑当政府领导博弈时的情形以及混合回收渠道下的情形。第 4 章的研究结论可为相关企业提供跟随次序决策上的建议。

第 5 章以不同再制造市场情景下的闭环供应链的案例为背景，研究这些市场情景下的市场结构的演化问题。首先，研究产品拆分再制造情形下的闭环供应链的市场结构演化问题；其次，在此基础上，考虑再制造生产过程中产生副产品的现实案例问题，研究此情景下的市场结构演化趋势；最后，分别对两种不同情景下的再制造技术许可问题进行讨论，采用完全信息下的静态博弈、动态博弈以及演化博弈方法进行分析工作，得到一定的结论。这些研究结论可为企业在实施再制造时，对于某些情景可能发生的市场结构演化趋势做到事前预判，并实施更为准确的决策。

第 6 章总结本书的研究内容，通过指出本书研究过程中的不足，对后续与本书相关的研究方向进行展望。

1.5　本书的研究方法和创新点

1.5.1　研究方法

表 1.1 给出了本书各章研究内容所采用的研究方法。具体的研究方法及作用如下。

表 1.1　本书各部分采取的研究方法

研究内容	落脚点	采用的研究方法
研究内容涉及的基础理论	再制造闭环供应链基础理论； 再制造闭环供应链相关责任； 目标函数如何反映环境绩效	调查法； 归纳法
再制造闭环供应链责任转移研究	单向回收责任的转移； 双向责任的转移	Stackelberg 博弈模型

续表

研究内容	落脚点	采用的研究方法
考虑博弈跟随者决策次序的市场结构研究	各方分别领导的博弈情形； 政府领导时的博弈情形； 混合渠道的博弈情形	Stackelberg 博弈模型； Cournot 博弈模型； 重复博弈
基于不同案例的再制造闭环供应链市场结构演化	产品拆分再制造博弈模型； 再制造过程中产生副产品的博弈模型； 再制造技术许可博弈模型	Cournot 博弈模型； Stackelberg 博弈模型； 演化博弈模型； 比较分析法

（1）调查法。为了在相关章节中对一些参数赋值时尽可能地逼近现实情形，通过问卷或当面调查，了解一些生产制造型企业实施再制造的情况，并且采集与再制造相关的成本或销售比例数据。这些数据可用于所建模型参数赋值及仿真分析的工作。

（2）博弈论方法。采用博弈论方法中的完全信息下的静态博弈、完全信息下的动态博弈以及演化博弈方法，可计算出再制造闭环供应链中各市场情景模型的各方决策最优值及各方利润。

（3）比较分析法。对具体再制造情景下的各市场结构进行赋值画图，通过比较分析得到市场结构的演化规律。

1.5.2　创新点

（1）已有文献对再制造供应链的责任分担问题进行了研究，但其责任分担的函数形式为比例分成，只是静态下的责任比例分析。本书则通过设定具有动态特点的责任转移因子，给出不同领导者和责任转移主导方的不同组合下的再制造闭环供应链责任转移模型，分析责任转移因子的动态变化对各方利润的影响，由此对各模型的经济效果和环保效果进行比较分析，给出各方相应的策略建议。这对EPR 相关责任分担问题的研究是一个补充。

（2）由可查资源发现本书研究领域的文献只是考虑某方领导博弈，其他两方同时跟随决策的情形，目前几乎没有文献考虑跟随者也有先后决策次序的问题。因此，本书将深入研究再制造闭环供应链的博弈跟随者的决策次序不同的问题，对再制造闭环供应链的市场结构（不同博弈领导者）中的成员博弈问题是一个补充。

（3）本书第 5 章的研究包括再制造因素的一些较新出现的市场案例（如再制造技术许可、产品拆分再制造和副产品生产等），通过对这些案例中涉及的不同策略组合进行分析比较，得到各再制造案例情景下的各博弈方的最优策略组合形式，这种研究方式是目前其他文献并未涉及的。研究结论可为再制造供应链成员企业实施准确的决策提供理论依据。

这些创新点不但能完善与丰富再制造闭环供应链成员竞争与合作行为研究的理论基础，还可以对现实中再制造闭环供应链中的成员成功地转移自身责任以及对自身利益最大化下的未来可能性的市场结构准确预判，起到一定的指导作用。

第2章 再制造供应链责任及市场权力结构的理论基础

首先，本章介绍再制造的概念、再制造闭环供应链的概念并对再制造闭环供应链系统运作的特征进行分析；随后，阐述再制造闭环供应链中责任转移的相关理论基础；接下来，对再制造闭环供应链的市场结构问题研究的驱动因素进行详细介绍，其中包括再制造闭环供应链市场结构的概念、再制造闭环供应链跟随决策的成员的决策次序以及再制造闭环供应链的市场结构演化问题；最后，对本章内容进行小结。本章结构安排如图 2.1 所示。

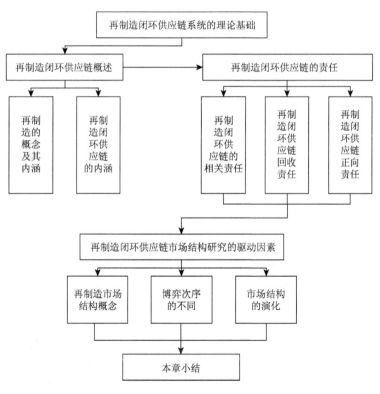

图 2.1　第 2 章的结构安排

2.1　再制造闭环供应链概述

2.1.1　再制造的概念及内涵

再制造代表了资源节约化的最优形式,其具有显著的经济效益,并能回收在产品正向制造阶段添加到产品中的一些附加值,包括能源加工、劳动力及技术等,以最大化地利用废旧的机电产品资源为特征。早些年就有很多企业开始实施再制造活动。例如,施乐(Xerox)公司于1991年就对自己生产回收的复印机实施再制造,并且获得约2亿美元的成本节约[155];另外,柯达(Kodak)公司也对其市场淘汰下来的废旧相机实施回收再制造,并且也取得了额外的利润[35]。所以,通过再制造及产品翻新达到的"物尽其用"成为现代文明的重要体现,并且再制造由于其环保性、经济性,越来越受到企业界和学术界的广泛关注。

再制造是通过对不同品质零部件实施不同的处理方式,以求恢复产品功能,并使其达到如新品一样好的再制造产品的过程。早在1984年,Lund和Mundial[16]就对再制造进行了定义:再制造是对废旧产品实行恢复翻新,使其获得可持续使用的经济状态,这其中包含对旧产品的拆卸、清洗、维修、再装配及调试的全过程。另外,Ferrer和Swaminathan[156]认为再制造是对废旧电器电子产品翻新、拆卸、重装的过程,力求使再制造产品在技术性能上达到最初新产品的使用要求。可知,再制造可使产品得到第二次生命,并要求再制造产品应具备原产品所有功能甚至增加新的功能。国内方面,徐滨士[157]将再制造定义为:以机电产品生命周期理论为指导,以废旧机电产品实现性能跨越式提升为目标,以先进技术和产业化生产为手段,对废旧电器电子产品进行修复和改造使其恢复到新品状态的一系列措施或工程活动的总称。

本书认为再制造的内涵主要体现以下几个方面。

(1)企业可以通过对从市场上返回的产品的零部件进行修理或翻新,将它们重新组装后恢复产品原有的功能,其质量不能低于原新产品的质量水平要求。

(2)由于精神磨损所导致的产品回流,通过再制造将产品中某些零部件使用新的模块化零部件代替已淘汰的零部件,便可较大地提升和改善产品原有性能。

(3)对已经替换下来的旧零部件,可以通过一些技术处理保存,在一些应急时刻可以充当新品,例如,一些零部件在维修时,可用再制造件让消费者临时使用。

(4)再制造也是一种理念创新。在保证回收顺畅的情况下,可将再制造作为一种产品回收处理的高级形式,并通过一系列的优化措施凭借再制造行为影响整个社会的绿色生产的习惯,保证产品实现多生命周期下的循环使用,从本质上实现资源利用的优化、环境保护和经济可持续发展。

2.1.2　再制造闭环供应链的内涵

1. 闭环供应链的几种运行模式

闭环供应链与传统的供应链具有很大区别，尤其在环境保护这个大理念方面。因此，若将传统供应链转化为闭环供应链，则必须扩展传统的设计原则。传统设计原则中的某些地方除了适用于闭环供应链，还需要对相关问题进行扩展：包括考虑减少废气排放和废物生成，需要用到如生命周期评估法（life cycle assessment）、生命周期成本法（life cycle costing）等先进工具，因此供应链中的参与者和消费者都要对其抱有全新且认真的态度[6]。另外，闭环供应链对环境是友好的，同时还可为企业带来可观的经济效益。闭环供应链中也包括几种不同的类型及运行模式，将这几类运行模式进行分析比较，可以让企业更好地实施自己的闭环供应链工程项目。通常，闭环供应链包括如下几种运行模式。

（1）基于循环的闭环供应链。循环是指从废弃不用的物品中提取可以为企业重新利用的物质，这是闭环供应链最容易被人理解的一种模式，也是目前应用最广泛的一种模式。例如，电池的回收、分解和再利用，就是这种循环模式的现实案例表现。具体来说，这些从废弃物中提取的物质，可以用于原产品的生产，也可以用于其他产品的生产，生产趋向的弹性较大。

（2）基于再利用的闭环供应链。这里所说的再利用一方面指经过简单清洗或重新包装就可以投入使用的情况，另一方面指将回收物拆分后的零部件通过简单的翻新处理就可以重新利用的情况。典型的相关案例包括正向供应链中托盘在回收过程中的重新利用以及一次性相机的回收利用等。

（3）基于维修的闭环供应链。这里所说的维修，包括维修、整修以及拼修这三种形式。其作用是将使用过的整机产品或零部件通过对其工作状态、质量状态以及转移产品状态进行改变，从而达到产品的再次使用的效果。

（4）基于再制造的闭环供应链。2.1.1 小节已经对再制造的概念进行了阐述。从本质上看，闭环供应链是将产品进行分拆并检验后的零件和部件、破损的零部件或实施维修，或用新零件替代的循环过程。作为恢复模型最为复杂的再制造，如果将恢复后的产品视为新产品，则此时的再制造闭环供应链也更为复杂。

2. 内涵及其研究范围

闭环供应链是指在传统的"正向"供应链上加入逆向反馈过程（即逆向供应链）而形成的一个完整的供应链体系（图 1.1）。在此基础上，再制造闭环供应链的提出将闭环供应链引入更具环保效果的一种境界，其是再制造与制造同时存在于供应链中的供应链系统。由前面对闭环供应链的运行模式的描述可以看出，基于再制造的闭环供应链的结构是最为复杂的。并且，再制造闭环供应链的系统在回收、分拆、物流、修复等方面的复杂性都超越了传统的正向供应链。另外，这不是简单的"正逆向"的资源加法问题，还涉及动作战略层面的一系列重组问题，复杂性和难度都是非常大的。所以，再制造闭环供应链方面的研究更具挑战性和现实意义。

虽然学术界对再制造闭环供应链的研究起步晚，但近几年许多学者都涉及闭环供应链的研究，并取得很多重要的成果。这些成果包括再制造闭环供应链的网络设计的研究、回收渠道选择方面的研究、两类产品（新产品和再制造品）定价及协调机制的研究以及库存管理方面的研究[5]。近几年，这方面的研究已经开始涉及混杂制造系统的定价策略、库存控制以及生产排程的问题。其中，较有代表性的几篇文献列举如下：Östlin 等[158]分析了再制造闭环供应链中的各方以合作为基础的七种关系，并对这七种关系的适用范围进行了阐述；Saadany 和 Jaber[40]认为目前的研究只采用制造或再制造都能获得最优策略，而混杂制造策略只可在一定假设下才能达到最优。Aras 等[159]考虑进行产品租赁的供应链系统，分析租赁了新产品和再制造产品的最优定价策略。

综上，再制造闭环供应链不仅可满足可持续发展和环境保护的要求，还可使企业自身的发展和竞争优势的获取达到一个较高的层次。考虑到当前竞争和非环境因素的共同影响，再制造闭环供应链的存在和运作必会对业界发展产生较深远的影响。所以，再制造闭环供应链方面的研究是具有较高的理论意义和现实意义的。

2.2　再制造闭环供应链的责任

2.2.1　再制造闭环供应链的相关责任

2001 年，欧盟给出了企业社会责任（corporate social responsibility，CSR）的定义：指企业在自愿的基础上，把社会和环境的影响整合到企业运营以及与利益相关者的互动过程中[160]。这说明，制造企业在自愿的基础上，可以将供应链上的利益相关者的利益获取纳入自己的责任中。但同时，从 EPR 的角度来说，生产者必须承担五个责任[161]，即环境责任（environmental responsibility）、经济责任（economic responsibility）、物质责任（physical responsibility）、所有权（ownership）责任以及信息披露责任（informative responsibility），并且这些责任在供应链成员之间必然会经历一个责任平衡再转移的过程，并以"政府责任→生产者责任→供应链成员责任→利益相关者责任"的路径来演化。可见，这五个责任表明在再制造闭环供应链中，生产者应当在废弃物回收活动中承担主要责任。但是，生产者的责任中也包含了对整条供应链的相关责任的重新分配责任的含义。例如，生产者在负责回收的情况下，可以通过一定的方法要求销售商回收产品，特别是大件耐用产品；生产者可以要求他方对回收过程中的相关信息进行收集，这也是一种责任的重新分配；回收过程中的费用如何在各方之间分担，也是生产者可以影响的一个决策责任。另外，生产者可以要求消费者也承担一定的回收责任，例如，生产者可以通过一定的方法使消费者主动将废旧产品交回到指定的回收点，或者通过预支，将回收处理费用直接附加在新产品的价格中等来使消费者承担相应的责任。

政府作为 EPR 制度的推动主导者，其责任也是具有决定性作用的，主要包括：在制定 EPR 中相关参数中的前期调研责任，这是决定 EPR 工作准确与否的基础性工作，包括确定产品的分类标准、报废标准、回收拆卸的技术规范等；对实施 EPR 的企业进行政策支持；帮助企业建立绩效的自评价体系；对企业的 EPR 活动进行监督等。但是，最终生产者在设计阶段的责任是最重要的，即道德责任，这种责任有时候必须配备法律化条文。这些责任的出现，都表明供应链上的核心生产企业必须了解责任的来源、归属、分担及成本问题。

再制造闭环供应链是一个以再制造为特色的闭环形态的供应链系统，通常由一个产品的生产商（核心企业）带领其他成员企业（包括供应商、分销商、零售商、用户和物流业者）组成。在再制造的需求驱动下，制造商首先必须考虑到产品回收的问题，这里就存在回收责任的问题，再制造生产的过程中，会涉及再制造技术研发、生产、销售宣传等责任，这些正向的责任统称为再制造责任。

2.2.2　供应链成员间的回收责任转移

1）供应链回收活动的主体分析

综合现状，供应链的回收主体包括制造商、个体回收商、零售商和消费者。制造商作为回收主体这里就不再赘述，下面介绍一下其他几个回收主体及其回收方式。

通常，从事产品回收的个体回收商主要包括废品收购商、旧货商、维修收售商和物流商等。这类回收群体没有庞大的企业组织，只是依靠个体与个体之间的联系获取商业利润。从全社会看，其回收主体及方式较为灵活，但总体的回收成本较大，形成不了物流规模效应。但这个回收主体所实施的回收活动也有其特点，既可能场所固定，也可能场所分散，回收的对象涉及面较大，包括家电和办公设备等，并可在其店内储存有价值的产品用于维修组装，然后再将维修后的产品销售给消费者，其他无利用价值的整机或部件最终出售给废品收购商。所以，这种方式会使消费者在价格选择和卖家选择方面更为方便，因而在此类渠道下回收电子废弃物的效果较好。

零售商若充当回收主体，通常是与制造商合作来完成回收活动。由于一些制造商的社会责任感加强，在回收产品活动方面已经开始有计划地实施起来。但由于制造商离市场较远，这种回收活动的实施难度也较大，所以制造商便考虑由最接近用户的零售商来具体履行。目前市场上较为流行的以旧换新活动，就是制造商和零售商的合作模式之一。零售商虽然也承担了相应的回收责任，但同时这种回收活动也为其销售带来了可观的潜在收益。例如，TCL 公司与苏宁电器之间通过"生产者与经销商延伸责任"来实施合作，即通过推出一些环保促销活动，消费者可用家中的废旧电子电器在苏宁折抵相应价款换购其他新电器。所以，零售商作为回收责任的履行主体的情形，也反映了我国很多具有环保意识的零售商和制造商在承担回收责任方面的决心。

消费者也可以成为产品回收主体。在我国经济发达地区，部分消费者的思想较为前沿，很早便认识到废旧产品乱丢弃会给环境带来危害，他们通常会主动将废弃产品送往较近且专业的回收处理场所。但是，基于我国居民的道德水平现状，以这种情况所获得的电子废弃物数量是非常少的。

2）回收责任转移的必要性

综合前面对回收主体的阐述，本书从一般的角度对"回收责任"的理解有两种含义：一是指某产品制造方自己在回收活动中所必须承担的责任，如在政府强制要求下实施的回收活动、应消费者要求必须对返修的产品实施回收的责任等；二是指由供应链上的所有相关企业自发产生的一种回收责任，如企业超前于政府相关强制性的回收要求而自发采取的回收活动，或为了更好地服务消费者而对产品进行的主动产品回收活动。所以，从回收责任的含义来看，产品的回收责任是一个综合性的责任，供应链上的各方都可以成为回收责任的主体，但同时必须有一个回收责任的主要承担方来具体实施和引导。

从全社会来看，政府必须充当回收责任的最终领导者的角色，因此政府在全社会产品的回收活动中应当承担大范围的调控和监管责任。从单个产品的供应链来看，产品制造商应当在设计的同时保证尽可能地优化其产品质量并降低其产品回收拆分难度，并且在回收过程中成为回收责任的主导承担者。另外，零售商因其靠近消费者，在回收责任方面也可承担较多份额。但是，无论回收责任的具体履行方式如何，消费者的主动环保意识的增强，可使供应链上成员企业对回收责任的履行更为便利。回收责任的履行代表着要担负大笔的回收成本，这对回收责任的承担者来说是不公平的，也可能会使回收责任的履行产生一定的阻碍。因此，回收责任承担者必然会采取一些方法来转移自身的一部分回收责任。显然，回收责任的转移也必然会对被转移方的决策产生影响。这种影响带来的后果及供应链的形态是什么，也是本书要研究的目标。

2.2.3 供应链成员间的再制造责任转移

生产者是产品制造及市场交易活动的主要承担者。从企业是"经济人"这个认知上来说，供应链上的所有企业，都是为了追求私人利益而有理性决策行为的经济动物。显然，供应链上的有经济关系的企业之间的关系都是较为纯粹的，是以利润最大化作为自己追求的目标的，其他目标都是附带的或是为企业实现利益最大化服务的。

从正向供应链的生产者责任的角度看，产品责任是制造商最根本的责任内容。产品责任是指产品制造者将自己生产的产品投入市场后，若因为产品的缺陷导致与此产品接触的人的人身或财产受到损害，生产者必须承担相应的损害责任。从生产者应承担责任的内容来看，应该包括合同责任、过失责任以及严格责任[162]。合同责任是指供应链上各方地位较平等，所涉及的产品性能和质量指标方面不存在较大的信息不对称的情况，此时，各方可以通过协商合同来确定彼此的责任范围。但是随着社会分工的发展以及产品生产流通的复杂性加深，生产者必须将保护弱势的消费者的利益作为合同内容确定下来，此时消费者可以通过合同条款起诉产品具有缺陷的制造商。所以，过失责任是指生产者生产的产品因质量问题导致了消费者人身或利益的损害，生产者必须积极地将过失修补过来，承担相应的责任。生产者还应该承担相应的严格责任，即无论生产者在生产销售产品过程中是否有过失行为以及是否有合同关系，生产者都要对其产品给消费者造成的人身伤害或利益损失承担责任。

所以，再制造闭环供应链中的回收责任履行之后，接下来便是产品再制造以及重新将再制造品投入正向供应链的销售和使用过程中。通常，制造商是再制造活动的主要承担者，也应该在再制造品的市场交易活动中充当重要的角色。但此时，再制造闭环供应链上的再制造责任的承担者不仅包括制造商，还应包括供应商、分销商、零售商。供应商应当承担相应的零部件的再制造责任或者零部件再制造相关技术的研发责任，并且可能也承担相应的物流运输及补货责任；分销商和零售商也需要承担相应的物流运输责任以及供应链市场信息共享责任。消费者主要承担着对产品的使用和质量监督的责任以及相应的产品质量信息的反馈责任。但是，再制造责任的主要承担方还是制造商。与回收责任的转移驱动点一样，制造商虽然可以从再制造中获得一部分额外收益，但再制造品会对新产品的市场份额造成部分蚕食，这代表着再制造生产具有一定的风险性，并且这种风险是隐性的。所以，制造商必然也会通过一些方式来转移自己承担的再制造责任。这也是本书研究的一个驱动点。

综合 2.2.2 小节和 2.2.3 小节内容，本书将考虑再制造闭环供应链上的逆向回收责任和正向再制造责任这两个方向的责任形式。本书假定这两个方向的责任都分别由某一方承担，然后探讨双方都转移自身的相关责任的情况下，各种模型（市场结构）经济效果和环保效果的优劣。

2.3　再制造闭环供应链的市场结构问题的研究驱动点

本书将以某些具体市场案例为背景，对再制造闭环供应链的市场结构演化问题进行探讨。但是，有几个问题需要事先明确，即再制造闭环供应链的市场结构如何去理解；各方博弈次序不同时所产生的不同的市场结构对各方利益有什么影响；具体再制造案例下的不同市场结构最终的演化趋势是什么；这些问题都是本书在市场结构方面的研究的驱动点。

2.3.1　再制造闭环供应链的市场结构

从经济学的角度看，市场结构（market structure）分为狭义和广义两种定义。狭义的市场结构是指买方构成市场，卖方构成行业；广义的市场结构是指一个行业内部买方和卖方的数量及其规模分布、产品差别的程度和新企业进入该行业的难易程度的综合状态，也可以说是某一市场中各种要素之间的内在联系及其特征，包括市场供给者之间（包括替代品），需求者之间，供给和需求者之间以及市场上现有的供给者、需求者与正进入该市场的供给者、需求者之间的关系[163]。另外，从对市场结构的类别划分来看，主要以以下几个方面为依据[164]。

（1）行业内的生产者数目和所有企业数目。由此标准，可以判断这个行业内的竞争和垄断程度如何。例如，若业内只有一家企业，这个市场结构就称为完全垄断市场；若业内只有几家大企业，这个行业就可称为寡头垄断市场；若业内企业众多，则可以称为完全竞争市场。

（2）行业内各企业所生产的产品差别程度。这个标准也是区分垄断竞争市场和完全竞争市场的方式。

（3）新企业进入行业的障碍的大小。可以理解，某行业的进入障碍越小，说明其竞争程度越强烈。

根据上述的三种依据，可将市场划分为完全竞争市场、垄断竞争市场、寡头垄断市场和完全垄断市场四种类型。

再制造闭环供应链的市场结构问题，也存在这三种依据所述的市场情形。再制造闭环供应链中的各成员企业，包括制造商、销售商、分销商、第三方物流商等企业。从横向来看，每个类型的企业有可能是完全竞争市场，也有可能是垄断竞争市场、寡头垄断和完全垄断市场类型（如某区域内的单一垄断零售商或者多零售商寡头垄断）；从纵向来看，某类产品的供应链上必须有个核心企业，不同类型的企业作为核心企业（制造商领导供应链或者零售商领导供应链）就形成了供应链的不同市场结构。所以，无论从横向还是纵向看，再制造闭环供应链的市场结构问题是可以深入研究和讨论的。

与经济学的定义略有不同，本书认为再制造闭环供应链上的市场权力结构以及博弈各方的决策选择组合不同，也可称为再制造闭环供应链中不同的市场结构。另外，三个依据中的第二个依据提及了企业生产的产品差别程度的不同。这也可指代再制造闭环供应链成员企业在博弈过程中，对某产品的某些行为实施的策略选择组合，不同的策略选择组合也可视为一种市场结构。例如，原始设备制造商和另一家制造商都有再制造或不再制造两种选择，这种选择组合就称为市场结构；另外，制造商在为其产品实施再制造技术许可以及回收业务外包的策略选择时，会有不同的策略组合，即不同的市场结构。所以，对这些市场结构下各方的决策组合最终的趋势进行分析，将是较为有意义的研究点。

2.3.2　再制造闭环供应链各方博弈次序问题

从本书对市场结构的定义来看，再制造闭环供应链的各参与方都会对某一事件作出自己的选择，某一种选择组合便成为某种市场结构存在的基础。通常情况下，再制造闭环供应链的参与各方是同时作出自己的决策的。但是，有时参与成员方在决策的过程中会有先后次序，即现实中的时间差问题。这些问题的出现，都是再制造闭环供应链市场结构演化问题的驱动因素。对这种同时博弈和有博弈次序问题，肖条军[165]进行了如下描述。

同时博弈是指博弈的各方在同一时点作出自己的决策。这种情形通常出现在各方都对他方的决策方式非常了解的情况下。例如，几个大型企业同时进入某新产品的市场研发工作，各方资金投入、产量等决策通常是同时作出的。

序贯博弈（sequential game）表现为一种多参与者选择策略有先后次序的博弈形式。此时，先决策的一方会占有一定的优势，但其决策也会考虑到后决策者的反应；同样，后决策者在决策时，也会预知先决策者可能的决策行为。决策的先后次序是由很多因素导致的。例如，某企业在研发方面做得很好，在某些新技术性的产品生产方面总是较早进入市场，此时他方竞争性企业便在决策方面表现得相对滞后；另外，从他方企业来说，这些企业自身研发实力较弱且投入较少，主要以模仿别人的产品为目标，所以这些企业一定会在一些企业同类产品进入市场之后再实施自己的相关决策。

本书在第 4 章中将考虑几种博弈次序和形态不同的市场结构的效益问题，研究点主要从以下几个角度进行探讨。

（1）当再制造闭环供应链由某方领导博弈，其他跟随方分别跟随领导者决策时，就构成了不同的市场结构。这个研究点不同于以往文献中两个以上的跟随者是同时行动的假设，而采取了两个跟随者也有先后次序的假设。

（2）当拥有物流资源的政府充当再制造闭环供应链的领导者时，由跟随决策的各方在不同决策次序下所构成不同的市场结构的各方效益及演化趋势是什么。

（3）当回收渠道为混合渠道且制造商领导博弈时，由跟随决策的各方在不同决策次序下构成的市场结构的各方效益及演化趋势是什么。

所以，本书在跟随者博弈次序不同的方面的研究内容，将是再制造闭环供应链的市场结构方面的研究驱动点之一。

2.3.3 再制造闭环供应链的市场结构演化问题

由克拉克的有效竞争理论[166]可知，通常市场上的企业间的竞争源于某个或某几个领头企业率先实施研发，进而领头企业占据市场优势地位，其他企业开始跟随模仿领头企业，当所有企业间的竞争形态趋向于完全竞争市场时，某些企业即下一轮的先锋企业开始新一轮的创新研发，然后周而复始地不断推进社会创新及技术进步。在现实的再制造供应链成员间的合作竞争过程中，必然会遇见一些决策问题，如某些决策实施或者不实施、各方决策实施的组合形态，会使市场结构渐渐地演变为充分或有序或稳定的竞争形态。再者，再制造闭环供应链中还包含了新产品的介入，这将使各方决策组合下的市场结构的演变更加复杂，且更具不可预测性。借鉴李琳等[167]对市场结构的分析，本书认为一般意义下的市场结构演化的特征包括如下几个方面。

（1）动态性的市场结构。如上所述，也许某情景下的市场结构在一段时间内趋于稳定，但从整个过程来看，其必然处于一定的变化状态。一种情况，演化路径可能是从完全竞争市场结构过渡到垄断竞争市场结构，然后过渡到寡头市场结构，最后可能形成完全垄断市场；另一种情况，也可能是反向演化路径。当然，这里面有历史环境等方面的原因。

（2）螺旋形演化循环的市场结构。市场结构的形成、发展等过程会经历一个周期性的螺旋形态的演化路径，一轮竞争的结束预示着更高层次的新一轮的市场竞争及市场结构的开始，并且循环下去。这种市场结构的演化时间相对较短。

（3）合作式竞争模式下的市场结构。不同的企业之间通过技术研发或产品物流和销售方面的合作，提高自身或联盟整体的总体竞争实力。例如，产业集群模式下的市场结构演化就有一定的演化趋同性，产业集群内企业间通过业务上的互助合作以及各企业领导人之间的互信关系，达到长久的合作互利；竞争包括同一产业链内企业之间的竞争、产业集群上下游企业之间的竞争以及产业集群与外部企业、市场的竞争[168]。

（4）部分供应链成员合并后的市场结构。有些情形下，供应链中的某些成员为了共同的利益，可能会结成联盟的形式，以应对可能存在的市场危机。通常情况下，这种合并是短期的，或者稳定性较差。竞争引发合并，合并又导致垄断，垄断又加剧竞争并导致新的合并，进而导致市场结构的循环演变。

本书所描述的再制造闭环供应链中的市场结构演化，主要是指为同一类产品或两种同类产品（新产品和再制造产品）实施生产、销售、采购等供应链的成员企业之间在进行不同决策选择时的决策组合而产生的不同的市场结构之间可能的演化趋势。这些市场结构之间的演化趋势，主要是根据博弈的几方对这些市场结构下自己的利润的预期比较，然后根据几方可能共同采取的决策行动组合，探求市场结构的演化趋势。另外，在再制造闭环供应链的市场结构演化过程中，最终决定性因素还是供应链的整体创新能力，如在回收技术上的创新、在产品拆分上的创新、在再制造过程中的技术创新等，只有再制造闭环供应链成员整体性的不断创新才能保证供应链的稳定性及产品的市场份额。可以说，供应链上的创新活动才会刺激市场结构的演化，而再制造本身就是一种理念和生产技术方面的创新。这种根据不同产品实施的再制造活动必然使闭环供应链中的成员企业不断调整自身的竞争策略，以让自身适应闭环供应链的要求并创造效益最大化的结果。

2.4　本 章 小 结

本章介绍了再制造、再制造闭环供应链、再制造闭环供应链的责任、再制造闭环供应链的市场结构问题的研究驱动点等概念及理论，构建了本书的理论框架。

首先，本章对再制造的概念进行了介绍。再制造可理解为对废旧电器电子产品拆卸、翻新和组装的过程，并力求再制造品在性能上可以达到最初新产品的使用要求。再制造活动之前，必须配备高效且有效的回收活动作为支撑。

其次，对再制造闭环供应链进行了阐述。再制造闭环供应链与传统的供应链是有很大区别的，是在正向供应链的基础上，加上了逆向回收供应链的整合型供应链。这种理论上扩展的供应链模式必将对传统正向供应链的设计产生重大影响。

再次，对再制造闭环供应链的责任进行了阐述。本书认为，回收责任在逆向责任中较为重要，而正向责任则由再制造责任来表现。这两种责任形式构成了再制造闭环供应链独特的责任框架。

　　最后，本章对再制造闭环供应链的市场结构问题的研究驱动点进行了分析。其中通过对再制造闭环供应链的市场结构、再制造闭环供应链跟随者博弈次序以及再制造闭环供应链的市场结构演化三个驱动点的分析，得到了本书在市场结构演化方面研究的依据。

　　本章的研究工作为后续章节的研究提供了理论基础和理论依据。

第3章 再制造闭环供应链责任转移研究

实施再制造的过程并不总是资源节约的过程。提供返品的用户分布区域复杂性以及产品质量的不确定性，导致回收工作是非常繁杂的工作。另外，回收过程中的物流成本相对较高（空驶率或近空驶率较高），导致某些制造商对再制造活动产生抵触。当前，政府相关环保政策日益严苛，迫使供应链成员不得不履行自己应当履行的环保责任。其中包括逆向的回收责任，也包括正向再制造过程中所要承担的一些环保责任。所以，再制造闭环供应链上的制造商或其他企业必然要通过一些方法来重新转移本来应该自己承担的责任给他方企业。本书考虑回收责任的转移主体为零售商或者靠近用户的第三方物流企业，而再制造责任的转移主体为产品的制造商。这些责任转移的主体方的决策对于责任被转移方的决策有何影响，将决定着再制造闭环供应链的资源配置和利润分配的走向。所以，这是一个较有现实意义的研究点。

3.1 节将对再制造闭环供应链中的第三方回收商通过回收补贴中的转移因子来实现回收责任的转移问题进行研究。基于转移因子的不同主导者以及不同市场结构下的六种模型，对各模型表达的均衡解的决策意义和表现出的环保意义进行深入分析。在此基础上，3.2 节考虑回收责任和再制造责任的双向责任转移问题，同样也会得到各模型表达的均衡解的决策意义和各模型代表的市场结构的环保意义的分析结果。本章的结构安排如图 3.1 所示。

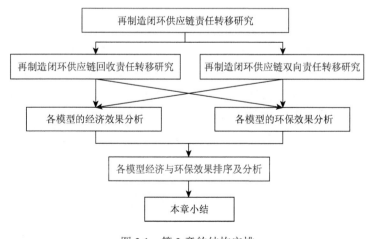

图 3.1　第 3 章的结构安排

3.1　再制造闭环供应链回收责任转移研究

3.1.1　背景介绍

再制造活动由于在保护环境、节省资源和增加利润方面具有显著优势，受到了各方广泛的关注。人们对可持续发展理念日益重视，并且对回收品用于再制造的重要性的认识也在加深。但同时，环境保护在成本方面的支出，也给企业和社会带来了很大的压力。2005 年 WEEE 回收法案开始在欧盟实施，迫使制造商必须承担起产品回收的责任[169]。产品回收责任中一个重要的研究方向，是关于回收渠道的选择问题，许多学者[3, 98, 102, 110, 112, 170]对再制造闭环供应链的回收渠道问题进行了深入研究。从这些文献得知，闭环供应链的回收渠道分为集中联合回收、制造商回收、零售商回收和第三方回收等形式。同时这些文献还认为，无论回收渠道如何建立和选择，担负着产品回收责任的企业必定付出相应的回收成本，这对实施回收活动的企业来说是不经济的。然而，这种产生成本的产品回收行为若由企业的再制造行为所引发，也可以被企业作为自身的竞争战略[146]。例如，NIKE 等企业就将社会责任分担问题纳入其公司竞争战略中[171]。

当前，再制造闭环供应链成员间的竞合关系带来的整体益处已被各方所认识，但此时各方的个体收益分配方案是各合作企业无法准确预测的。所以，在生产销售（或回收再制造）行为发生以前，再制造闭环供应链上的各节点企业需要通过契约确定各自的正向（逆向）责任，以保证自身利益最大化。通常，各成员在合作的基础上，可能会采用一些隐蔽的竞争手段来进一步争取利益，合作前的谈判行为就是这种竞争手段。从社会责任的分担问题来看，这也是通过成本的转移来具体表现的。关于社会责任分担的研究有两篇代表作：Ni 等[116]研究了供应商通过批发价将社会责任往销售商处转移的情形，得到了各模型下的最优均衡解，并对各模型下的转移因子的上限进行了讨论，但未对逆向供应链的回收责任转移进行研究；汪翼等[115]对闭环供应链的回收责任分担问题进行了研究，得到了需求弹性高的市场中，回收责任承担者难以承受较高回收率的回收责任的结论，但文献未涉及回收责任通过契约进行动态转移的情形。

在以上学者研究的基础上，本节将对再制造的背景下的第三方回收商通过回收补贴中的转移因子来实现回收责任的转移问题进行研究。基于转移因子的不同主导者以及不同市场结构下的六种模型，对各模型的均衡解进行了经济分析，并讨论了各决策环境下的环保意义。

3.1.2　问题描述

考虑由一个制造商和一个第三方回收商（简称回收商）组成的两级再制造供应链系统。回收商负责为制造商实施产品的回收，制造商利用回收品进行再制造。假定 Δ 为制造商通过再制造节约的单位成本（即再制造行为带来的成本节约收益）。类似于广告学的成本表达式[172]，假定回收商赋予产品回收的努力程度为 y（回收商的决策变量），将产生 $\frac{1}{2}cy^2$ 的回收固定成本，其中 c 为产品回收的难易系数。假定 p（制造商的决策变量）为制造商在回收商实施回收行为前对消费市场公开的回收价格，并且制造商支付给回收商的回收补贴要根据回收商的努力程度 y 和由某方决定的转移因子 k（由两方中的一方决定）来确定，故回收补贴采取线性形式，为 $p+ky$。类似于文献[116]对 k（$k \in [0, \overline{k}]$）的解释，k 越大，说明回收商将自身的回收责任（回收成本）通过 $p+ky$ 往制造商方转移的强度越强，这里 $\overline{k}$ 是指 k 的上限。同样类似于文献[116]，回收需求采用 $a_0 + ay + bp$（$a_0, a, b > 0$）的形式，其中 a_0 为市场上的基本回收量，即由一部分具有环保意识的消费者产生的固定回收量，a 和 b 分别为回收量对 y 和 p 的敏感程度，符合现实的解释为 y 和 p 越大，回收量越多。图 3.2 表示了再制造逆向供应链中两个主体之间的关系。

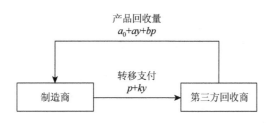

图 3.2　两级再制造逆向供应链示意图

本章将考虑 T-T、M-T、T-M、M-M、T-VN 和 M-VN 六种模型下的均衡解。模型表达式的第一个字母表示转移因子 k 的决定者，第二个字母表示 Stackelberg 博弈的领导者（VN 表示双方同时行动）。例如，M-T 表示由制造商（M）决定 k，但是市场由第三方回收商（TPL，此处简写为 T）领导，其他模型的含义类似。π 带有下标 M 和 T，分别表示制造商和第三方回收商的利润；带有上标 * 和相应字母的结合表示各市场结构下的最优值。对于制造商的利润，本章只考虑其产品通过再制造行为所带来的成本节约收益。综上，两方的支付函数分别为

$$\pi_M = (\Delta - p - ky)(a_0 + ay + bp) \tag{3.1}$$

$$\pi_\mathrm{T} = ky(a_0 + ay + bp) - \frac{1}{2}cy^2 \tag{3.2}$$

3.1.3 均衡分析

本小节采用与文献[116]类似的方法，研究产品回收再制造环境下，转移因子 k 的主导者不同以及不同市场结构下各模型的均衡解。为保证后续的分析过程有意义，假定 $bc > a^2$。

1. T-T 模型

这种模型代表着一种权力集中化的市场结构。其中第三方回收商在供应链的地位和谈判能力上都占有绝对的优势；而此时制造商相对于第三方回收商来说较为劣势，原因可能是制造商对某一产品的回收再制造工作处于初步阶段，对回收市场的掌控还不完善，或者制造商只是为了完成政府的一些绿色法规的要求，并未将较多的企业资源放在回收再制造活动中。此时博弈的顺序为：首先由回收商决定 k 和 y，然后制造商根据回收商确定的 k 和 y 来决定 p。首先式（3.1）对 p 求导令结果为零，求出 p 后代入式（3.2）后，再对 y 求导并令其为零得到

$$y(k) = \frac{a_0 k + b\Delta k}{2(c - ak + bk^2)} \tag{3.3}$$

为了研究转移因子 k 对双方的利润的影响，将式（3.3）再代入式（3.2）对 k 求导得到

$$\frac{\partial \pi_\mathrm{T}}{\partial k} = \frac{(a_0 + b\Delta)^2 k(2c - ak)}{8(c + k(bk - a))^2} \tag{3.4}$$

由式（3.4）得知，当 $c + k(bk - a) \neq 0$ 和 $k < 2c/a$ 时，π_T 与 k 正相关。这里 $k \in [0, \bar{k}]$，若谈判强度最大值 $\bar{k} < 2c/a$，则此时 $k = \bar{k}$；若 $\bar{k} \geqslant 2c/a$，则 $k = 2c/a$。根据逆向归纳法得到结论 3.1。

结论 3.1　T-T 模型的最优解如下。

（1）当 $0 < \bar{k} < \dfrac{2c}{a}$ 时，则有

$$k^{*\mathrm{T\text{-}T}} = \bar{k}, \qquad y^{*\mathrm{T\text{-}T}} = \frac{a_0\bar{k} + b\Delta\bar{k}}{2(c - a\bar{k} + b\bar{k}^2)}$$

$$p^{*\mathrm{T\text{-}T}} = \frac{a_0(\bar{k}(a - 3b\bar{k}) - 2c) + b\Delta(2c + \bar{k}(b\bar{k} - 3a))}{4b(c - a\bar{k} + b\bar{k}^2)}, \qquad \pi_\mathrm{T}^{*\mathrm{T\text{-}T}} = \frac{(a_0 + b\Delta)^2\bar{k}^2}{8(c - a\bar{k} + b\bar{k}^2)}$$

$$\pi_{\mathrm{M}}^{*\mathrm{T-T}} = \frac{(a_0 + b\Delta)^2 (2c - a\overline{k} + b\overline{k}^2)^2}{16b(c - a\overline{k} + b\overline{k}^2)^2}$$

（2）当 $\overline{k} \geqslant \dfrac{2c}{a}$ 时，则有

$$k^{*\mathrm{T-T}} = \frac{2c}{a}, \quad y^{*\mathrm{T-T}} = \frac{a(a_0 + b\Delta)}{4bc - a^2}, \quad p^{*\mathrm{T-T}} = \frac{3ca_0 + a^2\Delta - bc\Delta}{a^2 - 4bc}, \quad \pi_{\mathrm{T}}^{*\mathrm{T-T}} = \frac{c(a_0 + b\Delta)^2}{2(4bc - a^2)}$$

$$\pi_{\mathrm{M}}^{*\mathrm{T-T}} = \frac{bc^2(a_0 + b\Delta)^2}{(a^2 - 4bc)^2}$$

由结论 3.1 得知，此时 $\overline{k}$ 所处的范围决定了均衡结果。这说明责任转移因子的伸缩能力对于模型的均衡结果起到了决定性的作用。同时，当 $\overline{k} \geqslant 2c/a$ 时，$k^{*\mathrm{T-T}} = 2c/a$，说明 $\overline{k}$ 也必须有个限度，即双方对责任转移的可变幅度都有一个接受的范围。

2. M-T 模型

M-T 模型代表着一种权力折中的市场结构。其中，由于在回收网络方面的优势，回收商拥有供应链的主导地位；制造商则因为对产品回收再制造的重视程度加深，在服务价格谈判方面加大了人力、物力的投入，表现出一定的谈判优势。此时的博弈顺序为：首先由回收商决定回收努力程度 y，然后制造商根据 y 来决定 p 和 k。此模型表示制造商在谈判能力上要强于回收商，但此时回收商还是 Stackelberg 博弈的领导者。现实中，若领导博弈的一方的谈判人员的能力欠缺，可能会导致这种情况的发生。此时，若回收商令 $y = 0$，则制造商的利润只由 p 决定，由逆向归纳法得到 $y^{*\mathrm{M-T}} = 0$，$k^{*\mathrm{M-T}}$ 不存在，$p^{*\mathrm{M-T}} = \dfrac{-a_0 + b\Delta}{2b}$，$\pi_{\mathrm{T}}^{*\mathrm{M-T}} = 0$，$\pi_{\mathrm{M}}^{*\mathrm{M-T}} = \dfrac{(a_0 + b\Delta)^2}{4b}$。若回收商令 $y > 0$，$\pi_{\mathrm{M}}^{\mathrm{M-T}}$ 与 k 负相关，则制造商的反应必为 $k = 0$，得到 $\pi_{\mathrm{T}}^{*\mathrm{M-T}} < 0$，所以回收商的最佳反应必为 $y = 0$ 的情况。

结论 3.2　M-T 模型的最优解为

$$y^{*\mathrm{M-T}} = 0, \quad k^{*\mathrm{M-T}} \text{不存在}, \quad p^{*\mathrm{M-T}} = \frac{-a_0 + b\Delta}{2b}, \quad \pi_{\mathrm{T}}^{*\mathrm{M-T}} = 0, \quad \pi_{\mathrm{M}}^{*\mathrm{M-T}} = \frac{(a_0 + b\Delta)^2}{4b}$$

由结论 3.2 得知，这种模型的均衡结果是较为反常识的。当第三方回收商的努力程度为零时，制造商的利润也可以达到正值。另外，由 $p^{*\mathrm{M-T}} = \dfrac{-a_0 + b\Delta}{2b} > 0$ 得到 $a_0 < b\Delta$，说明消费者环保理念必须在有限度的情况下，回收品的价格的出现才会有意义。

3. T-M 模型

T-M 模型也代表着一种权力折中的市场结构。其中，制造商是回收供应链的领导者，而回收商因其营销人员能力较强，从而使其决定了 k 值。现实中，这种市场结构可能会发生在一个较强势但刚进入某区域的制造商和一个具有区域优势的第三方回收商之间。此时博弈顺序为：首先由制造商决定 p，然后回收商根据 p 来决定 k 和 y。若 $p=0$，意味着回收价为零，导致消费者收益为零（但此时不代表回收量为零）。与前述分析方法相同，首先求出回收商的利润对 k 变化的反应为 $\dfrac{a_0^2 k(c-ak)}{(c-2ak)^2}$。可知，当 $c-2ak \neq 0$ 且 $k<c/a$ 时，π_{T} 与 k 正相关。由 $k \in [0,\bar{k}]$，若 $\bar{k}<c/a$ 且 $c-2ak \neq 0$，各最优值为 $k^{*\mathrm{T-M}}=\bar{k}$，$y^{*\mathrm{T-M}}=\dfrac{a_0\bar{k}}{c-2a\bar{k}}$，$p^{*\mathrm{T-M}}=0$，$\pi_{\mathrm{M}}^{*\mathrm{T-M}}=$ $\left(a_0+\dfrac{aa_0\bar{k}}{c-2a\bar{k}}\right)\left(\Delta-\dfrac{a_0\bar{k}^2}{c-2a\bar{k}}\right)$，$\pi_{\mathrm{T}}^{*\mathrm{T-M}}=\dfrac{a_0^2\bar{k}^2}{2c-4a\bar{k}}$。再考虑 $\pi_{\mathrm{T}}^{*\mathrm{T-M}}$，只有当 $\bar{k}<\dfrac{c}{2a}$ 时，才有 $\pi_{\mathrm{T}}^{*\mathrm{T-M}}>0$。若 $\bar{k}>\dfrac{c}{a}$，则各最优值为 $k^{*\mathrm{T-M}}=c/a$，$y^{*\mathrm{T-M}}=0$，$p^{*\mathrm{T-M}}=0$，$\pi_{\mathrm{M}}^{*\mathrm{T-M}}=0$，$\pi_{\mathrm{T}}^{*\mathrm{T-M}}=0$。所以，当 $p=0$ 时，若 $\bar{k}<\dfrac{c}{2a}$，则回收商的最优选择为 $k^{*\mathrm{T-M}}=\bar{k}$ 的情况；若 $\bar{k} \geqslant \dfrac{c}{2a}$，则回收商会选择 $k^{*\mathrm{T-M}}=c/a$ 的情况。同样可求得当 $p>0$ 时的各最优值，并得到结论 3.3。

结论 3.3　T-M 模型的最优解如下。

（1）$p=0$ 时，若 $\bar{k}<\dfrac{c}{2a}$，各最优值为

$$k^{*\mathrm{T-M}}=\bar{k}, \quad y^{*\mathrm{T-M}}=\frac{a_0\bar{k}}{c-2a\bar{k}}, \quad p^{*\mathrm{T-M}}=0, \quad \pi_{\mathrm{M}}^{*\mathrm{T-M}}=\left(a_0+\frac{aa_0\bar{k}}{c-2a\bar{k}}\right)\left(\Delta-\frac{a_0\bar{k}^2}{c-2a\bar{k}}\right)$$

$$\pi_{\mathrm{T}}^{*\mathrm{T-M}}=\frac{a_0^2\bar{k}^2}{2c-4a\bar{k}}$$

若 $\bar{k} \geqslant \dfrac{c}{2a}$，则最优值为

$$k^{*\mathrm{T-M}}=c/a, \quad y^{*\mathrm{T-M}}=0, \quad p^{*\mathrm{T-M}}=0, \quad \pi_{\mathrm{M}}^{*\mathrm{T-M}}=0, \quad \pi_{\mathrm{T}}^{*\mathrm{T-M}}=0$$

（2）$p>0$ 时，各最优值为

$$k^{*\mathrm{T-M}}=\bar{k}, \quad y^{*\mathrm{T-M}}=\frac{(a_0+b\Delta)\bar{k}}{2(c-2a\bar{k}+b\bar{k}^2)}, \quad p^{*\mathrm{T-M}}=\frac{b\Delta(c-2a\bar{k})-a_0(c-2a\bar{k}+2b\bar{k}^2)}{2b(c-2a\bar{k}+b\bar{k}^2)}$$

$$\pi_{\mathrm{M}}^{*\mathrm{T-M}} = \frac{(a_0+b\Delta)^2(c-a\overline{k})}{4b(c-2a\overline{k}+b\overline{k}^2)}, \quad \pi_{\mathrm{T}}^{*\mathrm{T-M}} = \frac{(a_0+b\Delta)^2\overline{k}^2(c-a\overline{k})}{8(c-2a\overline{k}+b\overline{k}^2)^2}$$

结论 3.3 的情形（1）说明，T-M 模型下当回收品价格为零时，转移因子达不到最大值。情形（1）也说明这种模型下只要回收价格为零，便不会有回收活动的发生，但同时回收商还会想方设法地转移自身的成本。

4. M-M 模型

这种模型代表着一种权力较为极端化的市场结构。此时，制造商掌握着所有的资源和优势。这种市场结构现实中也较为常见，例如，一些大型汽车企业完全掌控着供应链和产品回收。这种模型下，首先由制造商决定 k 和 p，然后回收商根据制造商给出的 k 和 p 决定自身的回收努力程度 y。与前述方法相同，首先求得制造商的利润对 k 变化的反应为 $\frac{(a_0+b\Delta)^2(ac+abk^2-2bck)}{4b(c-2ak+bk^2)^2}$。若

要 $\frac{(a_0+b\Delta)^2(ac+abk^2-2bck)}{4b(c-2ak+bk^2)^2} > 0$，则要求 $ac+abk^2-2bck > 0$。令 $H = \sqrt{\dfrac{bc^2-a^2c}{a^2b}}$

（易证得 $\frac{c}{a}-H > 0$），当 $0 < k < \frac{c}{a}-H$ 和 $k > \frac{c}{a}+H$ 时，制造商的利润与 k 正相关，得到结论 3.4。

结论 3.4　M-M 模型下各方最优值如下。

（1）若 $0 < \overline{k} < \frac{c}{a}-H$，各方最优值为

$$k^{*\mathrm{M-M}} = \overline{k}, \quad y^{*\mathrm{M-M}} = \frac{(a_0+b\Delta)\overline{k}}{2(c-2a\overline{k}+b\overline{k}^2)}, \quad p^{*\mathrm{M-M}} = \frac{b\Delta(c-2a\overline{k})-a_0(c-2a\overline{k}+2b\overline{k}^2)}{2b(c-2a\overline{k}+b\overline{k}^2)}$$

$$\pi_{\mathrm{M}}^{*\mathrm{M-M}} = \frac{(a_0+b\Delta)^2(c-a\overline{k})}{4b(c-2a\overline{k}+b\overline{k}^2)}, \quad \pi_{\mathrm{T}}^{*\mathrm{M-M}} = \frac{(a_0+b\Delta)^2\overline{k}^2(c-a\overline{k})}{8(c-2a\overline{k}+b\overline{k}^2)^2}$$

（2）若 $\frac{c}{a}-H \leqslant \overline{k} < \frac{c}{a}+H$，则各方最优值为

$$k^{*\mathrm{M-M}} = \frac{c}{a}-H, \quad y^{*\mathrm{M-M}} = \frac{a(a_0+b\Delta)}{4(bc-a^2)}$$

$$p^{*\mathrm{M-M}} = \frac{4a_0bc^2-4aa_0bcH+2a^3H(a_0-b\Delta)+a^2(bc\Delta-3a_0c)}{4b(bc-a^2)(aH-c)}$$

$$\pi_{\mathrm{M}}^{*\mathrm{M-M}} = \frac{a^3(a_0+b\Delta)^2 H}{8b(a^2-bc)(aH-c)}, \quad \pi_{\mathrm{T}}^{*\mathrm{M-M}} = \frac{a^2c(a_0+b\Delta)^2(5a^2c-6bc^2-2a^3H+6abcH)}{32b(a^2-bc)^2(c-aH)^2}$$

（3）若 $\frac{c}{a}-H < \overline{k} \leqslant \frac{c}{a}+H$，则各方最优值为

$$k^{*\text{M-M}} = \frac{c}{a} + H, \quad y^{*\text{M-M}} = \frac{a(a_0 + b\Delta)}{4(bc - a^2)}$$

$$p^{*\text{M-M}} = \frac{4a_0bc^2 + 4aa_0bcH - 2a^3H(a_0 - b\Delta) - a^2c(3a_0 - b\Delta)}{4b(a^2 - bc)(aH + c)}$$

$$\pi_{\text{M}}^{*\text{M-M}} = \frac{a^3(a_0 + b\Delta)^2 H}{8b(a^2 - bc)(aH - c)}, \quad \pi_{\text{T}}^{*\text{M-M}} = \frac{a^2c(a_0 + b\Delta)^2(5a^2c - 6bc^2 - 2a^3H + 6abcH)}{32b(a^2 - bc)^2(c + aH)^2}$$

（4）若 $\bar{k} > \dfrac{c}{a} + H$，则各最优值为

$$k^{*\text{M-M}} = \bar{k}, \quad y^{*\text{M-M}} = \frac{(a_0 + b\Delta)\bar{k}}{2(c - 2a\bar{k} + b\bar{k}^2)}, \quad p^{*\text{M-M}} = \frac{b\Delta(c - 2a\bar{k}) - a_0(c - 2a\bar{k} + 2b\bar{k}^2)}{2b(c - 2a\bar{k} + b\bar{k}^2)}$$

$$\pi_{\text{M}}^{*\text{M-M}} = \frac{(a_0 + b\Delta)^2(c - a\bar{k})}{4b(c - 2a\bar{k} + b\bar{k}^2)}, \quad \pi_{\text{T}}^{*\text{M-M}} = \frac{(a_0 + b\Delta)^2\bar{k}^2(c - a\bar{k})}{8(c - 2a\bar{k} + b\bar{k}^2)^2}$$

由结论 3.4 可知，M-M 模型的均衡结果较为复杂。这说明当制造商具有绝对优势时，k 的范围对均衡结果的影响非常大。若其有微量变动，就会引起均衡结果的改变。

5. T-VN 模型

这种模型代表着一种较为常见的市场结构。在供应链的地位方面，双方是相同的，但同时回收商在谈判方面具有一定的优势。这种市场结构可能出现在一个中型物流企业和一个刚起步的制造商之间。此时，k 由回收商决定，双方同时作出决策。计算步骤为：首先，得出回收商的利润函数对 k 变化的反应，然后根据不同 k 值得出的 y 与令制造商利润函数对 p 一阶导数为零的式子进行联立求出两个最优决策值，并依此求出双方的最优利润值。得到若 $\bar{k} < c/a$，则 $k^{*\text{T-VN}} = \bar{k}$，$y^{*\text{T-VN}} = \dfrac{a_0\bar{k} + b\Delta\bar{k}}{2c - 3a\bar{k} + b\bar{k}^2}$，$p^{*\text{T-VN}} = \dfrac{a_0c + bc\Delta + aa_0\bar{k} - 2ab\Delta\bar{k} - a_0b\bar{k}^2}{b(2c - 3a\bar{k} + b\bar{k}^2)}$，

$\pi_{\text{T}}^{*\text{T-VN}} = \dfrac{(a_0 + b\Delta)^2\bar{k}^2(c - 2a\bar{k})}{2(2c - 3a\bar{k} + b\bar{k}^2)^2}$，$\pi_{\text{M}}^{*\text{T-VN}} = \dfrac{(a_0 + b\Delta)^2(c - a\bar{k})^2}{b(2c - 3a\bar{k} + b\bar{k}^2)^2}$；若 $\bar{k} \geqslant c/a$，则 $y^{*\text{T-VN}} =$

$\dfrac{a(a_0 + b\Delta)}{bc - a^2}$，$p^{*\text{T-VN}} = \dfrac{a_0c + a^2\Delta}{a^2 - bc}$，$\pi_{\text{T}}^{*\text{T-VN}} = -\dfrac{(a_0 + b\Delta)^2a^2c}{2(a^2 - bc)^2}$，$\pi_{\text{M}}^{*\text{T-VN}} = 0$。进行比较得到，若 $k = \bar{k} < c/a$，$\pi_{\text{T}}^{*\text{T-VN}}$ 大于零或者小于零，且 $\pi_{\text{M}}^{*\text{T-VN}} \geqslant 0$；若 $k = c/a$，则 $\pi_{\text{T}}^{*\text{T-VN}} \leqslant 0$，$\pi_{\text{M}}^{*\text{T-VN}} = 0$。所以 $\bar{k} < c/a$ 的情况为 T-VN 的最优解。

结论 3.5　T-VN 模型的各方最优值为

$$k^{*\text{T-VN}} = \overline{k} < c/a, \quad y^{*\text{T-VN}} = \frac{a_0\overline{k} + b\Delta\overline{k}}{2c - 3a\overline{k} + b\overline{k}^2}, \quad p^{*\text{T-VN}} = \frac{a_0c + bc\Delta + aa_0\overline{k} - 2ab\Delta\overline{k} - a_0b\overline{k}^2}{b(2c - 3a\overline{k} + b\overline{k}^2)}$$

$$\pi_{\text{T}}^{*\text{T-VN}} = \frac{(a_0 + b\Delta)^2\overline{k}^2(c - 2a\overline{k})}{2(2c - 3a\overline{k} + b\overline{k}^2)^2}, \quad \pi_{\text{M}}^{*\text{T-VN}} = \frac{(a_0 + b\Delta)^2(c - a\overline{k})^2}{b(2c - 3a\overline{k} + b\overline{k}^2)^2}$$

6. M-VN 模型

此模型下，k 由制造商决定，双方同时作出决策。此时若回收商令 $y = 0$，则 $\pi_{\text{T}}^{*\text{M-VN}} = 0$，$p^{*\text{M-VN}} = \frac{b\Delta - a_0}{2b}$，$\pi_{\text{M}}^{*\text{M-VN}} = \frac{(a_0 + b\Delta)^2}{4b}$；若回收商令 $y > 0$，制造商必要求 $k = 0$，此时 $\pi_{\text{T}}^{*\text{M-VN}} < 0$。所以回收商必选择 $y = 0$ 时的情形，得到结论 3.6。

结论 3.6 M-VN 模型的各方最优值为

$$y^{*\text{M-VN}} = 0, \quad k^{*\text{M-VN}} \text{ 不存在}, \quad p^{*\text{M-VN}} = \frac{b\Delta - a_0}{2b}, \quad \pi_{\text{T}}^{*\text{M-VN}} = 0,$$

$$\pi_{\text{M}}^{*\text{M-VN}} = \frac{(a_0 + b\Delta)^2}{4b}$$

3.1.4 不同决策环境下的经济效果分析

通常，再制造供应链的目标是在节约生产成本（间接获取利润）的同时，又能满足类似于 WEEE 的相关法规的要求。所以，本节将分析各模型代表的决策环境下的经济效果，并在 3.1.5 小节对各模型的环保效果进行讨论。因为现实供应链中的企业实行集中决策过于理想化，所以本小节不考虑集中决策的情况。从上述的分析得知，Δ 与两方的利润正相关，说明 Δ 起到制造商向回收商传递积极（或者消极）的合作信号的作用。下面对各模型中两企业的决策行为进行综合分析。

1. M-T 模型和 M-VN 模型

由结论 3.2 和结论 3.6 得知，由制造商确定 k 时，无论回收商先行决策还是双方同时决策，市场的最终结果为回收商的回收努力为零（合作契约不存在）。其含义为：若制造商掌握了谈判话语权，则可以阻止回收商通过 k 将回收责任转移给制造商自身（即 k 不存在）。此时无论为何种市场结构（决策次序），回收商都无回收动力，即使回收商在领导市场的情况下，结果也相同。这验证了物流学上的一个经典共识，即物流量是回收商企业生存的基础。而且，只有制造商有再制造行为时，才有物流量的产生，回收商才可以将回收努力和责任进行转移。所以，制造商应该让回收商拥有一定限度的 k 的支配权才能促进双方的合作。另外，这两个结论中制造商的利润都大于零,说明制造商自身所建立的回收渠道此时发挥了基本的回收功能,即使回收商不实施回收行为,制造商的自营回收行为也可以带来利润。

2. T-M 模型和 T-VN 模型

这两种模型都是由回收商决定 k 的值。从回收商的支付函数来看,其希望 k 尽可能大。由两个模型的最优解得知,$\bar{k}$ 值是决定所有最优值大小的关键因素。由 $\pi_T^{*\text{T-M}}$ 和 $\pi_T^{*\text{T-VN}}$ 得知,分子和分母中的 $\bar{k}$ 都必须尽可能小,其利润值才越大,说明若回收商希望与制造商的合作成功的概率增加,必须考虑将契约报价的最大值尽可能地降低(即在签订合同时回收商回收服务的报价上限不能太高),此时才可能转移自身的相应回收责任。其隐含意义与前述观点相同:只有双方进行合作才会有物流量的产生,才会有回收商的利润。另外,从 $\pi_M^{*\text{T-M}}$ 和 $\pi_M^{*\text{T-VN}}$ 看,也是 $\bar{k}$ 越低其利润越高。在现实中,则要求 $\bar{k}$ 处于比较适中的值,让制造商从回收商决定的 y 判断出有利可图(或者由制造商提出的 p 引出的高回收量会让回收商感觉有利可图),才能促使两方的合作并达到双赢的效果。

3. T-T 模型和 M-M 模型

这两种模型属于较极端的情况。T-T 模型中的回收商拥有 k 的决定权,其希望 k 尽可能大。但是,结论 3.1 的情形(1)中的 $\pi_T^{*\text{T-T}}$ 对 $\bar{k}$ 求导得到 $\dfrac{(a_0 + b\varDelta)^2 \bar{k}(2c - a\bar{k})}{8(c - a\bar{k} + b\bar{k}^2)^2}$,由 $\bar{k} < \dfrac{2c}{a}$,得到 $\bar{k}$ 的最大值只能设置为 $\dfrac{2c}{a}$,若再增加 $\bar{k}$ 只会降低回收商的利润。说明受到制造商的决策变量 p 的制约,回收商不可能无限制地增加 k 的上界,否则将会使双方的谈判终止。M-M 模型中,制造商在谈判和市场行动方面具有双重优势。所以将结论 3.4 中情形(3)中的 $\pi_M^{*\text{M-M}}$ 对 $\bar{k}$ 求导,得到 $\dfrac{(a_0 + b\varDelta)^2(-2bc\bar{k} + ac + ab\bar{k}^2)}{4b(c - 2a\bar{k} + b\bar{k}^2)^2}$,将 $\bar{k} = \dfrac{c}{a}$ 代入得到 $\dfrac{(a_0 + b\varDelta)^2(-2bc\bar{k} + ac + ab\bar{k}^2)}{4b(c - 2a\bar{k} + b\bar{k}^2)^2} < 0$,这也说明 $\bar{k}$ 不能无限增加,即回收商不能无限制地要求制造商对其进行让利,否则将会导致制造商不与回收商进行合作(结论 3.4 中其他情况也类似),即双方责任转移的态势较不确定。

3.1.5 不同决策环境下环保效果分析

本小节将从各模型的最大回收量的角度,对各模型的整体环保效果进行分析。研究各模型中的转移契约的变动对回收量($Q = a_0 + ay + bp$)的影响,以及实现最大回收量的条件，最后对各模型的最大回收量进行比较分析。回收量 Q 下标的意义不变，但上标中注明了 $\bar{k}$ 的取值范围以示区别。

1. T-T 模型

当 $0 < \bar{k} < \dfrac{2c}{a}$ 时，求得回收量为 $Q_{\text{T-T}}^{0<\bar{k}<\frac{2c}{a}}(\bar{k}) = \dfrac{(a_0 + b\Delta)(2c - a\bar{k} + b\bar{k}^2)}{4(c - a\bar{k} + b\bar{k}^2)}$，则

$Q_{\text{T-T}}^{0<\bar{k}<\frac{2c}{a}}{}'(\bar{k}) = \dfrac{c(a_0 + b\Delta)(a - 2b\bar{k})}{4(c - a\bar{k} + b\bar{k}^2)^2}$，由 $Q_{\text{T-T}}^{0<\bar{k}<\frac{2c}{a}}{}'(\bar{k}) = 0$，得到 $\bar{k}_{\text{T-T}}^{*0<\bar{k}<\frac{2c}{a}} = \dfrac{a}{2b}$，并且 $Q_{\text{T-T}}^{0<\bar{k}<\frac{2c}{a}}{}''$

$(\bar{k}^*) < 0$，所以 $Q_{\text{T-T}}^{0<\bar{k}<\frac{2c}{a}}(\bar{k}^*) = \dfrac{(a_0 + b\Delta)(a^2 - 8bc)}{4(a^2 - 4bc)}$ 为此时的最大回收量；当 $\bar{k} \geqslant \dfrac{2c}{a}$ 时，

回收量 $Q_{\text{T-T}}^{\bar{k}\geqslant\frac{2c}{a}}\left(\dfrac{2c}{a}\right) = \dfrac{bc(a_0 + b\Delta)}{4bc - a^2}$。由 $Q_{\text{T-T}}^{0<\bar{k}<\frac{2c}{a}}(\bar{k}^*) - Q_{\text{T-T}}^{\bar{k}\geqslant\frac{2c}{a}}\left(\dfrac{2c}{a}\right) = \dfrac{a_0 + b\Delta}{4} > 0$，得知在

T-T 模型中，当转移因子 $k = \dfrac{a}{2b}$ 时，回收量最大。

所以，只有当 $k = \dfrac{a}{2b}$ 时，才会达到最佳环保效果。由 $0 < \bar{k} < \dfrac{2c}{a}$ 得知，若回收商拥有了转移因子的决定权和市场先进优势，并不代表其可以通过 k 无限制地转移自己的回收努力带来的成本。若 $\bar{k}$ 超过了这个范围，回收商与制造商的谈判就会破裂。所以在 T-T 模型下，回收商在对契约的报价进行前期设计时，应考虑到条件 $0 < \bar{k} < \dfrac{2c}{a}$ 在谈判中所起的制约作用。

2. M-M 模型

由结论 3.4 得到，根据 $\bar{k}$ 处于不同的区间，有四种可能的最优解。首先由结论 3.4 中的情形（1）和情形（4）得到 $k = \bar{k}$ 时的回收量 $Q_{\text{M-M}}^{0<\bar{k}<\frac{c}{a}-H}(\bar{k}) = Q_{\text{M-M}}^{\bar{k}>\frac{c}{a}+H}(\bar{k}) = \dfrac{(c - a\bar{k})(a_0 + b\Delta)}{2(c + \bar{k}(-2a + b\bar{k}))}$，对回收量进行求导得到 $\dfrac{(-2bc\bar{k} + a(c + b\bar{k}^2))(a_0 + b\Delta)}{2(c + \bar{k}(-2a + b\bar{k}))^2}$，可求得当 $k = \bar{k} = \dfrac{bc - \sqrt{b^2c^2 - a^2bc}}{ab}$ 时，最大回收量为 $Q_{\text{M-M}}^{*0<\bar{k}<\frac{c}{a}-H}(\bar{k}^*) = Q_{\text{M-M}}^{*\bar{k}>\frac{c}{a}+H}(\bar{k}^*) = \dfrac{a^2(a_0 + b\Delta)}{4(a^2 - bc + \sqrt{b^2c^2 - a^2bc})}$；同理，由结论 3.4 的情形（2）和情形（3）比较得到两情形中的最佳回收量为 $Q_{\text{M-M}}^{*\frac{c}{a}-H\leqslant\bar{k}<\frac{c}{a}+H}\left(k^* = \dfrac{c}{a} - H\right) = \dfrac{a^3(a_0 + b\Delta)H}{4(a^2 - bc)(aH - c)}$。然后与前面进行比较得到 $Q_{\text{M-M}}^{*0<\bar{k}<\frac{c}{a}-H}(\bar{k}^*) = Q_{\text{M-M}}^{*\bar{k}>\frac{c}{a}+H}(\bar{k}^*) = Q_{\text{M-M}}^{\frac{c}{a}-H\leqslant\bar{k}<\frac{c}{a}+H}{}^*(k^*)$，即 M-M 模型的最优回

收量为 $\dfrac{a^2(a_0+b\Delta)}{4(a^2-bc+\sqrt{b^2c^2-a^2bc})}$ 。

由分析得知，制造商可选择的 $\bar{k}$ 的区间范围很多，即在区间 $0<\bar{k}<\dfrac{c}{a}-H$、 $\dfrac{c}{a}-H\leqslant\bar{k}<\dfrac{c}{a}+H$ 以及 $\bar{k}>\dfrac{c}{a}+H$ 中，都各自存在一个 $\bar{k}$ 以保证最优回收量的实现，说明 M-M 模型中的制造商在整个回收链中的主导作用较大。所以，若外部力量（或制造商自身）对制造商有环保的要求，制造商可根据自身的实际情况来选择合适的谈判值区间，在保证自身再制造收益的同时还能兼顾环保的要求。

3. T-M 模型

由结论 3.3 中的情形（1）得知，当 $p=0$ 时，回收量为 $a_0+\dfrac{aa_0\bar{k}}{c-2a\bar{k}}$ ，对其求导得到 $\dfrac{aa_0c}{(c-2a\bar{k})^2}$ ，所以从表达式上看，此处讨论 $\bar{k}$ 对回收量的影响无意义；当 $p>0$ 时，可求得最大回收量为 $Q^{*\text{T-M}}\left(\bar{k}^*=\dfrac{bc-\sqrt{b^2c^2-a^2bc}}{ab}\right)=\dfrac{a^2(a_0+b\Delta)}{4\left(a^2-bc+\sqrt{b^2c^2-a^2bc}\right)}$ 。很明显，当 $p=0$ 时，由于没有回收商的参与，即使回收量不为零，对双方的契约来说也是无意义的。所以，制造商完全履行回收责任必然不利于达到供应链最大回收量的环保目标。从长远看，若考虑到企业的环保要求，将回收业务外包给回收商实施才是制造商的最佳选择。

4. T-VN 模型

由结论 3.5 得到，此时最佳回收量为 $Q^{*\text{T-VN}}(\bar{k}^*)=\dfrac{(a_0+b\Delta)(c-a\bar{k})}{2c-3a\bar{k}+b\bar{k}^2}$ 。与前述方法相同，易得

$$\begin{cases} Q^{*\text{T-VN}}\left(k^*=\dfrac{bc-\sqrt{b^2c^2-a^2bc}}{ab}\right)=\dfrac{a^2(a_0+b\Delta)\sqrt{b^2c^2-a^2bc}}{2bc(bc-\sqrt{b^2c^2-a^2bc})+a^2(-2bc+3\sqrt{b^2c^2-a^2bc})}, & bc>\dfrac{9}{8}a^2 \\[4mm] Q^{*\text{T-VN}}\left(k^*=\dfrac{bc+\sqrt{b^2c^2-a^2bc}}{ab}\right)=\dfrac{a^2(a_0+b\Delta)\sqrt{b^2c^2-a^2bc}}{2bc(bc+\sqrt{b^2c^2-a^2bc})-a^2(2bc+3\sqrt{b^2c^2-a^2bc})}, & a^2<bc<\dfrac{9}{8}a^2 \\[4mm] Q^{*\text{T-VN}}\text{无意义}, & bc=\dfrac{9}{8}a^2 \end{cases}$$

$$(3.5)$$

所以，在这种模型下若考虑最佳回收量，可能会有两种情况出现。回收商在决策时拥有谈判的主动权的情况下，若外部力量对供应链有环保方面的要求，回

收商必定要考虑如何在这两个区间内选择合适的 k^*，以协调供应链的回收量要求与自身利益的矛盾。

5. M-T 模型和 M-VN 模型

这两种模型的最优回收量都为 $\dfrac{a_0+b\Delta}{2}$。说明只要制造商能决定 k，无论是回收商领导市场还是两方同时行动，都不会对所要达到的环保要求构成影响。这也说明回收商的回收责任转移意图的实现，必须以制造商的回收再制造行为为条件。

综合以上分析并使用 Mathematics 7.0 对上述各模型的最优回收量进行比较，得到结论 3.7。

结论 3.7　各模型的最佳回收量的大小依次为

$$\begin{cases} Q^{*\text{M-T}}=Q^{*\text{M-VN}}<Q^{*\text{T-T}}<Q^{*\text{T-VN}}<Q^{*\text{M-M}}=Q^{*\text{T-M}}, & bc>\dfrac{9}{8}a^2 \\ Q^{*\text{M-T}}=Q^{*\text{M-VN}}<Q^{*\text{T-T}}<Q^{*\text{M-M}}=Q^{*\text{T-M}}<Q^{*\text{T-VN}}, & a^2<bc<\dfrac{9}{8}a^2 \\ Q^*\text{无意义}, & bc=\dfrac{9}{8}a^2 \end{cases} \quad (3.6)$$

由结论 3.7 得知，a、b 和 c 的取值会对回收量产生影响。当 $bc>\dfrac{9}{8}a^2$ 时，M-M 和 T-M 模型的回收量最大且相同，说明当回收难度较大时，要达到最佳回收量就必须要求制造商成为市场的领导者；当 $a^2<bc<\dfrac{9}{8}a^2$ 时，T-VN 模型的回收量最大，这说明 c 较小或者 b 较小时，回收商掌握了 k 的决策权会导致回收量增加，但也会因为过高的 $p+ky$ 导致制造商放弃合作，所以此时只有双方同时行动，才会取得较好的回收效果。

从 $a^2<bc<\dfrac{9}{8}a^2$ 条件下的 $Q^{*\text{T-M}}<Q^{*\text{T-VN}}$ 得知，回收商掌握了服务价格的谈判优势后，制造商即使先行决策，也可能不会取得较好的回收效果。因为 T-M 模型下，制造商虽然领导市场，但会预判到回收商将通过提高 k 而提高 $p+ky$，此时制造商必然会通过降低 p 值来应对，从而使回收量较之于二者同时行动时要小。但综合来看，$bc>\dfrac{9}{8}a^2$ 或者 $a^2<bc<\dfrac{9}{8}a^2$ 时，T-M 模型是一种较为环保的市场结构（回收量都较大），因为当制造商先行决策时，让回收商来决定 k 会起到平衡的作用，从而保证回收量处于较高的水平。

同时，由结论 3.7 得知 M-T 和 M-VN 是最不环保的两种模型。这说明当制造商决定 k 时，若回收商拥有先动决策权，其完全会因为先动权或者同时行动的权力而选择逃避可能带来的低利润，导致回收效果较差。另外，M-M 模型的回收量高于 M-T 模型且处于较高的水平，这与 3.1.4 小节的第 1 部分中分析的结论相悖，但这表达了另一层现实意义：M-M 模型代表了一种制造商在市场上处于绝对优势的情形，回收商在没有任何谈判及先动的优势时，其必须依托于制造商的回收再制造意愿而产生的回收量，才能让企业生存下去。这也说明供应链中的制造商总体上是处于强势地位的。

3.1.6 结论

本节对不同市场结构和转移因子 k 的决定者不同所组合成的六种模型进行了分析，得到了各模型下的均衡解，并对各模型的回收量和环保效果进行了分析。具体结论为：无论在何种模型的市场结构下，只要 Δ 足够大，则两方合作的概率就较大。转移因子的上限 $\bar{k}$ 对各模型下的最优值的确定有关键性的作用，无论是由制造商还是由回收商决定 $\bar{k}$，其值都不能太大，否则影响双方的合作。当制造商决定 k 时，其应当给予回收商一定的支配权，即让回收商的回收责任有一定程度上的转移，才可能合作成功。而当回收商决定 k 时，$\bar{k}$ 越小，双方的合作可能性越大，且回收效果越好。回收的难度越大，双方合作的可能性也越大。综合来看，制造商在供应链中的地位优于第三方回收商，但不代表制造商的垄断行为可以促进双方的长期合作。

3.2 节将考虑再制造闭环供应链双向责任转移问题。

3.2 再制造闭环供应链双向责任转移研究

3.1 节对再制造闭环供应链的逆向回收责任的转移问题进行了研究。进一步看，若再考虑加上正向再制造责任的双向责任的转移问题，将会是何种情形？本节将对这个问题进行探讨。

3.2.1 背景描述

3.1 节对再制造闭环供应链的回收责任转移问题进行了研究，阐述了在强制回收要求下制造商将回收责任交付第三方回收商履行，但同时第三方回收商力求转移自己的回收责任给制造商的情景。与此同时，制造商还要承担由回收责任引发的其他延伸责任（如再制造责任）。其中，产品回收行为表现了对产品的逆向回收责任的履行，同时再制造活动是回收责任的正向延续；再制造活动使产品回收活动更有意义，并且再制造活动也需要回收量作为保证，所以本节将这两种关系紧密的责任统称为环保责任。

在回收活动中，制造商必须从总体上负担产品生产及回收带来的环保责任。但是，环保责任由制造者独自承担缺乏公平性，这会导致很多制造型企业通过一些方法逃避相应的回收责任以及拒绝实施产品再制造。例如，考虑是否实施再制造时，某些欧美整机厂商持否定意见，因为他们认为其代工企业主要集中在低制造成本的亚洲地区，一个旧元件海运的回流成本高于一个新元件的制造成本，这会导致其逃避产品的环保责任。此时，有些学者考虑将相关责任在供应链成员间实施分担，这可以保证制造商能够履行其环保责任，并在一定程度上保证其利益。近期，与责任（成本）分担相关的研究文献有：Chao 等[114]对产品回收形式中较为常见的产品召回成本分担的契约制定问题进行了研究；Ni 等[116]研究了供应商与销售商之间的社会责任分担问题，但文献只考虑了正向供应链责任转移问题，未涉及返品的逆向回收责任分担问题；另外，还有一些学者[117-119]分别从制造与再制造的成本分担问题、电子废弃物回收活动中责任分担选择问题以及产品翻新的责任分担问题等方面进行了研究。现实中包含再制造因素的环保责任转移形式有：制造商通过贴牌策略对再制造企业的再制造品进行限制，实施回收的第三方物流企业（或零售商）通过控制返回品的转移价格来转移回收责任等。这些环保责任转移的形式可以缓冲分担企业的成本增加感知，进而促进各方的合作。实践已经证明：供应链中企业间的合作基础不仅有利润，还有各方长时间的互相信任及尊重。所以，这种隐蔽转移责任的方式将或多或少地有利于保证供应链的稳定性。

综上，本节采用制造商自身履行再制造责任并委托零售商来实施回收责任的供应链系统，考虑几种模型的均衡解并讨论各模型的环保效果和经济效果。在本节讨论过程中会考虑到如下情景：①制造商（零售商）的实力足以充当市场的领导者，但零售商（制造商）却因其谈判人员能力较强使其掌握谈判的主动权（责任转移的优势）；②制造商（零售商）掌握谈判的主动权，但双方在市场上的地位相同；③制造商（零售商）在市场地位及谈判能力上都占有优势。与 3.1 节不同的是，本节考虑制造商承担回收活动的固定成本时，零售商在某些情形下是否一定会有高利润的问题。

3.2.2　模型描述及构建

考虑一个制造商和一个零售商的再制造闭环供应链系统。其中，制造商委托零售商负责回收市场的旧产品，旧产品返回后，制造商对旧产品进行再制造，并将再制造品批发给零售商，由零售商销售再制造产品。零售商以回收努力 y_1（决策变量）在市场上回收旧产品，制造商通过再制造努力 y_2（决策变量）对回收的旧产品进行再制造，y_1（y_2）体现零售商（制造商）在再制造闭环供应链中付出的逆向（正向）环保责任。由于其责任带来的成本及运营风险，制造商和零售商会相互转移责任：零售商通过转移价格 $p_0 + ky_1$ 来转移其回收责任（p_0 为零售商的旧产品的回收价格），制造商通过批发价 $w_0 + ky_2$ 来转移其再制造责任（w_0 为制造商能接受的再制造品最低批发价）。同样，k（责任转移因子，$k \in [0, \bar{k}]$）越大，说明零售商（制造商）将自身的回收责任（再制造责任）通过 $p_0 + ky_1$（$w_0 + ky_2$）往制造商（零售商）方转移的强度越强，$\bar{k}$ 为 k 的上限（规定 $0 < \bar{k} < 2b/a$，即 $\bar{k}$ 不能无限制地增加）。

在不影响结果的情况下，为简化模型，假定 $w_0 = p_0$，即双方责任转移的效果完全依靠 y_1、y_2 和 k 的共同作用。回收量采用 $a_0 + ay_1$ 的线性形式，a_0 为市场上具有环保意识的消费者产生的固定回收量，这里令 $\dfrac{a^2(p-c)}{2b} < a_0 < \dfrac{2a^2(p-c)}{b}$，即消费者的整体环保意识处于此区间内。$a$ 为回收量对 y_1 的敏感程度，符合现实的解释为 y_1 越大，回收量越多。Δ 为制造商通过实施再制造节省的单位生产成本，p 为再制造品的市场价格，为外生变量，c 为零售商的返品的单位回收成本和再制造品单位销售成本之和，这里规定 $p > c > 0$。

假定由制造商建立产品分销网络的同时可以实施回收活动，固定成本为 $by_2^2/2$（b 为大于零的常数）且已由制造商所承担，则零售商无固定成本。基于 EPR 的要求，回收努力必须为正（$y_1 > 0$），而正向社会责任不能为负（$y_2 \geqslant 0$），并且供应链整体以环保效果（回收量）为第一目标，经济效果（各方利润）为第二目标。

图 3.3 给出了再制造闭环供应链中制造商和零售商之间的关系。本节中使用的参数和符号如下：y_1 为零售商的回收努力；y_2 为制造商的再制造努力；p_0 为零售商从市场上回收旧产品的回收价格；w_0 为制造商能接受的再制造品最低批发价；k 为责任转移因子；a_0 为市场上具有环保意识的消费者产生的固定回收量；a 为回收量对 y_1 的敏感程度；p 为再制造品的市场价格，为外生变量；c 为零售商的返品的单位回收成本和再制造品单位销售成本之和；Δ 为制造商通过实施再制造节省的单位生产成本。

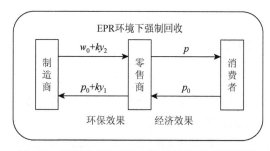

图 3.3　再制造闭环供应链双向责任转移示意图

本节对 R-R、R-M、M-M、M-R、R-VN 和 M-VN 六种模型下的均衡解进行求解讨论（M 表示制造商，R 表示零售商）。模型标识的第一个字母表示转移因子 k 的决定者，第二个字母表示 Stackelberg 博弈的领导者（VN 表示双方同时行动）。例如，M-R 表示由制造商决定 k，零售商是 Stackelberg 博弈领导者，其他模型的含义相同。本节中的 π 带有下标 M 和 R，分别表示制造商和零售商的利润，带有上标*和各模型标识的结合表示各种模型下的最优利润值。所以，两方的利润函数分别为

$$\pi_{\mathrm{M}} = (\Delta - ky_1 + ky_2)(a_0 + ay_1) - \frac{1}{2}by_2^2 \tag{3.7}$$

$$\pi_{\mathrm{R}} = (p - ky_2 + ky_1 - c)(a_0 + ay_1) \tag{3.8}$$

3.2.3　均衡分析

1. R-R 模型

此模型代表一种较为权力极端化的市场结构。其中，制造商有回收再制造的需求，零售商为市场的领导者，并拥有决定责任转移因子的能力。这种情形在现实中为：某通路资源被某大型零售企业所掌握，某产品制造商必须借助其通路资源来达到回收的目的，此时零售商在契约谈判能力以及市场领导方面都占有绝对优势。

首先，将 $\pi_{\mathrm{M}}^{\mathrm{R\text{-}R}}$ 对 y_2 进行求导并令结果为零，求出 $y_2(y_1,k)$ 后代入 $\pi_{\mathrm{R}}^{\mathrm{R\text{-}R}}$ 再对 y_1 求导，得到 $y_1(k)$ 并代入 $\pi_{\mathrm{R}}^{\mathrm{R\text{-}R}}$ 对 k 求导得到 $\dfrac{-b(a_0k + a(c-p))(a_0bk + 2a^2k(c-p) + ab(p-c))}{4ak^2(b-ak)^2}$，

对其分析后得到结论 3.8。

结论 3.8　R-R 模型无满足假设条件的解。

证明：（1）在 $\dfrac{a^2(p-c)}{2b} < a_0 < \dfrac{a^2(p-c)}{b}$ 的条件下，当 $0 < k < \dfrac{abc-abp}{a_0b + 2a^2c - 2a^2p}$

或 $\dfrac{ap-ac}{a_0} < k < \dfrac{2b}{a}$ 时，$\pi_{\mathrm{R}}^{\mathrm{R\text{-}R}}$ 与 $k^{\mathrm{R\text{-}R}}$ 正相关。此时：

$$k^{\mathrm{R\text{-}R}} = \overline{k}, \quad y_1^{\mathrm{R\text{-}R}} = \frac{a_0b\overline{k} - abc - 2aa_0\overline{k}^2 + abp}{2a\overline{k}(a\overline{k}-b)}, \quad y_2^{\mathrm{R\text{-}R}} = \frac{ac + a_0\overline{k} - ap}{2b - 2a\overline{k}}$$

$$\pi_{\mathrm{M}}^{\mathrm{R\text{-}R}} = \frac{b(a_0\overline{k} + a(c-p))(2a_0b\overline{k} + a^2\overline{k}(c-4\Delta-p) + a(b(2p-4\Delta-2c) - 3a_0\overline{k}^2))}{8a\overline{k}(b-a\overline{k})^2}$$

$$\pi_{\mathrm{R}}^{\mathrm{R\text{-}R}} = \frac{b(a_0\overline{k} + a(c-p))^2}{4a\overline{k}(a\overline{k}-b)}$$

容易验证 $y_1^{\mathrm{R\text{-}R}} < 0$，此时无满足假设条件的解。

（2）在 $a_0 = \dfrac{a^2(p-c)}{b}$ 的条件下，当 $0 < k < \dfrac{abc-abp}{a_0b + 2a^2c - 2a^2p}$ 或 $\dfrac{abc-abp}{a_0b + 2a^2c - 2a^2p} <$

$k < \dfrac{2b}{a}$ 时，$\pi_{\mathrm{R}}^{\mathrm{R\text{-}R}}$ 与 $k^{\mathrm{R\text{-}R}}$ 正相关。所以，此时：

$$k^{R-R} = \bar{k}, \quad y_1^{R-R} = \frac{(b+2a\bar{k})(c-p)}{2b\bar{k}} < 0, \quad y_2^{R-R} = \frac{a(c-p)}{2b} < 0$$

由 $y_1^{R-R} < 0$ 得到，此时无满足假设条件的解。

（3）在 $\frac{a^2(p-c)}{b} < a_0 < \frac{2a^2(p-c)}{b}$ 的条件下，当 $0 < k^{R-R} < \frac{ap-ac}{a_0}$ 或 $\frac{abc-abp}{a_0b+2a^2c-2a^2p} <$

$k^{R-R} < \frac{2b}{a}$ 时，π_R^{R-R} 与 k^{R-R} 正相关。此时：

$$k^{R-R} = \bar{k}, \quad y_1^{R-R} = \frac{a_0b\bar{k} - abc - 2aa_0\bar{k}^2 + abp}{2a\bar{k}(a\bar{k}-b)}, \quad y_2^{R-R} = \frac{ac + a_0\bar{k} - ap}{2b - 2a\bar{k}}$$

$$\pi_M^{R-R} = \frac{b(a_0\bar{k} + a(c-p))(2a_0b\bar{k} + a^2\bar{k}(c-4\varDelta - p) + a(b(2p-4\varDelta - 2c) - 3a_0\bar{k}^2))}{8a\bar{k}(b-a\bar{k})^2}$$

$$\pi_R^{R-R} = \frac{b(a_0\bar{k} + a(c-p))^2}{4a\bar{k}(a\bar{k}-b)}$$

可验证 $y_1^{R-R} < 0$，此时无满足假设条件的解。证毕。

2. R-M 模型

R-M 模型代表一种折中情景。具体博弈顺序为：首先，制造商领导博弈，决定 y_2^{R-M}；然后，零售商决定回收努力 y_1^{R-M} 和责任转移因子 k^{R-M}，得到结论3.9。

结论3.9 R-M 模型无满足假设条件的解。

证明：（1）若制造商令 $y_2^{R-M} = 0$，此时 $\pi_M^{R-M} = (\varDelta - ky_1)(a_0 + ay_1)$，而 $\pi_R^{R-M} = (p + ky_1 - c)(a_0 + ay_1)$，考虑到 k^{R-M} 变化对 π_R^{R-M} 的影响，得到当 $0 < k < \frac{ap-ac}{a_0}$ 时，k^{R-M} 与 π_R^{R-M} 正相关。所以：

$$k^{R-M} = \bar{k}, \quad y_1^{R-M} = \frac{ac - a_0\bar{k} - ap}{2a\bar{k}} < 0, \quad y_2^{R-M} = 0$$

$$\pi_M^{R-M} = \frac{(a_0\bar{k} + a(c-p))(a_0\bar{k} + a(p-c+2\varDelta))}{4a\bar{k}}, \quad \pi_R^{R-M} = -\frac{(a_0\bar{k} + a(c-p))^2}{4a\bar{k}}$$

由 $y_1^{R-M} < 0$ 得知，无满足假设条件的解。

（2）若制造商令 $y_2^{R-M} > 0$，由结论3.8的证明可知，当 $0 < k < \frac{2abc - 2abp}{-2a_0b + a^2c - a^2\varDelta - a^2p}$

时，k^{R-M} 与 π_R^{R-M} 正相关。此时：

$$k^{R-M} = \bar{k}, \quad y_1^{R-M} = \frac{(ac - a_0\bar{k} - ap)(2b - a\bar{k}) + a\bar{k}(a\varDelta + a_0\bar{k})}{2a\bar{k}(2b - a\bar{k})}, \quad y_2^{R-M} = \frac{a\varDelta + a_0\bar{k}}{2b - a\bar{k}}$$

$$\pi_M^{R-M} = \frac{4aa_0b\varDelta\bar{k} + 2a_0^2b\bar{k}^2 - 2a^2b(c-p)(c-2\varDelta - p) + a^3\bar{k}(p-c+\varDelta)^2}{4a\bar{k}(2b - a\bar{k})}$$

$$\pi_{\mathrm{R}}^{\mathrm{R-M}} = -\frac{(-2a_0 b\overline{k} + a^2\overline{k}(c-\Delta-p) + 2ab(p-c))^2}{4a\overline{k}(-2b+a\overline{k})^2}$$

易得 $y_1^{\mathrm{R-M}} < 0$，所以无满足假设条件的解。证毕。

3. M-M 模型

此模型下，首先 $k^{\mathrm{M-M}}$ 和 $y_2^{\mathrm{M-M}}$ 由制造商决定，然后零售商决定 $y_1^{\mathrm{M-M}}$。考虑 $k^{\mathrm{M-M}}$ 的变化对 $\pi_{\mathrm{M}}^{\mathrm{M-M}}$ 的影响。同样，得到 $\pi_{\mathrm{M}}^{\mathrm{M-M}}$ 与 $k^{\mathrm{M-M}}$ 成正比，所以 $k^{\mathrm{M-M}} = \overline{k}$，得到结论 3.10。

结论 3.10　M-M 模型的各决策最优值及利润为

$$k^{*\mathrm{M-M}} = \overline{k}, \quad y_1^{\mathrm{M-M}} = \frac{a\overline{k}(a\Delta + a_0\overline{k}) + (2b-a\overline{k})(a(c-p)-a_0\overline{k})}{2a\overline{k}(2b-a\overline{k})}, \quad y_2^{*\mathrm{M-M}} = \frac{a\Delta + a_0\overline{k}}{2b-a\overline{k}}$$

$$\pi_{\mathrm{M}}^{*\mathrm{M-M}} = \frac{4aa_0 b\Delta\overline{k} + 2a_0^2 b\overline{k}^2 - 2a^2 b(c-p)(c-2\Delta-p) + a^3\overline{k}(p-c+\Delta)^2}{4a\overline{k}(2b-a\overline{k})}$$

$$\pi_{\mathrm{R}}^{*\mathrm{M-M}} = -\frac{(-2a_0 b\overline{k} + a^2\overline{k}(c-\Delta-p) + 2ab(p-c))^2}{4a\overline{k}(-2b+a\overline{k})^2}$$

此时

$$\overline{k} \in \left(\frac{2a_0 b + a^2 c - \Delta a^2 - a^2 p}{4aa_0} + \frac{1}{4}\sqrt{\frac{4b^2 a_0^2 + 4a^2 a_0 b(3p-3c-\Delta) + a^4(p-c+\Delta)^2}{a^2 a_0^2}}, \frac{2b}{a} \right)$$

4. M-R 模型

此模型下，首先零售商决定 $y_1^{\mathrm{M-R}}$，然后制造商决定 $k^{\mathrm{M-R}}$ 和 $y_2^{\mathrm{M-R}}$。同样，先考虑 $k^{\mathrm{M-R}}$ 的变化对 $\pi_{\mathrm{M}}^{\mathrm{M-R}}$ 的影响。由于零售商必须令 $y_1 > 0$，考虑 $\pi_{\mathrm{M}}^{\mathrm{M-R}}$ 对 y_2 的一阶导数，得到 $\frac{\partial \pi_{\mathrm{M}}^{\mathrm{M-R}}}{\partial y_2} = k(a_0 + ay_1) - by_2$，令其为零，移项得到 $k(a_0 + ay_1) = by_2$，得到结论 3.11。

结论 3.11　M-R 模型的各决策最优值及利润如下。

（1）当 $y_2^{\mathrm{M-R}} > y_1^{\mathrm{M-R}}$ 时，均衡解为

$$k^{*\mathrm{M-R}} = \overline{k}, \quad y_1^{*\mathrm{M-R}} = \frac{a_0 b\overline{k} - abc - 2aa_0\overline{k}^2 + abp}{2a\overline{k}(a\overline{k}-b)}, \quad y_2^{*\mathrm{M-R}} = \frac{ac + a_0\overline{k} - ap}{2b - 2a\overline{k}}$$

$$\pi_{\mathrm{M}}^{*\mathrm{M-R}} = \frac{b(a_0\overline{k} + a(c-p))(2a_0 b\overline{k} + a^2\overline{k}(c-4\Delta-p) + a(b(4\Delta-2c+2p)-3a_0\overline{k}^2))}{8a\overline{k}(b-a\overline{k})^2}$$

$$\pi_{\mathrm{M}}^{*\mathrm{M-R}} = \frac{b(a_0\overline{k} + a(c-p))^2}{4a\overline{k}(a\overline{k}-b)}$$

此时：

$$\begin{cases} \dfrac{b}{a} < \bar{k} < \dfrac{b}{4a} + \dfrac{1}{4}\sqrt{\dfrac{b^2 a_0 - 8a^2 bc + 8a^2 bp}{a^2 a_0}}, & \dfrac{a^2(p-c)}{2b} < a_0 < \dfrac{a^2(p-c)}{b} \\[4mm] \dfrac{b}{4a} + \dfrac{1}{4}\sqrt{\dfrac{b^2 a_0 - 8a^2 bc + 8a^2 bp}{a^2 a_0}} < \bar{k} < \dfrac{b}{a}, & \dfrac{a^2(p-c)}{b} < a_0 < \dfrac{2a^2(p-c)}{b} \end{cases}$$

（2）当 $y_1^{\mathrm{M\text{-}R}} = y_2^{\mathrm{M\text{-}R}} = \dfrac{a\Delta}{b}$ 时，$k^{\mathrm{M\text{-}R}}$ 不存在：

$$\pi_{\mathrm{M}}^{*\mathrm{M\text{-}R}} = \Delta a_0 + \dfrac{a^2 \Delta^2}{2b}, \qquad \pi_{\mathrm{M}}^{*\mathrm{M\text{-}R}} = \left(a_0 + \dfrac{a^2 \Delta}{b} \right)(p-c)$$

证明：（1）若 $k = 0$，则 $y_2 = 0$，此时：

$$\pi_{\mathrm{M}}^{\mathrm{M\text{-}R}} = (a_0 + ay_1)\Delta, \qquad \pi_{\mathrm{R}}^{\mathrm{M\text{-}R}} = (p-c)(a_0 + ay_1)$$

此时零售商会使 y_1 无穷大，故此时 y_1 无解。

（2）若 $k > 0$，则 $y_2 > 0$，由 $\dfrac{\partial \pi_{\mathrm{M}}^{\mathrm{M\text{-}R}}}{\partial k} = (a_0 + ay_1)(y_2 - y_1)$。若 $y_2 > y_1$，k 与 $\pi_{\mathrm{M}}^{\mathrm{M\text{-}R}}$

成正比，此时：

$$k = \bar{k}, \quad y_1 = \dfrac{a_0 b\bar{k} - abc - 2aa_0\bar{k}^2 + abp}{2a\bar{k}(a\bar{k} - b)}, \quad y_2 = \dfrac{ac + a_0\bar{k} - ap}{2b - 2a\bar{k}}$$

$$\pi_{\mathrm{R}}^{\mathrm{M\text{-}R}} = \dfrac{b(a_0\bar{k} + a(c-p))^2}{4a\bar{k}(a\bar{k} - b)}$$

$$\pi_{\mathrm{M}}^{\mathrm{M\text{-}R}} = \dfrac{b(a_0\bar{k} + a(c-p))(2a_0 b\bar{k} + a^2\bar{k}(c - 4\Delta - p) + a(b(4\Delta - 2c + 2p) - 3a_0\bar{k}^2))}{8a\bar{k}(b - a\bar{k})^2}$$

若 $y_2 < y_1$，$k = 0$，则 $y_2 = 0$，此时：

$$\pi_{\mathrm{M}}^{\mathrm{M\text{-}R}} = \Delta(a_0 + ay_1), \qquad \pi_{\mathrm{R}}^{\mathrm{M\text{-}R}} = (p-c)(a_0 + ay_1)$$

双方的利润完全由 y_1 决定，故此时 y_1 无满足假设条件的解。

若 $y_2 = y_1$，则

$$\pi_{\mathrm{M}}^{\mathrm{M\text{-}R}} = \Delta(a_0 + ay_1) - \dfrac{1}{2}by_2{}^2, \qquad \pi_{\mathrm{R}}^{\mathrm{M\text{-}R}} = (p-c)(a_0 + ay_1)$$

由逆向法得到

$$y_1 = y_2 = \dfrac{a\Delta}{b}, \quad k \text{ 不存在}, \quad \pi_{\mathrm{M}}^{*\mathrm{M\text{-}R}} = \Delta a_0 + \dfrac{a^2 \Delta^2}{2b}, \quad \pi_{\mathrm{R}}^{*\mathrm{M\text{-}R}} = \left(a_0 + \dfrac{a^2 \Delta}{b} \right)(p-c)$$

证毕。

5. R-VN 模型

此模型下，由零售商确定 k，并且制造商和零售商同时行动，得到结论 3.12。

结论 3.12　R-VN 模型的各决策最优值及利润为

当 $\overline{k} \in \left(\dfrac{b}{2a} + \dfrac{1}{2}\sqrt{\dfrac{a_0 b^2 - 4a^2 bc + 4a^2 bp}{a^2 a_0}}, \dfrac{2b}{a} \right)$ 时，有

$$k^{*\mathrm{R-VN}} = \overline{k}, \quad y_1^{*\mathrm{R-VN}} = \frac{abc - a_0 b\overline{k} + aa_0\overline{k}^2 - abp}{a\overline{k}(2b - a\overline{k})}, \quad y_2^{*\mathrm{R-VN}} = \frac{ac + a_0\overline{k} - ap}{2b - a\overline{k}}$$

$$\pi_M^{*\mathrm{R-VN}} = \frac{b(a_0\overline{k} + a(c-p))(a_0\overline{k} + a(p-c+2\varDelta))}{2a\overline{k}(2b - a\overline{k})}, \quad \pi_R^{*\mathrm{R-VN}} = -\frac{b^2(a_0\overline{k} + a(c-p))^2}{a\overline{k}(2b - a\overline{k})^2}$$

证明：此时存在如下两种情形。

（1）若制造商令 $y_2 = 0$，零售商令 $y_1 > 0$，则有

$$\pi_M^{\mathrm{R-VN}} = (\varDelta - ky_1)(a_0 + ay_1), \quad \pi_R^{\mathrm{R-VN}} = (p + ky_1 - c)(a_0 + ay_1)$$

考虑 $\pi_R^{\mathrm{R-VN}}$ 对 k 值变化的反应，得到当 $k < -\dfrac{a(p-c)}{a_0}$（与假设不符）或 $k > \dfrac{a(p-c)}{a_0}$

时，k 与 $\pi_R^{\mathrm{R-VN}}$ 成正比。所以，当 $k > \dfrac{a(p-c)}{a_0}$ 时，有

$$k = \overline{k}, \quad y_2 = 0, \quad y_1 = \frac{ap - ac - a_0\overline{k}}{2a\overline{k}}, \quad \pi_M^{\mathrm{R-VN}} = \frac{(3a_0\overline{k} + a(c-p))(a_0\overline{k} + a(c+2\varDelta - p))}{4a\overline{k}}$$

$$\pi_R^{\mathrm{R-VN}} = \frac{(a_0\overline{k} + a(p-c))^2}{4a\overline{k}}$$

若使 $y_1 = \dfrac{ap - ac - a_0\overline{k}}{2a\overline{k}} > 0$，则 $0 < \overline{k} < \dfrac{a(p-c)}{a_0}$，与假设条件相违背。

（2）若 $y_1 > 0$ 且 $y_2 > 0$，考虑 $\pi_R^{\mathrm{R-VN}}$ 对 k 值变化的反应，得到当 $0 < k < \dfrac{a(p-c)}{a_0}$

和 $k > \dfrac{2b}{a}$（与假设不符）时，$\pi_R^{\mathrm{R-VN}}$ 与 k 正相关。此时：

$$k = \overline{k}, \quad y_1 = \frac{abc - a_0 b\overline{k} + aa_0\overline{k}^2 - abp}{a\overline{k}(2b - a\overline{k})}, \quad y_2 = \frac{ac + a_0\overline{k} - ap}{2b - a\overline{k}}$$

$$\pi_M^{\mathrm{R-VN}} = \frac{b(a_0\overline{k} + a(c-p))(a_0\overline{k} + a(p-c+2\varDelta))}{2a\overline{k}(2b - a\overline{k})}, \quad \pi_R^{\mathrm{R-VN}} = \frac{b^2(a_0\overline{k} + a(c-p))^2}{a\overline{k}(2b - a\overline{k})}$$

若使 $y_1 > 0$，则要求 $\overline{k} > \dfrac{b}{2a} + \dfrac{1}{2}\sqrt{\dfrac{a_0 b^2 - 4a^2 bc + 4a^2 bp}{a^2 a_0}}$。考察区间问题，若使 $\dfrac{b}{2a} +$

$\dfrac{1}{2}\sqrt{\dfrac{a_0 b^2 - 4a^2 bc + 4a^2 bp}{a^2 a_0}} - \dfrac{2b}{a} < 0$，得到 $\dfrac{a^2(p-c)}{2b} < a_0 < \dfrac{4a^2(p-c)}{b}$，满足假设条件

的区间要求。

6. M-VN 模型

此时，制造商确定 k，并考虑 k 对自己的利润影响，双方同时行动，得到

结论 3.13。

结论 3.13　M-VN 模型的各决策最优值及利润为

$$k^{*\text{M-VN}} = \overline{k}, \quad y_1^{*\text{M-VN}} = \frac{abc - a_0 b\overline{k} + aa_0 \overline{k}^2 - abp}{a\overline{k}(2b - a\overline{k})}, \quad y_2^{*\text{M-VN}} = \frac{ac + a_0 \overline{k} - ap}{2b - a\overline{k}}$$

$$\pi_{\text{M}}^{*\text{M-VN}} = \frac{b(a_0 \overline{k} + a(c - p))(a_0 \overline{k} + a(p - c + 2\Delta))}{2a\overline{k}(2b - a\overline{k})}, \quad \pi_{\text{R}}^{*\text{M-VN}} = -\frac{b^2(a_0 \overline{k} + a(c - p))^2}{a\overline{k}(a\overline{k} - 2b)^2}$$

$$\overline{k} \in \left(\frac{b}{2a} + \frac{1}{2}\sqrt{\frac{a_0 b^2 - 4a^2 bc + 4a^2 bp}{a^2 a_0}}, \frac{2b}{a} \right)$$

证明：（1）若制造商令 $y_2 = 0$，零售商令 $y_1 > 0$，则 k 与 $\pi_{\text{M}}^{\text{M-VN}}$ 成正比。此时：

$$k = \overline{k}, \quad y_1 = \frac{ac - a_0 \overline{k} - ap}{2a\overline{k}} < 0, \quad \pi_{\text{M}}^{\text{M-VN}} = \frac{(a_0 \overline{k} + a(c - p))(a_0 \overline{k} + a(p - c + 2\Delta))}{4a\overline{k}}$$

$$\pi_{\text{R}}^{\text{M-VN}} = -\frac{(a_0 \overline{k} + a(c - p))^2}{4a\overline{k}}$$

由 $y_1 < 0$ 得知，此情形无满足假设条件的解。

（2）若 $y_1 > 0$ 且 $y_2 > 0$，此时 k 与 $\pi_{\text{M}}^{\text{M-VN}}$ 成正比。所以：

$$k = \overline{k}, \quad y_1 = \frac{abc - a_0 b\overline{k} + aa_0 \overline{k}^2 - abp}{a\overline{k}(2b - a\overline{k})}, \quad y_2 = \frac{ac + a_0 \overline{k} - ap}{2b - a\overline{k}}$$

$$\pi_{\text{M}}^{\text{M-VN}} = \frac{b(a_0 \overline{k} + a(c - p))(a_0 \overline{k} + a(p - c + 2\Delta))}{2a\overline{k}(2b - a\overline{k})}, \quad \pi_{\text{R}}^{\text{M-VN}} = -\frac{b^2(a_0 \overline{k} + a(c - p))^2}{a\overline{k}(a\overline{k} - 2b)^2}$$

考虑 $y_1 > 0$ 且 $y_2 > 0$ 得到 $\frac{b}{2a} + \frac{1}{2}\sqrt{\frac{a_0 b^2 - 4a^2 bc + 4a^2 bp}{a^2 a_0}} < \overline{k} < \frac{2b}{a}$，故此解满足假设条件。证毕。

3.2.4　不同决策环境下的经济效果分析

1. R-R 模型与 R-M 模型

虽然 R-R 模型与 R-M 模型都不存在满足假设条件（$y_1 < 0$）的解，但现实中，可把 $y_1 < 0$ 理解为零售商在回收活动中采取消极态度，导致回收量未达到消费者环保意识保证的量值。

R-R 模型中 $y_1^{*\text{R-R}} < 0$，易得在一定条件下 $\pi_{\text{R}}^{*\text{R-R}} > 0$，即在零售商出现负努力的情况下，其利润却出现了正值；而 R-M 模型中，$\pi_{\text{R}}^{*\text{R-M}}$ 总是小于零。说明从零售商的角度来看，R-R 模型是优于 R-M 模型的。另外，易得无论何种条件下，$\pi_{\text{M}}^{*\text{R-R}}$ 总是小于零；而在 R-M 模型中，在一定条件下存在 $\pi_{\text{M}}^{*\text{R-M}} > 0$ 的情况。所以，制造商较倾向于 R-M 模型。这说明，当零售商决定 k 时，双方的利润都是较低的，并且无论哪方主导博弈，都无法达到协调的效果，即双方责任转移效果不存在。

2. M-M 模型和 M-R 模型

M-M 模型和 M-R 模型都存在满足假设条件的解。由前述结果易得，M-M 模型下的 $\pi_R^{*M-M} < 0$；而 M-R 模型下 $\pi_R^{*M-R} > 0$。说明当制造商决定 k 时，只要零售商领导博弈，零售商的利润就可以处于较高的水平。另外，M-M 模型在某些条件下存在 $\pi_M^{*M-M} > 0$；而 M-R 模型某些条件下，存在 $\pi_M^{*M-R} > 0$。

从比较的结果得到，只要制造商决定 k，制造商的利润都较容易达到正值，而此时零售商必须领导博弈，其利润才较高。这也可以解释为什么在 M-M 模型中零售商的利润总是处于负值。另外，结论 3.10 与 R-M 模型中的 $0 < k < \dfrac{2abc - 2abp}{-2a_0b + a^2c - a^2\Delta - a^2p}$ 情形下的结果相同，说明只要制造商领导博弈，无论哪方决定 k，都将导致零售商的利润为负值的局面。总之，M-M 模型和 M-R 模型都代表较环保和较经济的市场结构。

3. M-VN 模型和 R-VN 模型

由 R-VN 模型和 M-VN 模型的结果显示，两种模型的经济效果完全相同。即当 $\dfrac{b}{2a} + \dfrac{1}{2}\sqrt{\dfrac{a_0b^2 - 4a^2bc + 4a^2bp}{a^2a_0}} < \bar{k}^{R-VN} < \dfrac{2b}{a}$ 时，π_R^{*R-VN} 总是小于零，而某些条件下可以保证 $\pi_M^{*R-VN} > 0$。说明在强制回收的要求下，只要双方同时行动，最终的结果为制造商得到正利润，而零售商则相反。可知，R-VN 模型中虽然零售商决定 k，但对其利润没有正向作用，这也是强制回收的要求导致的。

3.2.5 不同决策环境下环保效果分析

1. R-R 模型和 R-M 模型

由前面讨论得知，R-R 模型无满足假设条件的解。这里讨论如何使其有满足假设条件的解。由结论 3.8 的证明过程中的情形（1）和（3），在其假设条件的基础上，易得若使 $y_1^{R-R} > 0$，则需：

$$\frac{b}{4\bar{k}}\sqrt{5} + \frac{b}{4\bar{k}} < a < \frac{b}{\bar{k}} \text{ 且 } \frac{a_0b + 2a^2c}{2a^2} < p < \frac{abc - a_0b\bar{k} + 2aa_0\bar{k}^2}{ab} \tag{3.9}$$

说明若使 y_1^{R-R} 为正，需要 a 和 p 都处于一个区间内。所以，若 p 较高，会因为再制造产品价格过高，导致市场转向于新产品；若 p 较低，则会导致制造商因实施再制造的收益过低而拒绝接受回收品，从而零售商也失去回收的动力。这说明，再制造产品必须依靠其利润优势赢得回收的可能性。在上述条件下，R-R 模型的回收量 $Q^{R\text{-}R} > a_0$。

同样，R-M 模型无满足假设条件的解。由结论 3.9 的证明过程易得无论在何种条件下，都无法使 $y_1^{R\text{-}M} > 0$。所以，在假设条件下 R-M 模型的回收量 $Q^{R\text{-}M} < a_0$。

由分析结果得到，R-R 模型可通过固定再制造品的价格 p 的范围来增加其回收量，而 R-M 模型无法采用其他方法达到增加回收量的效果。说明在 R-M 模型中，领导博弈的制造商抵消了零售商对 k 决定权的一部分作用，这使零售商放弃增加其回收努力。当决定 k 的零售商充当博弈领导者时，只要再制造品的价格适中，供应链可以取得较好的环保效果。

2. M-M 模型和 M-R 模型

首先考虑 $Q^{M\text{-}M}$ 对 $\overline{k}$ 的单调性。由

$$Q^{M\text{-}M}{'} = \frac{a(2b\overline{k}(a_0\overline{k} + 2a(c-p)) - 4b^2(c-p) + a^2\overline{k}^2(p-c+\Delta))}{2\overline{k}^2(a\overline{k} - 2b)^2}$$

易得 $Q^{M\text{-}M}{'} > 0$，即 $Q^{M\text{-}M}$ 对 $\overline{k}$ 的单调递增。考虑到 $\overline{k} = \dfrac{2b}{a}$ 时回收量无穷大，只要

$$\overline{k} \in \left(\frac{2a_0b + a^2c - \Delta a^2 - a^2p}{4aa_0} + \frac{1}{2}\sqrt{\frac{4b^2a_0{}^2 + 4a^2a_0b(3p - 3c - \Delta) + a^4(p - c + \Delta)^2}{a^2a_0{}^2}}, \frac{2b}{a} \right)$$

可保证 $Q^{M\text{-}M} > a_0$，且 $\overline{k}$ 越靠近 $\dfrac{2b}{a}$ 时 $Q^{M\text{-}M}$ 越大。

同样，考虑回收量 $Q^{M\text{-}R}$ 对 $\overline{k}$ 的单调性。在 $y_2^{M\text{-}R} > y_1^{M\text{-}R}$ 的条件下，当 $\dfrac{a^2(p-c)}{2b} < a_0 < \dfrac{a^2(p-c)}{b}$ 时，$\dfrac{b}{a} < \overline{k} < \dfrac{b}{4a} + \dfrac{1}{4}\sqrt{\dfrac{b^2a_0 - 8a^2bc + 8a^2bp}{a^2a_0}}$，易得 $Q^{M\text{-}R}{'} < 0$，此时 $\overline{k}$ 越接近 $\dfrac{b}{a}$，$Q^{M\text{-}R}$ 越大；当 $\dfrac{a^2(p-c)}{b} < a_0 < \dfrac{2a^2(p-c)}{b}$ 时，$\dfrac{b}{4a} + \dfrac{1}{4}\sqrt{\dfrac{b^2a_0 - 8a^2bc + 8a^2bp}{a^2a_0}} < \overline{k} < \dfrac{b}{a}$，易得 $Q^{M\text{-}R}{'} > 0$，此时 $\overline{k}$ 越接近 $\dfrac{b}{a}$，$Q^{M\text{-}R}$ 越大。在 $y_1^{M\text{-}R} = y_2^{M\text{-}R} = \dfrac{a\Delta}{b}$ 的条件下，$k^{M\text{-}R}$ 不存在，$Q^{M\text{-}R} = a_0 + \dfrac{a^2\Delta}{b}$。综上，当 $y_2^{M\text{-}R} > y_1^{M\text{-}R}$ 时，$\overline{k}$ 越接近 $\dfrac{b}{a}$，越可保证 $Q^{M\text{-}M} > a_0$；当 $y_1^{M\text{-}R} = y_2^{M\text{-}R} = \dfrac{a\Delta}{b}$ 时，$Q^{M\text{-}R} = a_0 + \dfrac{a^2\Delta}{b}$。

M-M 模型代表权力结构极端化的市场结构。由对 $Q^{M\text{-}M}$ 的分析过程看，$\overline{k}$ 越

接近 $2b/a$ ，回收量越大，表明只要制造商保证契约中的 k^{M-M} 值幅度范围较大，就会对回收效果有一定程度的良性影响。M-R 模型有两种情形：当 $y_2^{M-R} > y_1^{M-R}$ 且 $\bar{k}$ 越接近 b/a 时，环保效果越好，这个结论较其他模型的结论不同，不是其他模型中 $\bar{k}$ 越趋向于 $2b/a$ ，环保效果越好，说明当 $y_2^{M-R} > y_1^{M-R}$ 时， k 的变化范围较小的情况下，也能达到较好的环保效果；而当 $y_1^{M-R} = y_2^{M-R} = a\Delta/b$ 时， k^{M-R} 不存在，即 k^{M-R} 在制造商和零售商之间已无法起到转移责任的作用了，此时可视为双方竞争条件下的集中决策关系。

3. R-VN 模型和 M-VN 模型的环保效果

在 R-VN 模型中，当 $\dfrac{b}{2a} + \dfrac{1}{2}\sqrt{\dfrac{a_0 b^2 - 4a^2 bc + 4a^2 bp}{a^2 a_0}} < \bar{k}^{R-VN} < \dfrac{2b}{a}$ 时， $Q^{R-VN\prime} > 0$ 。

此时， $\bar{k}$ 越接近 $\dfrac{2b}{a}$ 越能保证 $Q^{R-VN} > a_0$ ，即 $\bar{k}$ 越接近于 $2b/a$ ，回收效果越好。

同样，在 M-VN 模型中，易得当 $\dfrac{b}{2a} + \dfrac{1}{2}\sqrt{\dfrac{a_0 b^2 - 4a^2 bc + 4a^2 bp}{a^2 a_0}} < \bar{k} < \dfrac{2b}{a}$ 时，

$Q^{M-VN\prime} > 0$ ，所以， $\bar{k}$ 越接近 $\dfrac{2b}{a}$ 时 Q^{M-VN} 越大，即可保证 $Q^{M-VN} > a_0$ 。说明当制造商决定 k 时，制造商只要保证 k 的范围较大，就会使零售商在双方同时行动时感觉有利可图，从而使回收量增加。

3.2.6　综合分析

综合上述分析，六种模型的综合效果评价顺序为
$$\text{R-M} < \text{R-R} < \text{R-VN} = \text{M-VN} < \text{M-M} < \text{M-R}_{y_1^{M-R} = y_2^{M-R} = a\Delta/b} \tag{3.10}$$
在本节中，虽然假定政府以环保效果为第一目标、经济效果为第二目标来实施相关环保回收政策，但在实施过程中，企业方还是或多或少地考虑达到在经济目标的基础上再履行环保目标。若经济目标未达成，企业方可能会采取一些措施保证自己的利益最大化。由上面的评价顺序可以看到，制造商决定 k 时总体上是优于零售商决定 k 时的情形的，这是因为零售商作为回收行为的执行方，增加 y_1 会导致回收量的增加，但零售商决定 k 必将使制造商的利润受损，迫使制造商采取一定的措施来应对。也就是说，市场最终会演变为双方都以利润为第一目标，这将迫使零售商采取消极回收行为，导致制造商用相应的 y_2 来应对，最终导致零售商的利润受损。所以，由制造商来决定 k 会在一定程度上缓解零售商的消极行为。另外，排序结果还表明零售商比制造商更适合成为 Stackelberg 博弈的领导者。这说明整个再制造过程是由零售商的回收行为引发的，随后制造商再对零售商的回

收行为通过 k 来实施修正，最终可以达到较好的双重效果。另外，在某些情形下，制造商作为固定成本的承担方并不一定有低利润，同时，零售商虽然不承担固定成本，但在某些情形下却是负利润。这表明在强制回收要求下，固定成本不一定是合作（竞争）各方利润高低的决定性因素。在所有六种模型中，M-R 模型 $y_1^{\text{M-R}} = y_2^{\text{M-R}} = a\Delta / b$ 情形下的综合效果最佳，代表双方都付出相应的合作努力，并且表现出供应链中成员间竞争中的长期合作信任关系会产生最优产出及最优社会效应的思想。

3.2.7 结论

本节对一个制造商和一个零售商组成的再制造供应链系统进行了研究，讨论了由不同市场结构以及不同转移因子 k 的决定者所组合成的六种模型的环保效果及经济效果。研究表明：当制造商决定 k 时，供应链的总体环保效果及经济效果都较优，而零售商决定 k 时，则相反。当制造商和零售商之间为序贯博弈时，无论哪方决定 k，制造商充当领导者会使环保效果及经济效果下降，而零售商充当领导者时，整体环保效果以及经济效果都较优。若双方同时作出决策，无论哪方决定 k 值，都不会影响结果。另外，虽然零售商不承担固定成本，但某些情况下其也有负利润的风险存在。

3.3 本 章 小 结

本章对再制造闭环供应链中的责任转移问题进行了分析，主要采用 Stackelberg 博弈方法分析了逆向回收责任转移问题以及正逆向责任转移问题的各方收益以及环保效果。

首先，研究了由一个制造商和一个第三方回收商组成的再制造闭环供应链的回收责任转移问题。研究结果表明，转移因子的上限 $\bar{k}$ 是各方最优值的关键性的参数；$\bar{k}$ 过大会降低双方合作成功的概率；制造商若有支配 k 的优先权，应当允许第三方回收商将回收责任转移一部分给制造商自身，这样可以促使合作的成功；若第三方回收商有支配 k 的优先权，则上限 $\bar{k}$ 不能太大；制造商在再制造闭环供应链中的地位强于第三方回收商。

其次，在双向责任转移问题的驱动下，考虑了一个制造商和一个零售商的再制造闭环供应链模型。研究结论表明，若制造商有 k 的支配权，再制造闭环供应链的环保效果及经济效果都较好，而零售商支配 k 时，则相反；制造商充当博弈的领导者会破坏环保效果和经济效果，而零售商充当领导者时，则相反。

　　综上，单向责任转移和双向责任转移的研究结论是有所区别的。另外，制造商在面对不同的博弈对手时，其优势地位也并不是一成不变的，而且博弈次序的不同对博弈结果有较大影响。所以，第 4 章将对不同再制造闭环供应链的市场结构进行深入分析，讨论几种类型的市场结构变化形式，并对各方收益进行比较，以此确定最优的再制造闭环供应链市场结构类型。

第4章 再制造闭环供应链市场结构及成员效益分析

第3章对再制造闭环供应链中的责任转移问题中两类市场情景下的六种市场结构的均衡解及环保效果进行了分析研究。通常，供应链中的各成员是产品生产方（核心企业）为领导者，但有的供应链零售商和第三方物流也慢慢充当了领导者的角色。所以，再制造闭环供应链各成员方分别领导博弈时对市场的未来走向有着不同的影响。本章将对再制造闭环供应链中各成员的收益在不同的博弈次序下将会有何影响进行研究，将对各方在不同的市场结构下采取更有利于自身收益的决策有着更为有意义的作用。基于先本质、后具体的研究视角，本章首先着眼于单纯的各方领导博弈的情形，考虑跟随者的次序不同对各方利润的影响；然后，考虑除了制造商和零售商的第三方领导（政府领导）回收再制造的博弈情形；最后，本章还考虑混合回收渠道的再制造闭环供应链的市场结构及成员效益的问题。

本章研究内容的独特之处在于考虑了多跟随者有先后次序的情形，考虑了为提高第三方回收商的收益及回收率而提出的分散-集中结合市场结构；并对混合回收渠道的条件下的再制造闭环供应链成员效益进行了分析，分别利用重复博弈理论提出了较好（较差）的市场结构成立（不成立）的条件，给出其演化趋势。本章的分析框架如图4.1所示。

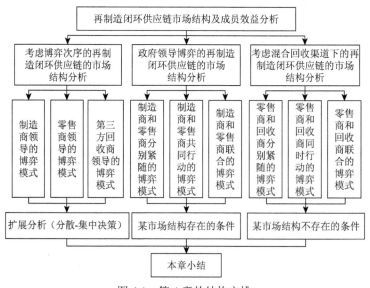

图 4.1 第 4 章的结构安排

4.1　考虑博弈次序的再制造闭环供应链的市场结构分析

4.1.1　背景描述

近年来相关环保法规的出台，迫使制造商必须承担产品回收的责任，这使包含逆向供应链的闭环供应链成为国内外业界及学术界关注的焦点。闭环供应链是指基于产品的生命周期理论，将正逆向供应链活动整合起来，对产品回收、生产和再销售整个过程实行设计与封闭式管理。很多企业通过节约环保型的再制造生产方式，将闭环供应链的理念付诸实践，得到了市场的广泛认可。

在闭环供应链的研究领域中，不同回收渠道和市场结构下各参与方的决策问题是一个热点。早期，Choi[141]讨论了在制造商领导、销售商领导以及制造商与销售商纳什均衡的三种不同市场结构下，双头垄断的制造商共用一个销售商时如何进行决策的问题，这篇文献为随后的闭环供应链相关研究奠定了重要基础。近期，在 Savaskan 等[98, 103]对再制造闭环供应链模型及其回收渠道研究后，国内外也出现了一些相关文献[99, 113, 116, 117, 145, 148, 173]。

然而，以上研究都是基于制造商或者销售商领导博弈的情形，很少有考虑实施回收物流执行方领导博弈的情形。现实市场上，某些第三方物流企业已经因其强大的运输能力及线路独占性优势，充当了供应链主导者的角色。例如，马士基公司因其丰富的航运线路资源以及优良的运输服务品质，在近年来货运量降低时敢于提高运价[174]，说明其在一定条件下处于供应链的领导者的地位，并且客户的产品回收计划也将依照马士基的计划及运价制订。另外，前述文献中被领导的各企业之间的博弈行为基本采用 Cournot 博弈模型，但现实中这些企业之间是可能会有先后决策次序的。而且，现实中供应链上的所有企业采用集中决策的情形过于理想化，也有其现实局限性。基于以上分析，本节的工作体现在如下三个方面：①除了研究制造商和销售商领导 Stackelberg 博弈的情况，还将考虑第三方物流商领导 Stackelberg 博弈时各方的利润；②对某方领导博弈时，其他两方跟随顺序不同的情况进行了研究；③对第三方物流商领导博弈时其利润却最低的一种市场结构（第三方物流商、零售商和制造商依次决策，即 TRM 市场结构）进行分析，提出采用分散-集中结合的市场结构来提高第三方物流商利润的方法。

4.1.2　模型描述

1. 闭环供应链结构

图 4.2 是由一个制造商（M）、两个零售商（R_1、R_2 或统称为 R）以及一个

第三方回收商（简称回收商，TPL）组成的再制造闭环供应链系统。制造商接收回收商的回收品进行再制造，同时使用新原料进行新产品的制造，R_1、R_2对产品进行销售。

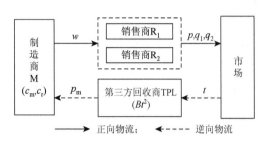

图 4.2 考虑博弈次序的再制造闭环供应链系统

2. 符号说明

w 为产品的批发价格，是制造商的决策变量，制造商用新原料生产产品和废旧品生产的产品的单位生产成本分别为 c_m 和 c_r（$c_m > c_r$）。这里令 $\Delta = c_m - c_r$，表示制造商可以节约的单位生产成本。同时假定回收品全部用于再制造，则制造商的单位生产成本为 $c_m - \Delta t$。同时考虑到制造商在三方中最后决策时的计算需要，令单位产品利润为 $m = p - w$。

q_1 和 q_2 分别为 R_1 和 R_2 的订购量，分别是 R_1 和 R_2 的决策变量。假定 R_1 和 R_2 之间为古诺博弈，并且新产品与再制造品售价 p 相同，p 由逆需求函数 $p = a - b(q_1 + q_2)$ 决定，a 表示市场容量，b 为消费者对价格 p 的敏感程度（$a > 0, b > 0$）。

t 为返品的回收率，为回收商的决策变量。参考文献[2]，回收活动的固定成本为 Bt^2，B 代表了废旧产品回收的难易程度，说明回收活动的固定成本随着回收率 t 的增加边际递增。回收商从制造商处获得的单位回收品补贴为 p_m，为保证闭环供应链的运作，规定 $p_m < \Delta$。

根据以上假设，各方的利润函数分别为

$$\begin{cases} \pi_{R_1} = (a - b(q_1 + q_2) - w)q_1 \\ \pi_{R_2} = (a - b(q_1 + q_2) - w)q_2 \\ \pi_M = (q_1 + q_2)(w - c_m + t(\Delta - p_m)) \\ \pi_T = p_m t(q_1 + q_2) - Bt^2 \end{cases} \quad (4.1)$$

本节将考虑六种市场结构的闭环供应链的效益。其中包括 M→T→R_1+R_2、M→R_1+R_2→T、R_1+R_2→M→T、R_1+R_2→T→M、T→R_1+R_2→M 和 T→M→R_1+R_2 市场结构。市场结构表达式由左向右表达各方决策的次序。例如，M→T→R_1+R_2 表示制造商首先决定批发价 w，然后回收商根据 w 决定回收率 t，最后 R_1 和 R_2 决定 q_1 和 q_2。

本节中带有下标 M、R_1、R_2、T 的变量分别代表 M、R_1、R_2 和 TPL 的相应变量，带有上标*和相应市场结构代号的缩写的结合表示各种市场结构下的最优值。

4.1.3　不同市场结构博弈模型及结果分析

1. $M \to T \to R_1 + R_2$ 和 $M \to R_1 + R_2 \to T$（M 市场结构）

这两种市场结构的博弈顺序为：首先制造商决定生产的产品批发价 w，然后 R_1、R_2 根据制造商的批发价决定自己的订购量 q_1 和 q_2，最后回收商决定回收率 t。此时问题转化为在 R_1、R_2 和回收商的利润最大化前提下的制造商的利润最大化问题。这两种市场结构的模型分别为

$$
\begin{cases}
\max \pi_M = (q_1 + q_2)(w - c_m + t(\Delta - p_m)) \\
\text{s.t.} \\
\max \pi_{R_1} = (a - b(q_1 + q_2) - w)q_1 \\
\max \pi_{R_2} = (a - b(q_1 + q_2) - w)q_2 \\
\text{s.t.} \\
\max \pi_T = p_m(q_1 + q_2)t - Bt^2
\end{cases}
,
\begin{cases}
\max \pi_M = (q_1 + q_2)(w - c_m + t(\Delta - p_m)) \\
\text{s.t.} \\
\max \pi_T = p_m(q_1 + q_2)t - Bt^2 \\
\text{s.t.} \\
\max \pi_{R_1} = (a - b(q_1 + q_2) - w)q_1 \\
\max \pi_{R_2} = (a - b(q_1 + q_2) - w)q_2
\end{cases}
$$

$$(4.2)$$

根据逆向归纳法得到两种市场结构的解相同，这两种市场结构合称为 M 市场结构。此时各方最优决策变量和最优利润分别为

$$
\begin{cases}
w^{*M} = \dfrac{3bB(a + c_m) + 2ap_m(p_m - \Delta)}{2(3bB + p_m(p_m - \Delta))} \\[3mm]
q_1^{*M} = q_2^{*M} = \dfrac{B(a - c_m)}{2(3bB + p_m(p_m - \Delta))} \\[3mm]
t^{*M} = \dfrac{p_m(a - c_m)}{2(3bB + p_m(p_m - \Delta))}
\end{cases}
,
\begin{cases}
\pi_M^{*M} = \dfrac{B(a - c_m)^2}{2(3bB + p_m(p_m - \Delta))} \\[3mm]
\pi_{R_1}^{*M} = \pi_{R_2}^{*M} = \dfrac{bB^2(a - c_m)^2}{4(3bB + p_m(p_m - \Delta))} \\[3mm]
\pi_T^{*M} = \dfrac{B(a - c_m)^2 p_m^2}{4(3bB + p_m(p_m - \Delta))^2}
\end{cases}
\quad (4.3)
$$

此情形下，对 π_M^{*M} 求 p_m 的一阶导数就可以得到 $p_m = \Delta / 2$。

2. $R_1 + R_2 \to M \to T$ 和 $R_1 + R_2 \to T \to M$（R 市场结构）

这里的市场结构为 R_1、R_2 共同领导，其他两方跟随。博弈顺序为 R_1、R_2 首先决定自己的订购量 q_1 和 q_2，制造商根据订购量 $q_1 + q_2$ 决定产品批发价 w，最后回收商决定回收率 t。此时模型为

$$\begin{cases} \max \pi_{R_1} = (a - b(q_1 + q_2) - w)q_1 \\ \max \pi_{R_2} = (a - b(q_1 + q_2) - w)q_2 \\ \text{s.t.} \\ \max \pi_M = (q_1 + q_2)(w - c_m + t(\Delta - p_m)) \\ \text{s.t.} \\ \max \pi_T = p_m(q_1 + q_2)t - Bt^2 \end{cases}, \quad \begin{cases} \max \pi_{R_1} = (a - b(q_1 + q_2) - w)q_1 \\ \max \pi_{R_2} = (a - b(q_1 + q_2) - w)q_2 \\ \text{s.t.} \\ \max \pi_T = p_m(q_1 + q_2)t - Bt^2 \\ \text{s.t.} \\ \max \pi_M = (q_1 + q_2)(w - c_m + t(\Delta - p_m)) \end{cases}$$

$$\text{(4.4)}$$

由逆向归纳法演算后发现两种市场结构的解相同，所以两种情况可以合称为 R 模型，各方最优决策变量和最优利润分别为

$$\begin{cases} q_1^{*R} = q_2^{*R} = \dfrac{2B(a - c_m)}{3(4bB + p_m(p_m - \Delta))} \\ w^{*R} = \dfrac{2a(2bB + p_m(p_m - \Delta)) + c_m(8bB + p_m(p_m - \Delta))}{3(4bB + p_m(p_m - \Delta))} \\ t^{*R} = \dfrac{2Bp_m(a - c_m)}{3B(4bB + p_m(p_m - \Delta))} \end{cases}, \quad \begin{cases} \pi_M^{*R} = \dfrac{16bB^2(a - c_m)^2}{9(4bB + p_m(p_m - \Delta))^2} \\ \pi_{R_1}^{*R} = \pi_{R_2}^{*R} = \dfrac{2B(a - c_m)^2}{9(4bB + p_m(p_m - \Delta))} \\ \pi_T^{*R} = \dfrac{4B(a - c_m)^2 p_m^2}{9(4bB + p_m(p_m - \Delta))^2} \end{cases}$$

$$\text{(4.5)}$$

同样，对 π_M^{*R} 求 p_m 的一阶导数就可以得到 $p_m = \Delta / 2$。

3. T→R_1+R_2→M（TRM 市场结构）

这种市场结构下由回收商领导，其他三方跟随。这种市场结构在现实中也表现了谁掌握通路就掌握了市场。首先回收商确定回收率 t，然后 R_1、R_2 决定自己的订购量 q_1 和 q_2，最后制造商决定批发价 w。此时模型为

$$\begin{cases} \max \pi_T = p_m(q_1 + q_2)t - Bt^2 \\ \text{s.t.} \\ \max \pi_{R_1} = (a - b(q_1 + q_2) - w)q_1 \\ \max \pi_{R_2} = (a - b(q_1 + q_2) - w)q_2 \\ \text{s.t.} \\ \max \pi_M = (q_1 + q_2)(w - c_m + t(\Delta - p_m)) \end{cases}$$

$$\text{(4.6)}$$

根据逆向归纳法，此时各方最优决策变量和最优利润分别为

$$\begin{cases} q_1^{*TRM} = q_2^{*TRM} = \dfrac{(a - c_m)(6bB + p_m(p_m - \Delta))}{12b(3bB + p_m(p_m - \Delta))} \\ w^{*TRM} = \dfrac{c_m(6bB + p_m(p_m - \Delta)) + a(3bB + 2p_m(p_m - \Delta))}{3(3bB + p_m(p_m - \Delta))} \\ t^{*TRM} = \dfrac{p_m(a - c_m)}{2(3bB + p_m(p_m - \Delta))} \end{cases}, \quad \begin{cases} \pi_M^{*TRM} = \dfrac{(a - c_m)^2(6bB + p_m(p_m - \Delta))^2}{36b(3bB + p_m(p_m - \Delta))^2} \\ \pi_{R_1}^{*TRM} = \pi_{R_2}^{*TRM} = \dfrac{(a - c_m)^2(6bB + p_m(p_m - \Delta))^2}{72b(3bB + p_m(p_m - \Delta))^2} \\ \pi_T^{*TRM} = \dfrac{(a - c_m)^2 p_m^2}{12b(3bB + p_m(p_m - \Delta))} \end{cases}$$

$$\text{(4.7)}$$

同样，由 π_M^{*TRM} 决定 $p_m = \Delta / 2$ 。

4. T→M→R₁+R₂（TMR 市场结构）

这种市场结构博弈顺序为：首先回收商决定回收率 t ，然后制造商决定批发价 w ，最后 R_1 、 R_2 决定自己的订购量 q_1 和 q_2 。此时模型为

$$\begin{cases} \max \pi_T = p_m(q_1 + q_2)t - Bt^2 \\ \text{s.t.} \\ \max \pi_M = (q_1 + q_2)(w - c_m + t(\Delta - p_m)) \\ \text{s.t.} \\ \max \pi_{R_1} = (a - b(q_1 + q_2) - w)q_1 \\ \max \pi_{R_2} = (a - b(q_1 + q_2) - w)q_2 \end{cases} \tag{4.8}$$

同样，可求出各方最优决策变量和最优利润分别为

$$\begin{cases} q_1^{*TMR} = q_2^{*TMR} = \dfrac{(a-c_m)(5bB + p_m(p_m - \Delta))}{5b(5bB + 2p_m(p_m - \Delta))} \\ w^{*TMR} = \dfrac{3c_m(5bB + p_m(p_m - \Delta)) + a(10bB + 7p_m(p_m - \Delta))}{5(5bB + 2p_m(p_m - \Delta))} , \\ t^{*TMR} = \dfrac{p_m(a - c_m)}{5bB + 2p_m(p_m - \Delta)} \end{cases}$$

$$\begin{cases} \pi_M^{*TMR} = \dfrac{4(a - c_m)^2(5bB + p_m(p_m - \Delta))^2}{25b(5bB + 2p_m(p_m - \Delta))^2} \\ \pi_{R_1}^{*TMR} = \pi_{R_2}^{*TMR} = \dfrac{(a - c_m)^2(5bB + p_m(p_m - \Delta))^2}{25b(5bB + 2p_m(p_m - \Delta))^2} \\ \pi_T^{*TMR} = \dfrac{(a - c_m)^2 p_m^{\ 2}}{5b(5bB + 2p_m(p_m - \Delta))} \end{cases} \tag{4.9}$$

同样由 π_M^{*TMR} 决定 $p_m = \Delta / 2$ 。

4.1.4　不同市场结构下博弈结果分析

由上述计算结果得知，六种市场结构可合并为四种市场结构（M 市场结构、R 市场结构、TRM 市场结构、TMR 市场结构），博弈结果列在表 4.1 中（令 $X = a - c_m$ 、 $Y = p_m(p_m - \Delta)$ ），使用 Mathematica 7.0 对下列相同类型的各值之差进行计算，得到如下结论。

表 4.1　各市场结构下最优决策值及利润值比较

	M 市场结构	R 市场结构	TRM 市场结构	TMR 市场结构
q_1^*, q_2^*	$\dfrac{BX}{2(3bB + Y)}$	$\dfrac{2BX}{3(4bB + Y)}$	$\dfrac{X(6bB + Y)}{12b(3bB + Y)}$	$\dfrac{X(5bB + Y)}{5b(5bB + 2Y)}$
w^*	$\dfrac{3bB(a + c_m) + 2aY}{2(3bB + Y)}$	$\dfrac{2a(2bB + Y) + c_m(8bB + Y)}{3(4bB + Y)}$	$\dfrac{c_m(6bB + Y) + a(3bB + 2Y)}{3(3bB + Y)}$	$\dfrac{3c_m(5bB + Y) + a(10bB + 7Y)}{5(5bB + 2Y)}$
t^*	$\dfrac{p_m X}{2(3bB + Y)}$	$\dfrac{2Bp_m X}{3B(4bB + Y)}$	$\dfrac{p_m X}{2(3bB + Y)}$	$\dfrac{p_m X}{5bB + 2Y}$

	M 市场结构	R 市场结构	TRM 市场结构	TMR 市场结构
π_M^*	$\dfrac{BX^2}{2(3bB+Y)}$	$\dfrac{16bX^2B^2}{9(4bB+Y)^2}$	$\dfrac{X^2(6bB+Y)^2}{36b(3bB+Y)^2}$	$\dfrac{4X^2(5bB+Y)^2}{25b(5bB+2Y)^2}$
$\pi_{R_1}^*,\pi_{R_2}^*$	$\dfrac{bB^2X^2}{4(3bB+Y)^2}$	$\dfrac{2BX^2}{9(4bB+Y)}$	$\dfrac{X^2(6bB+Y)^2}{72b(3bB+Y)^2}$	$\dfrac{X^2(5bB+Y)^2}{25b(5bB+2Y)^2}$
π_T^*	$\dfrac{BX^2p_m^2}{4(3bB+Y)^2}$	$\dfrac{4BX^2p_m^2}{9(4bB+Y)^2}$	$\dfrac{X^2p_m^2}{12b(3bB+Y)}$	$\dfrac{X^2p_m^2}{5b(5bB+2Y)}$
p_m^*	$\Delta/2$	$\Delta/2$	$\Delta/2$	$\Delta/2$

结论 4.1　各种市场结构下的订购量满足 $q^{*TRM}<q^{*R}<q^{*M}<q^{*TMR}$。

由结论 4.1 得知，制造商领导博弈和零售商领导博弈时都出现了随后决策方次序不同而结果相同的情况。TMR 市场结构的订购量最大，所产生的消费者剩余最大；而 TRM 市场结构的订购量最小，此时消费者剩余最小；可以看到当回收商领导博弈时，分别为订购量最大和订购量最小的两种极端情况，表明零售商和制造商随后的决策顺序直接决定了市场的订购量的最大值和最小值，且回收商领导市场与制造商相邻决策时的货运量才最大。另外，零售商领导博弈时对销量的贡献较小。

结论 4.2　各种市场结构下的批发价满足 $w^{*TRM}<w^{*R}<w^{*TMR}<w^{*M}$。

结论 4.2 表明，在制造商领导博弈时，其供应链的权力优势以及其产品的市场独占优势决定了此时其 w 在所有的市场结构中最高，这也表现出其较强的议价能力。而 R 市场结构下的两种情形下 w 相同，表明只要在零售商领导博弈时，制造商与回收商随后决策的顺序不同对结果无影响，也说明回收商在供应链中的实际从属地位。

结论 4.3　各市场结构下的回收率满足 $t^{*R}<t^{*M}=t^{*TRM}<t^{*TMR}$。

结论 4.3 表明，当回收商领导博弈而制造商紧跟决策时，其 t 比零售商紧跟决策的 t 要高。制造商有再制造的需求时，制造商与回收商便会成为一个隐性的利益相关体，制造商希望通过回收商提高回收率，使再制造量增加从而使自身产品成本优势有所增强。$t^{*M}=t^{*TRM}$ 表明这两种市场结构下的回收商的回收努力相同。在 TRM 市场结构下，零售商过于追求利润而使订购量降低，使回收商放弃了一部分回收努力。而 R 市场结构的 t 最低表明，当零售商领导博弈时，回收商只能依附于零售商巨大的市场领导力，此时回收商与制造商之间的隐性依存关系显得不太重要了，从而导致 t 处于很低的水平。

结论 4.4　各方利润分别满足 $\pi_M^{*TRM}<\pi_M^{*R}<\pi_M^{*TMR}<\pi_M^{*M}$、$\pi_R^{*M}<\pi_R^{*TMR}<$

$\pi_{\mathrm{R}}^{*\mathrm{R}} < \pi_{\mathrm{R}}^{*\mathrm{TRM}}$ 和 $\pi_{\mathrm{T}}^{*\mathrm{TRM}} < \pi_{\mathrm{T}}^{*\mathrm{R}} < \pi_{\mathrm{T}}^{*\mathrm{M}} < \pi_{\mathrm{T}}^{*\mathrm{TMR}}$。

结论 4.4 表明，$\pi_{\mathrm{M}}^{*\mathrm{M}}$ 最高且 $\pi_{\mathrm{M}}^{*\mathrm{TRM}}$ 最低，$\pi_{\mathrm{R}}^{*\mathrm{M}}$ 最低且 $\pi_{\mathrm{R}}^{*\mathrm{TRM}}$ 最高。说明在 TRM 市场结构下，结合结论 4.1 和结论 4.2 可知，相比于其他市场结构，虽然 TRM 市场结构下的订购量最小，但此时较低的 w 足以弥补低销售量给零售商造成的损失。零售商领导市场时却不能达到比 TRM 市场结构更大的利润，表明此时制造商与回收商形成了回收与再制造的隐性依存关系，导致此时 w 略高于 TRM 市场结构的 w，使得零售商的利润略低于 TRM 市场结构时零售商的利润。

$\pi_{\mathrm{T}}^{*\mathrm{TRM}}$ 最低和 $\pi_{\mathrm{T}}^{*\mathrm{TMR}}$ 最高，这个现象很值得思考。$\pi_{\mathrm{T}}^{*\mathrm{TRM}}$ 最低说明当制造商最后决策时，零售商的订购量最小，这将直接导致物流量最少。所以，即使此时回收商处于领导地位，也无法改变市场上货运量少给自身带来较少利润的现实，这也是物流界中常说的"无物可流"的现象。可从 TMR 市场结构下的回收量（$tq_1 + tq_2$）最高并且 $\pi_{\mathrm{T}}^{*\mathrm{TMR}}$ 最高得知，货运量对物流企业的重要性。另外，当零售商领导博弈时，无论另两方哪方先行动，都不会影响博弈结果。这说明回收商和制造商之间是单纯的运输关系，回收商只会着眼于市场上的货运量的多少，其利润只会被零售商的订购量所影响，这也从另一个角度证明前述的观点。并且，回收商通过回收率 t 来应对自身可能处于劣势的效果并不明显。

4.1.5　分散-集中结合的市场结构以及各方策略

1. 分散-集中结合的市场结构（T+R₁ 市场结构）

从 4.1.4 小节的分析得知，回收商在 TRM 市场结构下利润很少，回收率较低并且消费者剩余也很少，此时可以考虑一种增加回收商利润、回收率和社会福利的分散-集中结合的市场结构来解决这个问题。回收商可以通过瓦解 R 的联合体，并和其中一个零售商（任取哪个零售商都是相同的，这里选择 R₁）结成联盟关系共同决定 t 及 q_1，另一个零售商和制造商跟随。此时的模型为

$$\begin{cases} \max \pi_{\mathrm{T+R_1}} = p_{\mathrm{m}}(q_1 + q_2)t - Bt^2 + (a - b(q_1 + q_2) - w)q_1 \\ \mathrm{s.t.} \\ \max \pi_{\mathrm{R_2}} = (a - b(q_1 + q_2) - w)q_2 \\ \max \pi_{\mathrm{M}} = (q_1 + q_2)(w - c_{\mathrm{m}} + t(\Delta - p_{\mathrm{m}})) \end{cases} \quad (4.10)$$

根据逆向求解法，可解得最后结果为

$$
\begin{cases}
q_1^{*T+R_1} = \dfrac{(a-c_m)(8bB+p_m(2p_m-\varDelta))}{2b(16bB-\varDelta^2-4\varDelta p_m+4p_m^2)} \\[3mm]
q_2^{*T+R_1} = \dfrac{(a-c_m)(4bB-\varDelta p_m)}{2b(16bB-\varDelta^2-4\varDelta p_m+4p_m^2)} \\[3mm]
w^{*T+R_1} = \dfrac{c_m(10bB+p_m(p_m-2\varDelta))+a(6bB-2\varDelta-2\varDelta p_m+3p_m^2)}{16bB-\varDelta^2-4\varDelta p_m+4p_m^2} \\[3mm]
t^{*T+R_1} = \dfrac{a\varDelta-c_m\varDelta+2ap_m-2c_m p_m}{16bB-\varDelta^2-4\varDelta p_m+4p_m^2} \\[3mm]
\pi_M^{*T+R_1} = \dfrac{2(a-c_m)^2(7bB+2p_m(p_m-\varDelta))(4bB+p_m(2p_m-\varDelta))}{b(\varDelta^2-24bB+12\varDelta p_m-12p_m^2)^2} \\[3mm]
\pi_{R_1}^{*T+R_1} = \dfrac{2(a-c_m)^2(3bB-\varDelta p_m)(4bB+p_m(2p_m-\varDelta))}{b(\varDelta^2-24bB+12\varDelta p_m-12p_m^2)^2} \\[3mm]
\pi_{R_2}^{*T+R_1} = \dfrac{2(a-c_m)^2(3bB-\varDelta p_m)(10bB+p_m(2p_m-3\varDelta))}{b(\varDelta^2-24bB+12\varDelta p_m-12p_m^2)^2} \\[3mm]
\pi_T^{*T+R_1} = \dfrac{(a-c_m)^2(\varDelta+6p_m)(bB(8p_m-\varDelta)+4p_m^2(p_m-\varDelta))}{b(\varDelta^2-24bB+12\varDelta p_m-12p_m^2)^2}
\end{cases}
\tag{4.11}
$$

采用 Mathematica 7.0 软件对结果进行比较得知，回收商的回收率 t 及利润得到相应增加，并且总订购量也大于 TRM 市场结构时的总订购量，而产品价格低于 TRM 市场结构，消费者剩余得到提高。另外，T+R$_1$ 市场结构下零售商 R$_1$ 的利润较 TRM 市场结构时增加了很多，说明 R$_1$ 完全有脱离 R$_2$ 并与回收商结成联盟的意愿。此时制造商的利润也较 TRM 市场结构下有大幅增加。说明 T+R$_1$ 市场结构是回收商在 TRM 市场结构下的一种较好的弥补方式。

2. p_m 的变化对回收率、回收商利润和制造商利润的影响

由上述的结论得知，由制造商的利润可以求得 $p_m=\varDelta/2$ 为各市场结构下回收品的转移价格，但在 T+R$_1$ 市场结构下却不能得到此结论。所以，本节将考虑 T+R$_1$ 市场结构下 p_m 的变化对回收率和回收商利润的影响。目的是回收率的高低直接表现再制造闭环供应链的环保效果，而回收商利润的高低也直接决定了再制造闭环供应链回收执行主体的回收努力程度。符合于现实情形，对各参数的赋值为 $a=1000$，$b=5$，$c_m=100$，$B=5000$，$\varDelta=50$。由此，本小节给出图 4.3～图 4.5。图 4.3 说明了 T+R$_1$ 市场结构的回收率随着 p_m 变化的趋势，图 4.4 和图 4.5 分别给出了 T+R$_1$ 市场结构下的 p_m 变化对回收商和制造商利润的影响。

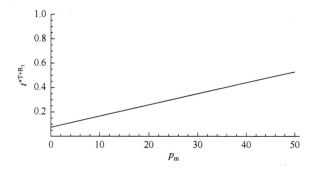

图 4.3　p_m 的变化对 T+R_1 市场结构下回收率的影响

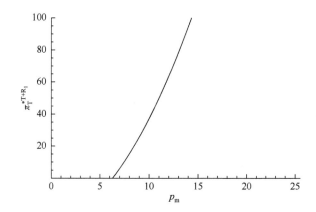

图 4.4　T+R_1 市场结构下 p_m 的变化对回收商利润的影响

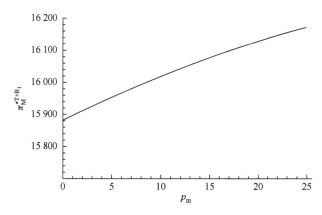

图 4.5　T+R_1 市场结构下 p_m 的变化对制造商利润的影响

可知，在 T+R_1 市场结构下 p_m 增加时会对回收率的增加有促进作用，同时也对回收商的利润有较明显的促进作用。

从图 4.5 得到较有意思的结论，即 p_m 增加不会对制造商的利润有任何负面影响，反而会使其利润增加。通常制造商对转移价格的增加非常抵触，但此市场结构却得到了相反的结论。所以，相较于 TRM 市场结构和 TMR 市场结构，T+R$_1$ 是一个较好的市场结构。

3. 各方的竞争策略分析

由上述结果得知，各方应该根据不同的市场结构来选择最佳的竞争策略。首先，制造商应当保证自己市场领导者的地位以获得高利润。若市场上出现 TRM 市场结构，则尽可能依靠回收商瓦解销售集团，即使制造商最后决策也能获取高利润。易知 TMR 市场结构下的渠道总利润最高，而 TRM 市场结构下渠道总利润最低。所以，回收商制定策略时应当先考虑 TMR 市场结构产生的可能性，若制造商此时无法在零售商之前进行决策，回收商应尽可能地分离零售商的联合体，使自己损失有所减少并可以增加回收率。

从单独零售商的角度看，无论处于何种市场结构，首先应尽可能地保证自身所在的销售集团不被瓦解，若被瓦解，则尽可能与优势的回收商结成联盟获取高额利润，但这种高额利润必定是短期的。从长期看，零售集团应该加强契约的有效性和约束性，并且尽可能地先于制造商进行决策以保证其较高利润。图 4.6 给出了各方的策略图。

4.1.6　结论

本节根据不同市场结构下的决策模型，得出了各市场结构下的回收率、批发价、零售价以及各方的总利润，并得到如下结论：在制造商或者零售商领导供应

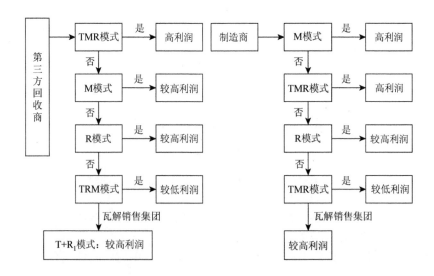

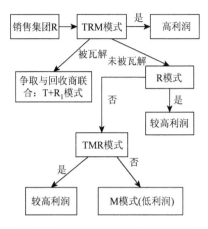

图 4.6　闭环供应链中各方策略图

链的市场结构中，其他两方跟随决策的顺序不同，最终的博弈结果无区别。当第三方回收商领导博弈时，随后决策主体不同，博弈的结果也不同。在 TRM 市场结构下，第三方回收商利润较其不领导博弈时低，此时第三方回收商可通过打破零售商联合体的方式获取较高利润。上述结论对再制造闭环供应链上的企业在制定经营策略时有一定的参考价值。

4.2　考虑政府主导回收的再制造闭环供应链市场结构分析

4.2.1　背景描述

人口的急剧膨胀与经济快速发展带来了资源和环境问题，如何在经济效益和环境效益中找到一个最优均衡点，是当前很多国家的政府共同期待解决的问题。一些国家政府对其国内某些行业的产品实施了 EPR，将生产者所应承担的责任延伸到产品的整个生命周期，特别是废弃后的回收和处置[3]。提高市场上返品的回收效果，是 EPR 实施的前提条件，这其中包括提高回收效率和回收率（回收量）。由于逆向物流对于企业方来说，耗资较大并且收益较少，虽然可以由产品再制造作为利益上的弥补，但企业的回收积极性并不高。

从基于再制造的闭环供应链的研究成果上看（见第 1 章），负责回收的主体通常包括制造商、销售商、第三方回收商以及混合回收等若干种情形。而且，这些研究成果以及现实市场环境所展现的市场领导者，通常为制造商或者经销商。当前，由政府参与的回收系统的建设以及政府参与回收行为的案例也相继出现。例如，日本政府建设可开放性废品回收中心活动[175]，美国也在一些企业的回收活动方面实施监控行为[176]。这表明，政府在回收活动中着重考虑的是回收量和回收活动的效率问题。

政府参与回收活动，必然使政府在再制造闭环供应链中处于领导地位。同时，由政府领导市场的几种市场结构问题，也是值得研究的方向。关于再制造闭环供应链回收渠道及市场结构的研究也较为丰富[98, 103, 141, 177-179]。但是，上述文献并未涉及制造商或者销售商以外的他方作为市场主导力量的情况。基于前述的政府主导产品回收的案例，本节的创新点体现在如下几个方面：①由政府作为主导力量的情况下，其他方的决策顺序不同对各方的利润的影响；②政府作为主导力量时，最优市场结构成立的条件是什么；③最优市场结构成立时，内部分配机制如何确定，以及各市场结构之间的演化条件是什么。所以，本节将讨论由政府参与回收并领导博弈时，再制造闭环供应链的各市场结构下的各方效益的比较结果。

4.2.2 模型描述

1. 闭环供应链结构

图 4.7 是由一个制造商、一个零售商以及一个政府机构（简称政府）组成的再制造闭环供应链系统。此时，政府作为 EPR 的倡导者根据市场上的情况提出回收率的要求，并且亲自参与产品的回收活动，具有市场主导地位。制造商接收政府的回收品进行再制造，同时使用新原料进行新产品的制造，零售商对产品进行销售。

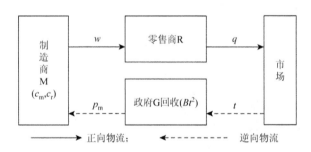

图 4.7 政府主导回收的再制造闭环供应链系统

2. 符号说明

w 为产品的批发价格，是制造商的决策变量，制造商用新原料生产产品和废旧品生产的产品的单位生产成本分别为 c_m 和 c_r（$c_m > c_r$），令 $\Delta = c_m - c_r$，表示制造商可以节约的单位生产成本，为保证闭环供应链的运作，要求 $p_m < \Delta$。假定回收品全部用于再制造，则制造商的单位生产成本为 $c_m - \Delta t$。考虑到制造商为非领导者时决策的计算需要，用单位产品利润 $m = p - w$ 来作为中间变量。

假定 q 为零售商的订购量，是零售商的决策变量。假定产品有较好的市场口

碑且 q 可以完全由市场接受，但 q 也受到其价格 p 的影响（假定新产品与再制造品售价 p 相同）。 p 由逆需求函数 $p = a - bq$ 决定，其中 a 表示市场容量， b 为消费者对价格 p 的敏感程度（ $a > 0$ ， $b > 0$ ）。

t 为以订购量为基础的回收率，是政府的决策变量。现实情景下，政府最终的决策依据是通过回收率来保证相应的回收量 tq ，所以本节认为政府的决策目标为回收量 tq 最大化，但同时又要兼顾各方的利润最大化。假定政府的回收活动固定成本为 Bt^2 ， B 代表了废旧产品回收的难易程度，说明回收活动的固定成本随着回收率 t 的增加边际递增[180]。政府从制造商处获得的单位回收补贴为 p_m 。

假定三方之间具有完全信息，并在此基础上讨论 GRM、GMR、G → M + R 和 G → C 四种市场结构下的闭环供应链的各方并对各市场结构的稳定性以及演化关系进行分析。 GRM 和 GMR 市场结构的表达式由左向右表达各方决策的顺序； G → M + R 表示政府先决策，制造商和零售商随后同时决策； G → C 表示政府先行决策，制造商和零售商随后进行集中决策。本节中带有下标 M、R 和 G 的变量分别代表制造商、零售商和政府的相应变量，带有上标*和相应字母的结合表示各种市场结构下的最优值。根据以上假设，各方的利润函数分别为

$$
\begin{aligned}
\pi_R &= (a - bq - w)q \\
\pi_M &= q(w - c_m + t(\Delta - p_m)) \\
\pi_G &= p_m tq - Bt^2
\end{aligned}
\tag{4.12}
$$

4.2.3　不同市场结构博弈模型及结果分析

1. GRM 市场结构

此时的博弈顺序为政府首先确定回收率 t ，然后零售商决定订购量 q ，最后制造商决定批发价 w 。这种市场结构所展现出的信息传导机制表现了政府处于领导地位，其规定的 t 对于零售商的订购量 q 将会产生影响，同时制造商需要依靠零售商和政府的订购量 q 与回收率 t 来确定批发价 w 。为了求制造商的决策变量 w 的最优反应函数，令 $m = p - w$ 作为中间变量来进行计算。所以，由逆向归纳法得到各方最优决策值和最优利润为

$$
\begin{cases}
q^{*GRM} = \dfrac{(a - c_m)(8bB + p_m(p_m - \Delta))}{8b(4bB + p_m(p_m - \Delta))} \\[3mm]
w^{*GRM} = \dfrac{3c_m(8bB + p_m(p_m - \Delta)) + a(8bB + 5p_m(p_m - \Delta))}{8(4bB + p_m(p_m - \Delta))} \\[3mm]
t^{*GRM} = \dfrac{p_m(a - c_m)}{2(4bB + p_m(p_m - \Delta))}
\end{cases}
$$

$$\begin{cases} \pi_{\mathrm{M}}^{*\mathrm{GRM}} = \dfrac{(a-c_{\mathrm{m}})^2(8bB+p_{\mathrm{m}}(p_{\mathrm{m}}-\varDelta))^2}{64b(4bB+p_{\mathrm{m}}(p_{\mathrm{m}}-\varDelta))^2} \\[4mm] \pi_{\mathrm{R}}^{*\mathrm{GRM}} = \dfrac{(a-c_{\mathrm{m}})^2(8bB+p_{\mathrm{m}}(p_{\mathrm{m}}-\varDelta))^2}{32b(4bB+p_{\mathrm{m}}(p_{\mathrm{m}}-\varDelta))^2} \\[4mm] \pi_{\mathrm{G}}^{*\mathrm{GRM}} = \dfrac{p_{\mathrm{m}}^{\ 2}(a-c_{\mathrm{m}})^2}{16b(4bB+p_{\mathrm{m}}(p_{\mathrm{m}}-\varDelta))} \end{cases} \qquad (4.13)$$

由 $\dfrac{\partial \pi_{\mathrm{M}}^{*\mathrm{GRM}}}{\partial p_{\mathrm{m}}}=0$ 得到 $p_{\mathrm{m}}=\varDelta/2$，$\quad p_{\mathrm{m}}=\varDelta/2$ 为此时制造商所给出的最优单位回收补贴。

2. GMR 市场结构

此时的博弈顺序为政府首先决定 t，然后制造商决定 w，最后零售商决定 q。这种市场结构表达了政府作为市场的主导者，用其提出的 t 来影响制造商对批发价的决策，零售商会根据这些信息以及市场需求信息作出订购量的决策。同样，由逆向归纳法可求出各方最优决策值和最优利润为

$$\begin{cases} q^{*\mathrm{GMR}} = \dfrac{(a-c_{\mathrm{m}})(8bB+p_{\mathrm{m}}(p_{\mathrm{m}}-\varDelta))}{8b(4bB+p_{\mathrm{m}}(p_{\mathrm{m}}-\varDelta))} \\[4mm] w^{*\mathrm{GMR}} = \dfrac{c_{\mathrm{m}}(8bB+p_{\mathrm{m}}(p_{\mathrm{m}}-\varDelta))+a(8bB+3p_{\mathrm{m}}(p_{\mathrm{m}}-\varDelta))}{4(4bB+p_{\mathrm{m}}(p_{\mathrm{m}}-\varDelta))} \\[4mm] t^{*\mathrm{GMR}} = \dfrac{p_{\mathrm{m}}(a-c_{\mathrm{m}})}{2(4bB+p_{\mathrm{m}}(p_{\mathrm{m}}-\varDelta))} \end{cases}, \quad \begin{cases} \pi_{\mathrm{M}}^{*\mathrm{GMR}} = \dfrac{(a-c_{\mathrm{m}})^2(8bB+p_{\mathrm{m}}(p_{\mathrm{m}}-\varDelta))^2}{32b(4bB+p_{\mathrm{m}}(p_{\mathrm{m}}-\varDelta))^2} \\[4mm] \pi_{\mathrm{R}}^{*\mathrm{GMR}} = \dfrac{(a-c_{\mathrm{m}})^2(8bB+p_{\mathrm{m}}(p_{\mathrm{m}}-\varDelta))^2}{64b(4bB+p_{\mathrm{m}}(p_{\mathrm{m}}-\varDelta))^2} \\[4mm] \pi_{\mathrm{G}}^{*\mathrm{GMR}} = \dfrac{p_{\mathrm{m}}^{\ 2}(a-c_{\mathrm{m}})^2}{16b(4bB+p_{\mathrm{m}}(p_{\mathrm{m}}-\varDelta))} \end{cases}$$

$$(4.14)$$

同样，由 $\dfrac{\partial \pi_{\mathrm{M}}^{*\mathrm{GMR}}}{\partial p_{\mathrm{m}}}=0$ 得到 $p_{\mathrm{m}}=\varDelta/2$。

3. G→M+R 市场结构

此时的博弈顺序为政府首先确定 t，随后制造商和零售商同时决定 w 和 q。这种市场结构表达了制造商和零售商对政府的决策的反应是同时发生的，也说明二者市场地位是相同的。由逆向归纳法得

$$\begin{cases} q^{*\mathrm{G}\to\mathrm{M+R}} = \dfrac{(a-c_{\mathrm{m}})(6bB+p_{\mathrm{m}}(p_{\mathrm{m}}-\varDelta))}{6b(3bB+p_{\mathrm{m}}(p_{\mathrm{m}}-\varDelta))} \\[4mm] w^{*\mathrm{G}\to\mathrm{M+R}} = \dfrac{c_{\mathrm{m}}(6bB+p_{\mathrm{m}}(p_{\mathrm{m}}-\varDelta))+a(3bB+2p_{\mathrm{m}}(p_{\mathrm{m}}-\varDelta))}{3(3bB+p_{\mathrm{m}}(p_{\mathrm{m}}-\varDelta))} \\[4mm] t^{*\mathrm{G}\to\mathrm{M+R}} = \dfrac{p_{\mathrm{m}}(a-c_{\mathrm{m}})}{2(3bB+p_{\mathrm{m}}(p_{\mathrm{m}}-\varDelta))} \end{cases}$$

$$\begin{cases} \pi_{\mathrm{M}}^{*\mathrm{G}\to\mathrm{M+R}} = \dfrac{(a-c_{\mathrm{m}})^2(6bB+p_{\mathrm{m}}(p_{\mathrm{m}}-\varDelta))^2}{36b(3bB+p_{\mathrm{m}}(p_{\mathrm{m}}-\varDelta))^2} \\[3mm] \pi_{\mathrm{R}}^{*\mathrm{G}\to\mathrm{M+R}} = \dfrac{(a-c_{\mathrm{m}})^2(6bB+p_{\mathrm{m}}(p_{\mathrm{m}}-\varDelta))^2}{36b(3bB+p_{\mathrm{m}}(p_{\mathrm{m}}-\varDelta))^2} \\[3mm] \pi_{\mathrm{G}}^{*\mathrm{G}\to\mathrm{M+R}} = \dfrac{p_{\mathrm{m}}^{\,2}(a-c_{\mathrm{m}})^2}{12b(3bB+p_{\mathrm{m}}(p_{\mathrm{m}}-\varDelta))} \end{cases} \quad (4.15)$$

同样，由 $\dfrac{\partial \pi_{\mathrm{M}}^{*\mathrm{G}\to\mathrm{M+R}}}{\partial p_{\mathrm{m}}}=0$ 得到 $p_{\mathrm{m}}=\varDelta/2$ 。

4. G→C 市场结构

此时为政府先决定 t，随后制造商和零售商组成的集团 C 集中决定 q（集中决策时只有 q 是双方共同的决策变量，此时的 q 称为集团 C 的产量）。可以理解为，政府的决策行为具有强制性，此时制造商和零售商组成了一个集团公司来应对政府，以谋求尽可能的利益。根据逆向归纳法，得到各最优值为

$$\begin{cases} q_{\mathrm{C}}^{*\mathrm{G}\to\mathrm{C}} = \dfrac{(a-c_{\mathrm{m}})(4bB+p_{\mathrm{m}}(p_{\mathrm{m}}-\varDelta))}{4b(2bB+p_{\mathrm{m}}(p_{\mathrm{m}}-\varDelta))} \\[3mm] t^{*\mathrm{G}\to\mathrm{C}} = \dfrac{p_{\mathrm{m}}(a-c_{\mathrm{m}})}{2(2bB+p_{\mathrm{m}}(p_{\mathrm{m}}-\varDelta))} \end{cases}, \quad \begin{cases} \pi_{\mathrm{C}}^{*\mathrm{G}\to\mathrm{C}} = \dfrac{(a-c_{\mathrm{m}})^2(4bB+p_{\mathrm{m}}(p_{\mathrm{m}}-\varDelta))^2}{16b(2bB+p_{\mathrm{m}}(p_{\mathrm{m}}-\varDelta))^2} \\[3mm] \pi_{\mathrm{T}}^{*\mathrm{G}\to\mathrm{C}} = \dfrac{(a-c_{\mathrm{m}})^2 p_{\mathrm{m}}^{\,2}}{8b(2bB+p_{\mathrm{m}}(p_{\mathrm{m}}-\varDelta))} \end{cases}$$

$$(4.16)$$

由 $\dfrac{\partial \pi_{\mathrm{C}}^{*\mathrm{G}\to\mathrm{C}}}{\partial p_{\mathrm{m}}}=0$ 得到 $p_{\mathrm{m}}=\varDelta/2$ 。

5. 不同市场结构下博弈结果分析

将上述四种市场结构的博弈结果列在表 4.2 中（令 $X=a-c_{\mathrm{m}}$、$Y=p_{\mathrm{m}}^{\,2}-p_{\mathrm{m}}\varDelta$），对相同类型的各值之差进行计算，并对结果进行比较分析，得到以下结论。

表 4.2　各市场结构下最优值及利润值比较

决策变量与利润	市场结构			
	GRM 市场结构	GMR 市场结构	G→M+R 市场结构	G→C 市场结构
q^*	$\dfrac{X(8bB+Y)}{8b(4bB+Y)}$	$\dfrac{X(8bB+Y)}{8b(4bB+Y)}$	$\dfrac{X(6bB+Y)}{6b(3bB+Y)}$	$\dfrac{X(4bB+Y)}{4b(2bB+Y)}$
w^*	$\dfrac{3c_{\mathrm{m}}(8bB+Y)+a(8bB+5Y)}{8(4bB+Y)}$	$\dfrac{c_{\mathrm{m}}(8bB+Y)+a(8bB+3Y)}{4(4bB+Y)}$	$\dfrac{c_{\mathrm{m}}(6bB+Y)+a(3bB+2Y)}{3(3bB+Y)}$	—
t^*	$\dfrac{p_{\mathrm{m}}X}{2(4bB+Y)}$	$\dfrac{p_{\mathrm{m}}X}{2(4bB+Y)}$	$\dfrac{p_{\mathrm{m}}X}{2(3bB+Y)}$	$\dfrac{p_{\mathrm{m}}X}{2(2bB+Y)}$

决策变量与利润	市场结构			
	GRM 市场结构	GMR 市场结构	G→M+R 市场结构	G→C 市场结构
π_M^*	$\dfrac{X^2(8bB+Y)^2}{64b(4bB+Y)^2}$	$\dfrac{X^2(8bB+Y)^2}{32b(4bB+Y)^2}$	$\dfrac{X^2(6bB+Y)^2}{36b(3bB+Y)^2}$	$\pi_M^* + \pi_R^* = \dfrac{X^2(4bB+Y)^2}{16b(2bB+Y)^2}$
π_R^*	$\dfrac{X^2(8bB+Y)^2}{32b(4bB+Y)^2}$	$\dfrac{X^2(8bB+Y)^2}{64b(4bB+Y)^2}$	$\dfrac{X^2(6bB+Y)^2}{36b(3bB+Y)^2}$	
π_G^*	$\dfrac{p_m^2 X^2}{16b(4bB+Y)}$	$\dfrac{p_m^2 X^2}{16b(4bB+Y)}$	$\dfrac{p_m^2 X^2}{12b(3bB+Y)}$	$\dfrac{X^2 p_m^2}{8b(2bB+Y)}$
p_m^*	$\Delta/2$	$\Delta/2$	$\Delta/2$	$\Delta/2$

结论 4.5　各种市场结构下的各决策变量分别满足 $q^{*\mathrm{GRM}} = q^{*\mathrm{GMR}} < q^{*\mathrm{G}\to\mathrm{M}+\mathrm{R}} < q^{*\mathrm{G}\to\mathrm{C}}$ 、 $w^{*\mathrm{GRM}} < w^{*\mathrm{G}\to\mathrm{M}+\mathrm{R}} < w^{*\mathrm{GMR}}$ （G→C 市场结构不存在 w ）和 $t^{*\mathrm{GRM}} = t^{*\mathrm{GMR}} < t^{*\mathrm{G}\to\mathrm{M}+\mathrm{R}} < t^{*\mathrm{G}\to\mathrm{C}}$ 。

由结论 4.5 得知，GRM 和 GMR 市场结构下零售商的订购量相等且最小，而 G→C 市场结构时的订购量最大。$q^{*\mathrm{GRM}} = q^{*\mathrm{GMR}}$ 说明在政府领导博弈的情况下，随后决策方次序不同并不影响最终的订购量（产量），但此时无论制造商还是零售商紧随政府决策，都会对政府领导回收的活动产生最大程度的抵触。这是由于在完全信息的情况下，各方分别决策时，都会对结果有一定的预期。所以，GRM 市场结构和 GMR 市场结构下政府的博弈领导者的积极性作用并未显现。同样，各市场结构下最优回收率也表现了此规律。

但是，各市场结构下的批发价 w 的排序却表现出不同的规律。GMR 市场结构下的批发价 w 最大，说明制造商紧随政府决策时，会考虑到零售商可能会用订购量（高产品价格）来应对，所以其必须用较高的批发价 w 来弥补可能的损失。而 GRM 的批发价 w 最小，说明了制造商在决策地位上的劣势。现实中，这种情形出现在制造商远离市场且受制于政府回收强制性要求的情况下。所以，GRM 市场结构对制造商来说最为不利。

结论 4.6　各方利润在各市场结构下满足 $\pi_M^{*\mathrm{GRM}} < \pi_M^{*\mathrm{GMR}} < \pi_M^{*\mathrm{G}\to\mathrm{M}+\mathrm{R}}$ 、 $\pi_R^{*\mathrm{GMR}} < \pi_R^{*\mathrm{GRM}} < \pi_R^{*\mathrm{G}\to\mathrm{M}+\mathrm{R}}$ 、 $(\pi_M^{*\mathrm{GRM}} + \pi_R^{*\mathrm{GRM}}) = (\pi_M^{*\mathrm{GMR}} + \pi_R^{*\mathrm{GMR}}) < (\pi_M^{*\mathrm{G}\to\mathrm{M}+\mathrm{R}} + \pi_R^{*\mathrm{G}\to\mathrm{M}+\mathrm{R}}) < \pi_C^{*\mathrm{G}\to\mathrm{C}}$ 、 $\pi_G^{*\mathrm{GRM}} = \pi_G^{*\mathrm{GMR}} < \pi_G^{*\mathrm{G}\to\mathrm{M}+\mathrm{R}} < \pi_G^{*\mathrm{G}\to\mathrm{C}}$ 。

结论 4.6 表明，在不考虑 G→C 市场结构时，G→M+R 市场结构下的制造商的利润最高，而 GRM 市场结构下的制造商的利润却最低且 GMR 市场结构下零售商的利润最低，说明了根据政府决策时，制造商和零售商谁后动谁损失大。在考虑 G → C 市场结构时，各市场结构下的制造商和零售商的利润之和为 G → C 市场结构最大，GRM 市场结构最小，说明 GRM 市场结构的再制造供应链效益最低，社会福利也最小，也表明制造商作为供应链的核心企业，其最后决策时会大大降低供应链的整体收益。此时，政府作为回收活动的市场领导者的良性作用并未显现。

从政府的利润看，G → C 市场结构时收益最大。说明制造商和零售商组成的集团 C 除了起到减少内部交易消耗的作用，还起到减少政府的管理成本的作用。这说明当作为再制造活动实施主体的制造商最后决策时，会导致供应链的效益丧失。

推论 4.1　G → C 的回收量最大，即环保效果最佳。

证明：由结论 4.5 得到，$q^{*\text{GRM}}t^{*\text{GRM}} = q^{*\text{GMR}}t^{*\text{GMR}} < q^{*\text{G}\to\text{M+R}}t^{*\text{G}\to\text{M+R}} < q^{*\text{G}\to\text{C}}t^{*\text{G}\to\text{C}}$。证毕。

所以，推论 4.1 表明 G → C 市场结构下的市场效果和环保效果最佳。并且，GRM 和 GMR 市场结构下的回收率及订购量都较低，环保效果最差。

同样，对各参数的赋值为 $a=1000$，$b=5$，$c_m=100$，$B=5000$，$\Delta=50$。由图 4.8～图 4.10 结合结论 4.5、结论 4.6 及推论 4.1 得知，虽然政府处于回收活动领导者地位，但其决策后的其他各方的决策顺序和竞争或者合作的形式对其以及供应链的整体效益的影响非常大，G → C 市场结构下的整体效益最高，并且环保效果最佳。而且，GMR 市场结构与 GRM 市场结构的订购量完全相同并且都较小，更加说明了竞争可能带来的不利后果。政府可以考虑采用一些政策促使制造商和零售商进行浅度合作（G → M + R）或者深度合作（G → C），以确保 EPR 的实施。从收益的角度来说，制造商和零售商谁先动谁就会获得较高利润，所以这两种市场结构在现实中是可能互相转换的，具有不稳定性。

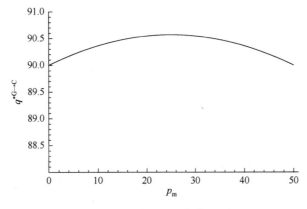

图 4.8　p_m 的变化对 $q^{*\text{G}\to\text{C}}$ 的影响

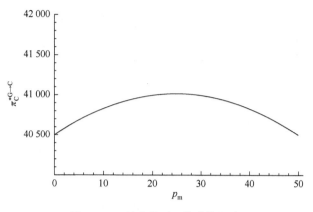

图 4.9　p_m 的变化对 $\pi_C^{*G \to C}$ 的影响

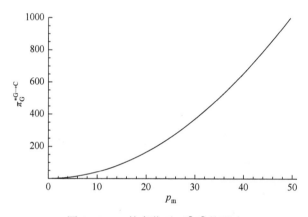

图 4.10　p_m 的变化对 $\pi_G^{*G \to C}$ 的影响

　　另外，无论何种市场结构下，政府的利润对订购量（产量）都具有很大的依赖性。虽然政府并不是以利润为第一目标的，但回收量较小、社会反响差并且政府的利润降低时，都将对 EPR 的实施产生不利的影响。所以，此时的政府可以看成一个有行政权力的第三方回收商，利用其主导地位采用行政手段或者法规增加回收量，也就解决了物流界中常说的"无物可流"的问题。同时，政府与制造商和零售商之间的关系不是单纯的运输关系，而是带有环保政策的强制性约束关系。

　　G→C 市场结构的博弈结果在四种市场结构中是最优的。此时的制造商和零售商联合的本意是对抗政府，但反而使回收量和政府的利润都有所提高。这表明，G→C 市场结构导致了制造商和零售商资源共享，消除了 w 在中间交易时起到的内部资源消耗作用，降低了运营成本，使产量升高、价格降低。订购量升高使政府负责的回收率（或者回收量）有了确保，保证了 EPR 实施的效果。所以，G→C 市场结构是建立在制造商和零售商在联合之前的契约稳定性（约束力）强的基础上的。若契约的约束力不强，则集团就会瓦解。4.2.4 小节对保证集团 C 长期成立的条件进行讨论。

4.2.4　较优的市场结构成立条件以及各方策略

1. 较优的市场结构成立条件

由 4.2.3 小节的分析得知，四种市场结构中 $G \to C$ 市场结构是最优的，但必须以集团 C 的稳定性为基础，才可以将此市场结构长期（n 期）保持下去。所以，这是一个重复博弈问题。

假设集团 C 中的制造商和零售商通过契约确定双方的利润分成比例分别为 α 和 $1-\alpha$，所以 $\pi_M^{*G \to C} = \alpha \pi_C^{*G \to C}$，$\pi_R^{*G \to C} = (1-\alpha)\pi_C^{*G \to C}$。某方出现的背叛行为必定为脱离集团 C，以 $G \to M+R$ 的市场结构作出决策，另一方在期末发现对方的背叛行为，在下一期作出自己的决策。此时，有两种情形：①另一方对背叛方的行为采取严厉的惩罚措施，在以后阶段都紧随政府作出决策，这将导致背叛方长远利润损失巨大，同时自身也有一定的损失；②另一方对背叛方的行为采取较为缓和的惩罚措施，即在下一阶段采取 $G \to M+R$ 的决策方式来应对。令 δ 为贴现因子，可以得到如下结论。

结论 4.7　当 $\dfrac{\pi_M^{*G \to M+R}}{\pi_C^{*G \to C}} < \alpha < \dfrac{\pi_C^{*G \to C} - \pi_R^{*G \to M+R}}{\pi_C^{*G \to C}}$ 时，$G \to C$ 市场结构将长期存在。

证明：要使制造商和零售商都不作出背叛行为，必须有

$$\begin{cases} \pi_M^{*G \to C} > \pi_M^{*G \to M+R} \\ \text{且} \\ \pi_R^{*G \to C} > \pi_R^{*G \to M+R} \end{cases} \Rightarrow \begin{cases} \alpha \pi_C^{*G \to C} > \pi_M^{*G \to M+R} \\ \text{且} \\ (1-\alpha)\pi_C^{*G \to C} > \pi_R^{*G \to M+R} \end{cases} \Rightarrow \dfrac{\pi_M^{*G \to M+R}}{\pi_C^{*G \to C}} < \alpha < \dfrac{\pi_C^{*G \to C} - \pi_R^{*G \to M+R}}{\pi_C^{*G \to C}}$$

证毕。

结论 4.7 表明，α 的设定是保证集团 C 处于稳定状态的关键因素。α 所处的区间越大，集团 C 越稳定。从条件表达式 $\dfrac{\pi_M^{*G \to M+R}}{\pi_C^{*G \to C}} < \alpha < 1 - \dfrac{\pi_R^{*G \to M+R}}{\pi_C^{*G \to C}}$ 上看，由于 $\pi_M^{*G \to M+R} = \pi_R^{*G \to M+R}$，所以当 $\pi_R^{*G \to M+R}$ 越小（或者 $\pi_C^{*G \to C}$ 越大）时，集团 C 才越稳定。

结论 4.8　当 $\alpha \leqslant \dfrac{\pi_M^{*G \to M+R}}{\pi_C^{*G \to C}}$ 时，若制造商选择背叛，则零售商采用较为严厉的严酷战略。此时只有 $\delta > \dfrac{\pi_M^{*G \to M+R} + \pi_M^{*GRM}}{\alpha \pi_C^{*G \to C} + \pi_M^{*G \to M+R}}$，$G \to C$ 市场结构才会长期存在。

证明：由 $\alpha \leqslant \dfrac{\pi_M^{*G \to M+R}}{\pi_C^{*G \to C}} \Rightarrow \pi_M^{*G \to C} \leqslant \pi_M^{*G \to M+R}$，此时集团 C 中的制造商可能会

选择背叛，一旦制造商背叛，零售商将采用严酷战略。在无限期博弈中，制造商选择合作的总收益为 $\dfrac{\delta\alpha}{1-\delta}\pi_C^{*G\to C}$，制造商背叛的总收益有两种：①当零售商采用较为严厉的严酷战略时，制造商背叛后的总收益为 $\pi_M^{*G\to M+R}+\dfrac{\delta\pi_M^{*GRM}}{1-\delta}$，此时若保证集团 C 长期存在，必有 $\dfrac{\delta\alpha}{1-\delta}\pi_C^{*G\to C}>\pi_M^{*G\to M+R}+\dfrac{\delta\pi_M^{*GRM}}{1-\delta}\Rightarrow\delta>\dfrac{\pi_M^{*G\to M+R}+\pi_M^{*GRM}}{\alpha\pi_C^{*G\to C}+\pi_M^{*G\to M+R}}$；②此时若零售商采用温和的严酷战略，制造商背叛后的总收益为 $\dfrac{\delta\pi_M^{*G\to M+R}}{1-\delta}$，若保证集团 C 长期存在，必有 $\dfrac{\delta\alpha}{1-\delta}\pi_C^{*G\to C}>\dfrac{\delta\pi_M^{*G\to M+R}}{1-\delta}\Rightarrow\alpha>\dfrac{\pi_M^{*G\to M+R}}{\pi_C^{*G\to C}}$，与假设条件矛盾，所以此时情形②不可能实现。证毕。

由结论 4.8 可以得到一些较有现实意义的启示。在政府主导的回收再制造活动中，其他两方的合作一旦因为制造商的背叛而结束，就会引起零售商的报复行动，而不会采取温和的行动应对。另外，从 $\delta>\dfrac{\pi_M^{*G\to M+R}+\pi_M^{*GRM}}{\alpha\pi_C^{*G\to C}+\pi_M^{*G\to M+R}}$ 也可以发现，当 $\alpha\leqslant\dfrac{\pi_M^{*G\to M+R}}{\pi_C^{*G\to C}}$ 时，α 越靠近 $\dfrac{\pi_M^{*G\to M+R}}{\pi_C^{*G\to C}}$，集团 C 的稳定性也越强。

结论 4.9　当 $\alpha>\dfrac{\pi_C^{*G\to C}-\pi_R^{*G\to M+R}}{\pi_C^{*G\to C}}$ 时，若零售商选择背叛，则制造商采用较为严厉的严酷战略。此时只有 $\delta>\dfrac{\pi_R^{*G\to M+R}}{(1-\alpha)\pi_C^{*G\to C}+\pi_R^{*G\to M+R}-\pi_R^{*GMR}}$，G→C 市场结构才会长期存在。

证明：由 $\alpha>\dfrac{\pi_C^{*G\to C}-\pi_R^{*G\to M+R}}{\pi_C^{*G\to C}}\Rightarrow\pi_R^{*G\to C}\leqslant\pi_R^{*G\to M+R}$，此时集团 C 中的零售商可能会选择背叛，制造商将采用严酷战略。在无限期博弈中，零售商选择合作的总收益为 $\dfrac{\delta(1-\alpha)}{1-\delta}\pi_C^{*G\to C}$，零售商背叛的总收益同样有两种：①当制造商采用较为严厉的严酷战略时，零售商背叛后的总收益为 $\pi_R^{*G\to M+R}+\dfrac{\delta\pi_R^{*GMR}}{1-\delta}$，此时若保证集团 C 长期存在，必有 $\dfrac{\delta(1-\alpha)}{1-\delta}\pi_C^{*G\to C}>\pi_R^{*G\to M+R}+\dfrac{\delta\pi_R^{*GMR}}{1-\delta}\Rightarrow\delta>\dfrac{\pi_R^{*G\to M+R}}{(1-\alpha)\pi_C^{*G\to C}+\pi_R^{*G\to M+R}-\pi_R^{*GMR}}$；②此时若制造商采用温和的严酷战略，零售商背叛后的总收益为 $\dfrac{\delta\pi_R^{*G\to M+R}}{1-\delta}$，若保证

集团 C 长期存在，必有 $\dfrac{\delta(1-\alpha)}{1-\delta}\pi_C^{*G\to C} > \dfrac{\delta\pi_R^{*G\to M+R}}{1-\delta} \Rightarrow \alpha < \dfrac{\pi_C^{*G\to C}-\pi_R^{*G\to M+R}}{\pi_C^{*G\to C}}$，与假设条件矛盾，所以情形②不会实现。证毕。

结论 4.9 表明，当政府主导回收再制造活动时，其他两方的合作一旦因为零售商的背叛而结束，也会引起制造商的报复行动，不会采取温和的行动应对，这与结论 4.8 所述情形相同。另外，从 $\delta > \dfrac{\pi_R^{*G\to M+R}}{(1-\alpha)\pi_C^{*G\to C}+\pi_R^{*G\to M+R}-\pi_R^{*GMR}}$ 得到，当 α 越小、π_R^{*GMR} 越小以及 $\pi_C^{*G\to C}$ 越大时，集团 C 的稳定性越强。

综合结论 4.7、结论 4.8 和结论 4.9 得知，α 值的设定要非常适中，只有制造商和零售商都认为利益分配合理，才能保证集团 C 的长期稳定性。结论 4.7 给出了保证 G → C 市场结构的长久实施的最优条件为

$$\alpha \in \left[\frac{\pi_M^{*G\to M+R}}{\pi_C^{*G\to C}}, 1-\frac{\pi_R^{*G\to M+R}}{\pi_C^{*G\to C}}\right] \tag{4.17}$$

推论 4.2　集团 C 的利润在制造商和零售商中进行平均分配时，集团 C 的稳定性最强。

证明：考虑给出集团 C 中两方的利润配额分别与各方在其他市场结构中最大利润值之间最大差额的表达式，并且两表达式的曲线交点所对应的 α 即为最优分配比例。所以，由

$$\begin{cases} \max(\alpha\pi_C^{*G\to C}-\pi_M^{*G\to M+R}) \\ \text{且} \\ \max((1-\alpha)\pi_C^{*G\to C}-\pi_R^{*G\to M+R}) \end{cases} \tag{4.18}$$

得到 $\alpha^* = \dfrac{1}{2}$。推论 4.2 证毕。

推论 4.2 给出了这样的启示：作为主导回收活动的政府，制造商和零售商建立类似于集团 C 的集中决策机制是最优情形。政府可以通过相关的政策将分配值引导为 α^*，使制造商和零售商的合同中保证 α^* 的履行。这样才可以使这种市场结构保证长期稳定，达到环保最优和社会效益最优的结果。但如果这种分配有差异，则可以通过政府的利润来加以协调。易得推论 4.3。

推论 4.3　由政府 G 的调控职能，当 $\alpha < \alpha^* = 0.5$ 时，政府可以从自身利润中抽取 $(0.5-\alpha)\pi_C^{*G\to C}$，以补贴的方式给予制造商以协调集团 C 保证其稳定性；同理，当 $\alpha > \alpha^* = 0.5$ 时，政府可以从自身利润中抽取 $(\alpha-0.5)\pi_C^{*G\to C}$ 给予零售商补贴。

2. 各市场结构之间的演化关系

各方应根据自身所处的不同的市场结构来选择最佳的竞争策略，但同时各市场结

构之间的演化关系也是各方决策的依据。由前述分析得知，在政府领导博弈的情况下，若制造商和零售商已组成集团C，则是最优情形，此时政府可以通过法律法规的制定，保证集团C内的制造商和零售商利益分配合理，从而确定环保效果及各方利益为最佳；若集团C未成立，政府应尽可能地通过补贴的方式促使制造商和零售商实施较为松散的合作机制使其同时跟随决策，以获取较高利润和回收量；若此时制造商和零售商都无法跟随政府实施单独决策，则只有接受市场上较低的利润，此时制造商和零售商无区别，对回收效果的贡献也无区别。图 4.11 为各市场结构之间演化关系图。

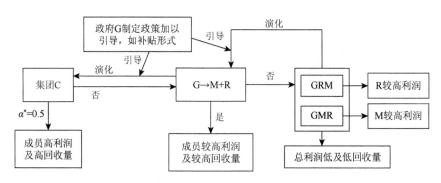

图 4.11　各市场结构之间演化关系图

4.2.5　结论

本节研究了政府主导回收的再制造闭环供应链的四种不同市场结构下的模型，给出了各市场结构（GRM、GMR、G→M+R 和 G→C）的回收率、批发价、零售价以及各方的总利润。得到如下结论：G→C 市场结构下所产生的回收量以及各方利润最大；GRM 和 GMR 市场结构下各方利润以及回收量最小；G→M+R 市场结构下的制造商和零售商的利润相同；要保证最优效益的 G→C 市场结构长期存在，需要制造商和零售商所组成的集团 C 设置利润分配参数 $\alpha = 0.5$，可保证集团 C 的稳定性。政府可采用制定法规或者补贴的形式来引导市场结构的转换。上述结论对政府主导回收的再制造闭环供应链上的各企业在制定战略时，具有一定的参考价值。

4.3　混合回收渠道下的再制造闭环供应链的市场结构分析

4.3.1　背景描述

近年来，受到环境恶化的影响，很多国家通过制定一系列法律法规，要求企业对生产的产品进行回收，并将其中的一些可用产品（或产品的一部分）投入再制造的生产过程中。例如，日本的废弃者付费制度以及美国和欧盟的生产者责任制，都表现了各国政府对于回收问题的重视。同时，将正向供应链并入逆向供应链而形成的完整的闭合型供应链体系，对上述企业行为起到了较好的实现作用[3]。但是在回收的过程中，如果将产生的回收成本在供应链上各成员企业间实施分担，会直接影响到供应链的稳定性。针对这一点的其中一个研究方向是关于回收渠道的选择问题。研究发现，不恰当的回收渠道的选择会导致回收活动的低效率，使企业无法按计划获得充足稳定的废旧产品和实施再制造活动。所以，正确地进行回收渠道的选择将对企业提高废旧产品回收率，以及促进企业进行再制造闭环供应链的完善起到重要作用。

如 4.1 节和 4.2 节所述，再制造闭环供应链下的回收渠道的选择问题一直是一个研究热点[103, 106, 181-183]。虽然以上文献对混合回收渠道的情况有所涉及，但并未考虑制造商领导市场的情况下，随后决策的两方的顺序不同对各方收益的影响。所以本节在以上文献的研究基础上，考虑制造商领导市场时以及零售商和第三方回收商混合回收情况下，对四种不同市场结构下的各方收益进行比较分析。最后给出避免出现不利于制造商及供应链效益的市场结构的条件。

4.3.2　模型描述及假设

1. 闭环供应链结构

为简化问题，本小节将对一个领导市场的制造商、共同负责回收的一个零售商和一个第三方回收商（简称回收商）的混合回收渠道闭环供应链进行研究。闭环供应链的结构如图 4.12 所示。

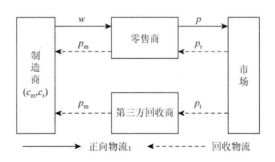

图 4.12　混合回收下的闭环供应链模型

2. 问题描述与假设

假设三方都是以最大化自己的利润为目标的完全理性且风险中性的市场参与

人。假设各方可完全了解到对方的成本和定价等信息。制造商是 Stackelberg 博弈领导者，并且回收的废旧产品数量足以满足制造商生产再制造产品的需求，并且制造商已经构建了合适的回收物流网络，单位回收费用忽略不计[184]。

w 为产品的批发价格，是制造商的决策变量，制造商用新原料生产产品和废旧品生产产品的单位生产成本分别为 c_m 和 c_r（$c_m > c_r$），令 $\Delta = c_m - c_r$，表示制造商可以节约的单位生产成本。假定回收品全部用于再制造。

p 为产品价格，是零售商的决策变量。假定新产品与再制造品售价 p 相同，需求函数由 $Q = a - bp$ 决定，a 表示市场容量，b 为消费者对价格 p 的敏感程度（$a > 0$，$b > 0$）。p_r 为零售商从市场上回收产品时所支付的单位价格，也为零售商的决策变量。p_t 为回收商从市场上回收产品所支付的单位价格，是回收商的决策变量。零售商和回收商从制造商处都获得单位回收补贴 p_m，为保证闭环供应链的运作，要求 $p_m < \Delta$。

与文献[183]相同，假设零售商和回收商的回收量分别为 $k + hp_r - sp_t$ 和 $k + hp_t - sp_r$，其中 k 为市场固定返还旧产品的数量，h 表示市场对某回收方的回收价格的敏感系数，s 为零售商和回收商的回收市场竞争系数，这里 $k > 0$ 且 $h > s > 0$。

本节将要讨论 M → R + T、M → R → T、M → T → R 和 M → C 四种市场结构下的闭环供应链的效益。M → R → T 和 M → T → R 市场结构的表达式由左向右表达各方决策的顺序；M → R + T 表示制造商先决策，零售商和回收商随后同时决策；M → C 表示制造商先决策，零售商和回收商随后进行集中决策。本节中带有下标 M、R 和 T 的变量分别代表制造商、零售商和回收商的相应变量，带有上标*和相应字母的结合表示各种市场结构下的最优值。根据以上假设，各方的利润函数分别为

$$\begin{cases} \pi_M = (w - c_m)(a - bp) + (\Delta - p_m)(k + hp_t - sp_r + k + hp_r - sp_t) \\ \pi_R = (p - w)(a - bp) + (p_m - p_r)(k + hp_r - sp_t) \\ \pi_T = (p_m - p_t)(k + hp_t - sp_r) \end{cases} \tag{4.19}$$

4.3.3　各市场结构博弈模型计算及结果分析

本小节将研究制造商领导市场时，由零售商和回收商共同负责回收的四种市场结构下的各方收益。这里令 $X = 2h^2 - 3hs + s^2$，$Y = (s - 2h)^2$，$L = (k + \Delta(h - s))^2$，$H = 2h^3 - 2h^2s - hs^2 + s^3$，$T = (s^2 - 2h^2)^2$。

1. M→R+T 市场结构

这种市场结构表示制造商为领导者，委托零售商和回收商两方共同回收，并且双方的重要性是相同的，即零售商和回收商在制造商决策之后同时决策。根据

逆向归纳法可求得

$$
\begin{cases}
w^* = \dfrac{a + bc_{\mathrm{m}}}{2b} \\[2mm]
p_{\mathrm{m}}^{\,*} = \dfrac{k + \Delta(s - h)}{2(s - h)} \\[2mm]
p^* = \dfrac{3a + bc_{\mathrm{m}}}{4b} \\[2mm]
p_{\mathrm{t}}^{\,*} = p_{\mathrm{r}}^{\,*} = \dfrac{(\Delta h - 2k)(h - s) - hk}{2(h - s)(2h - s)}
\end{cases}
,\qquad
\begin{cases}
\pi_{\mathrm{M}}^{*} = \dfrac{(a^2 X - 2abc_{\mathrm{m}} X + b(4hL + bc_{\mathrm{m}}^{\,2} X))}{8bX} \\[2mm]
\pi_{\mathrm{R}}^{*} = \dfrac{(a^2 Y - 2abc_{\mathrm{m}} Y + b(4hL + bc_{\mathrm{m}}^{\,2} Y))}{16bY} \\[2mm]
\pi_{\mathrm{T}}^{*} = \dfrac{hL}{4Y}
\end{cases}
$$

$$\text{（4.20）}$$

2. M→R→T 市场结构

这种市场结构表达了零售商是回收的主体，而回收商要看到零售商回收后的情况再作出自己的回收策略。同样根据逆向归纳法，得到

$$
\begin{cases}
w^* = \dfrac{a + bc_{\mathrm{m}}}{2b} \\[2mm]
p^* = \dfrac{3a + bc_{\mathrm{m}}}{4b} \\[2mm]
p_{\mathrm{m}}^{\,*} = \dfrac{k + \Delta(s - h)}{2(s - h)} \\[2mm]
p_{\mathrm{t}}^{\,*} = \dfrac{\Delta(4h^4 - 2h^3 s - 3h^2 s^2 + s^4) - k(12h^3 - 2h^2 s - 7hs^2 + s^3)}{8h^3 - 4hs^2} \\[2mm]
p_{\mathrm{r}}^{\,*} = \dfrac{k(3s^2 + hs - 6h^2) + \Delta(2h^3 - h^2 s - 2hs^2 + s^3)}{4(h - s)(2h^2 - s^2)}
\end{cases}
$$

$$\text{（4.21）}$$

$$
\begin{cases}
\pi_{\mathrm{M}}^{*} = \dfrac{2a^2 hH - 4abc_{\mathrm{m}} hH + b(L(8h^3 + 4h^2 s - 3hs^2 - s^3) + 2bc_{\mathrm{m}}^{\,2} hH)}{16bhH} \\[2mm]
\pi_{\mathrm{R}}^{*} = \dfrac{4abc_{\mathrm{m}} h(s^2 - 2h^2) + a^2(4h^3 - 2hs^2) + b(L(2h + s)^2 + 2bc_{\mathrm{m}}^{\,2} h(2h^2 - s^2))}{32bh(2h^2 - s^2)} \\[2mm]
\pi_{\mathrm{T}}^{*} = \dfrac{L(s^2 - 4h^2 - 2hs)^2}{64hT}
\end{cases}
$$

3. M→T→R 市场结构

与前面方法相同，可求得各决策值及最优利润值为

$$\begin{cases} w^* = \dfrac{a + bc_m}{2b} \\[3mm] p_m{}^* = \dfrac{k + \Delta(s-h)}{2(s-h)} \\[3mm] p_t{}^* = \dfrac{k(3s^2 + hs - 6h^2) + \Delta(2h^3 - h^2 s - 2hs^2 + s^3)}{4(h-s)(2h^2 - s^2)} \\[3mm] p_r{}^* = \dfrac{\Delta(4h^4 - 2h^3 s - 3h^2 s^2 + s^4) - k(12h^3 - 2h^2 s - 7hs^2 + s^3)}{8hH} \\[3mm] p^* = \dfrac{3a + bc_m}{4b} \end{cases} \quad (4.22)$$

$$\begin{cases} \pi_M^* = \dfrac{2a^2 hH - 4abc_m hH + b(L(8h^3 + 4h^2 s - 3hs^2 - s^3) + 2bc_m{}^2 hH)}{16bhH} \\[3mm] \pi_R^* = \dfrac{4a^2 hT - 8abc_m hT + b(L(s^2 - 2hs - 4h^2)^2 + 4bc_m{}^2 hT)}{64bhT} \\[3mm] \pi_T^* = \dfrac{L(2h+s)^2}{64h^3 - 32hs^2} \end{cases}$$

4. M→C 市场结构

这种市场结构是指制造商处于领导地位，委托零售商和回收商共同回收产品，此时零售商和回收商共同商定组成联合体以应对制造商的决策，共同确定双方相关决策变量。根据逆向归纳法，得到如下各最优值：

$$\begin{cases} w^* = \dfrac{a + bc_m}{2b} \\[3mm] p_m{}^* = \dfrac{k + \Delta(s-h)}{2(s-h)} \\[3mm] p_r{}^* = p_t{}^* = \dfrac{\Delta(h-s) - 3k}{4(h-s)} \\[3mm] p^* = \dfrac{3a + bc_m}{4b} \end{cases} \qquad \begin{cases} \pi_M^* = \dfrac{b(2L + bc_m{}^2(h-s)) + a^2(h-s) + 2abc_m(s-h)}{8b(h-s)} \\[3mm] \pi_C^* = \dfrac{b(2L + bc_m{}^2(h-s)) + a^2(h-s) + 2abc_m(s-h)}{16b(h-s)} \end{cases}$$

$$(4.23)$$

5. 博弈结果分析

将由上述四种市场结构的博弈结果进行整理，使用 Mathematica 7.0 对下列相同类型的各值之差进行计算，并对结果进行比较分析，得到如下结论。

结论 4.10　各种市场结构下的 w、p 和 p_m 分别满足：

$$w^{*M \to R+T} = w^{*M \to R \to T} = w^{*M \to T \to R} = w^{*M \to C}, \quad p_m^{*M \to R+T} = p_m^{*M \to R \to T} = p_m^{*M \to T \to R} = p_m^{*M \to C}$$

$$p^{*\text{M}\to\text{R}+\text{T}} = p^{*\text{M}\to\text{R}\to\text{T}} = p^{*\text{M}\to\text{T}\to\text{R}} = p^{*\text{M}\to\text{C}}$$

由结论 4.10 得知，四种市场结构下的 w、p 和 p_m 都是相同的。这说明在基于混合回收渠道的闭环供应链中，在制造商领导博弈时，无论其他两方的决策结构如何，对这三个变量的最优值没有影响。首先，四种市场结构的 w 相同，也就导致了 p 也相同。而且，在混合回收渠道下各市场结构的回收补贴 p_m 也相同，这说明在制造商领导市场时，其对市场的影响力是非常大的，即使在 M→C 的市场结构下，制造商制定的 p_m 也不会因为可以预见的自身利润的降低而改变。

结论 4.11　各种市场结构下的 p_r 和 p_t 分别满足 $p_r^{*\text{M}\to\text{C}} < p_r^{*\text{M}\to\text{R}\to\text{T}} < p_r^{*\text{M}\to\text{T}\to\text{R}} < p_r^{*\text{M}\to\text{R}+\text{T}}$ 和 $p_t^{*\text{M}\to\text{C}} < p_t^{*\text{M}\to\text{T}\to\text{R}} < p_t^{*\text{M}\to\text{R}\to\text{T}} < p_t^{*\text{M}\to\text{R}+\text{T}}$。

由结论 4.11 可以看到，在制造商领导博弈的情况下，无论是零售商制定的回收价还是回收商的回收价，都是在 M→C 市场结构下最低，在 M→R+T 市场结构下最高。这说明在 M→C 市场结构下，零售商和回收商联合起来的结果是，市场导致回收价最低，在 p_m 不变的情况下差价最大。而 M→R+T 市场结构下两方的回收价最高，说明零售商和回收商在回收时的竞争行为，导致了返品回收价过高。另外，零售商和回收商的决策次序的不同，导致双方的回收价格产生了互相替换的效果。这说明若哪方紧随制造商进行决策，哪方的回收价就高于另一方，体现了市场上的先动优势。

结论 4.12　各方利润在各市场结构下满足 $\pi_M^{*\text{M}\to\text{C}} < \pi_M^{*\text{M}\to\text{T}\to\text{R}} = \pi_M^{*\text{M}\to\text{R}\to\text{T}} < \pi_M^{*\text{M}\to\text{R}+\text{T}}$、$\pi_R^{*\text{M}\to\text{R}+\text{T}} < \pi_R^{*\text{M}\to\text{R}\to\text{T}} < \pi_R^{*\text{M}\to\text{T}\to\text{R}}$、$\pi_T^{*\text{M}\to\text{R}+\text{T}} < \pi_T^{*\text{M}\to\text{T}\to\text{R}} < \pi_T^{*\text{M}\to\text{R}\to\text{T}}$ 和 $(\pi_T^{*\text{M}\to\text{R}+\text{T}} + \pi_R^{*\text{M}\to\text{R}+\text{T}}) < (\pi_T^{*\text{M}\to\text{R}\to\text{T}} + \pi_R^{*\text{M}\to\text{R}\to\text{T}}) = (\pi_T^{*\text{M}\to\text{T}\to\text{R}} + \pi_R^{*\text{M}\to\text{T}\to\text{R}}) < \pi_C^{*\text{M}\to\text{C}}$。

由结论 4.12 得知，M 的利润在 M→C 市场结构下最低，在 M→R+T 市场结构下最高，而在 M→R→T 和 M→T→R 市场结构下居中且相同。这说明 M→C 市场结构下，零售商和回收商通过完全的合作来对抗制造商，让其利润损失。相反，M→R+T 市场结构下零售商和回收商的竞争行为导致双方的回收价较低，使制造商的利润提高。在不考虑 M→C 市场结构的情况下，零售商和回收商的利润却都出现了紧随制造商决策时利润偏低的现象，这违背了先动优势的常态。这是由于在混合回收的市场结构下，哪方紧随制造商决策，哪方就要承担比不紧随制造商决策时更多的回收责任，这也是制造商领导力强大所导致的。而在考虑 M→C 市场结构时，各市场结构下的零售商和回收商的利润之和为在 M→C 市场结构下最大且 M→R+T 下最小，这说明集团 C 对抗制造商的有效性。

对各参数的赋值为 $a=1000$，$b=5$，$c_m=100$，$k=200$，$h=4$，$s=3$，$\Delta=50$，并得到图 4.13。结合结论 4.10～结论 4.12 得知，$\pi_M^{*\text{M}\to\text{C}}$ 随着 p_m 的增加而减少。另外，制造商为闭环供应链的领导者，其对供应链的影响力非常大，这也符合现实的情况。制造商是供应链上的核心企业，产品的起点和终点都由它而生，零售商依靠制造商生产的产品才可以销售，而回收商必须有返品的产生才会有保证利润产生的物流量。而 $M \to R+T$ 市场结构下供应链上企业的总利润最高，而且由于两个回收渠道的回收价都较高，由此带来的消费者效用最大并且制造商的利润也最大，这种市场结构较利于制造商的产品提高在消费者中的知名度，说明零售商和回收商的竞争行为给社会福利的增加带来正效应。而且，$M \to R \to T$ 和 $M \to T \to R$ 市场结构的供应链总利润结果完全相同，但只是说明这两种市场结构的利润结果在数值上相同，并不代表现实中两种市场结构下的博弈结果是相同的，现实中这两种市场结构还是有区别的，但从理论探讨上得知双方区别并不是很大。

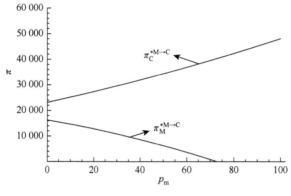

图 4.13　p_m 的变化对 $\pi_M^{*M \to C}$ 和 $\pi_C^{*M \to C}$ 的影响

另外，虽然制造商处于领导者地位，但在零售商和回收商产生合作行为时的 $M \to C$ 市场结构下，其利润受到的影响较大。所以，制造商必须时刻注意零售商和回收商合作动机产生的可能性以便及时应对。在 $M \to C$ 市场结构下，零售商和回收商进行深度合作代表着对回收市场的垄断以求对抗制造商，这种垄断行为带来的低回收价，也导致了低回收量。这对于依靠再制造来提高利润的制造商来说，在回收补贴不变的情况下，制造商的利润损失很大，同时也使供应链总利润降低，并且消费者效用也非常低。因此，低效率的 $M \to C$ 市场结构应该尽可能避免。这种市场结构建立在零售商和回收商签定的契约稳定性（约束力）强的基础上，若契约的约束力不强，则集团就会瓦解。4.3.4 小节将对保证集团 C 无法成立的条件进行分析。

4.3.4　市场结构不稳定的条件

由 4.3.3 小节的分析得知，对于参与市场博弈的各方来说，$M \to C$ 市场结构是效率最低的市场结构形式。要避免这种市场结构的出现，必须对集团 C 的稳定性进行研究，考虑如何让集团 C 不会长期（n 期）保持下去。而这种长期性，在博弈过程中就表现为零售商和回收商之间的重复博弈问题。

假设在 $M \rightarrow C$ 市场结构下，集团 C 中的零售商和回收商通过契约确定双方的利润分成比例分别为 α 和 $1-\alpha$，所以此时：

$$\pi_{R}^{*M \rightarrow C} = \frac{\alpha(b(2L + bc_m^2(h-s)) + a^2(h-s) + 2abc_m(s-h))}{16b(h-s)}$$

$$\pi_{T}^{*M \rightarrow C} = \frac{(1-\alpha)(b(2L + bc_m^2(h-s)) + a^2(h-s) + 2abc_m(s-h))}{16b(h-s)}$$

此时某一方出现的背叛行为必然是在某期从四种市场结构中寻找一个自身利润最大的情形进行临时性的决策，而另一方可以发现背叛方的背叛行为，同时作出自己的决策。由前面的计算结果得知，$\pi_{T}^{*M \rightarrow C} < \pi_{T}^{*M \rightarrow R+T}$ 和 $\pi_{R}^{*M \rightarrow C} < \pi_{R}^{*M \rightarrow R+T}$ 不可能同时成立。所以，在某阶段合作的一方出现背叛行为，采取严酷战略的另一方则在下阶段必然选择 $M \rightarrow R+T$ 市场结构下的决策。此处令 δ 为贴现因子，可以得到如下结论。

结论 4.13　当

$$\frac{L(s^2 - 4h^2 - 2hs)^2}{64hT} + \frac{\delta hL}{(1-\delta)4Y}$$

$$> \frac{\delta(1-\alpha)(b(2L + bc_m^2(h-s)) + a^2(h-s) + 2abc_m(s-h))}{16b(h-s)(1-\delta)}$$

时，$M \rightarrow C$ 市场结构才不会长期存在。

证明：当 $\pi_{T}^{*M \rightarrow C} < \pi_{T}^{*M \rightarrow R \rightarrow T}$ 时，集团 C 中的回收商可能发生背叛行为，所以在这种情况下零售商将采用严酷战略。在无限期博弈中，回收商选择合作的总收益为 $\dfrac{\delta(1-\alpha)(b(2L + bc_m^2(h-s)) + a^2(h-s) + 2abc_m(s-h))}{16b(h-s)(1-\delta)}$，回收商选择背叛的总收益为 $\dfrac{L(s^2 - 4h^2 - 2hs)^2}{64hT} + \dfrac{\delta hL}{(1-\delta)4Y}$。所以要使集团 C 瓦解，必须使

$$\frac{L(s^2 - 4h^2 - 2hs)^2}{64hT} + \frac{\delta hL}{(1-\delta)4Y} > \frac{\delta(1-\alpha)(b(2L + bc_m^2(h-s)) + a^2(h-s) + 2abc_m(s-h))}{16b(h-s)(1-\delta)}$$

证毕。

结论 4.14　当

$$\frac{4a^2hT - 8abc_mhT + b(L(s^2 - 2hs - 4h^2)^2 + 4bc_m^2hT)}{64bhT} + \frac{\delta(a^2Y - 2abc_mY + b(4hL + bc_m^2Y))}{16bY(1-\delta)}$$

$$> \frac{\alpha\delta(b(2L + bc_m^2(h-s)) + a^2(h-s) + 2abc_m(s-h))}{16b(h-s)(1-\delta)}$$

时，$M \rightarrow C$ 市场结构不稳定。

证明：当 $\pi_R^{*M\to C} < \pi_R^{*M\to T\to R}$ 时，集团 C 中的零售商可能发生背叛行为，所以在这种情况下第三方回收商将采用严酷战略。在无限期博弈中，零售商选择合作的总收益为

$$\frac{\alpha\delta(b(2L + bc_m{}^2(h-s)) + a^2(h-s) + 2abc_m(s-h))}{16b(h-s)(1-\delta)}$$

零售商选择背叛的总收益为

$$\frac{4a^2hT - 8abc_mhT + b(L(s^2 - 2hs - 4h^2)^2 + 4bc_m{}^2hT)}{64bhT} + \frac{\delta(a^2Y - 2abc_mY + b(4hL + bc_m{}^2Y))}{16bY(1-\delta)}$$

若集团 C 瓦解，必须使

$$\frac{4a^2hT - 8abc_mhT + b(L(s^2 - 2hs - 4h^2)^2 + 4bc_m{}^2hT)}{64bhT} + \frac{\delta(a^2Y - 2abc_mY + b(4hL + bc_m{}^2Y))}{16bY(1-\delta)}$$

$$> \frac{\alpha\delta(b(2L + bc_m{}^2(h-s)) + a^2(h-s) + 2abc_m(s-h))}{16b(h-s)(1-\delta)}$$

证毕。

综合结论 4.13 和结论 4.14，若让 M → C 市场结构无法稳定地长久存在，α 在其中所起的作用是非常重要的。将两结论的条件式进行移项，将 δ 移到一边，易得到结论 4.13 成立的条件是 α 尽可能大，结论 4.14 成立的条件是 α 尽可能小。由此可知 α 的值具有不稳定性。所以，在混合回收渠道情况下的 M → C 市场结构不是稳定的结构。只要制造商或者其他外界主体用相关政策和策略对零售商与回收商组成的集团进行干扰，集团 C 将会被瓦解，并回到 M → R + T 市场结构。

4.3.5 结论

本节研究了制造商领导博弈时的四种不同市场结构下的混合回收渠道闭环供应链模型，给出了各市场结构（M → R + T、M → R → T、M → T → R 和 M → C）的回收价、批发价、零售价、转移价格以及各方的总利润。得到如下结论：在制造商领导的混合回收渠道的闭环供应链中，M → C 市场结构下的回收价最低，M → R + T 市场结构下最高；四种市场结构下 p_m 相同。M → C 市场结构下，制造商利润最低；相反，M → R + T 市场结构下制造商利润最高。在考虑 M → C 市场结构时，各市场结构下的回收商和零售商的利润之和在 M → C 市场结构下最大，M → R + T 市场结构下最小，M → R → T 和 M → T → R 市场结构的再制造闭环供应链总利润结果完全相同。在混合回收渠道的情况下，集团 C 中的利润分配参数 α 具有不稳定性，制造商只要采取一些政策就可使效率最低的 M → C 市场结构无法稳定地存在下去。上述结论对制造商领导的混合回收渠道的再制造闭环供应链上的各企业制定相关回收策略提供了一些理论依据和有益的建议。

4.4　本 章 小 结

本章着重考虑了再制造闭环供应链市场结构整体效益的问题，分别对三种不同着眼点下的市场结构问题进行了研究。

首先，考虑了跟随者博弈次序的再制造闭环供应链市场结构的问题。研究结果表明，再制造闭环供应链中的博弈领导者以及跟随方的次序不同时，博弈结果也是不同的。当制造商和零售商领导再制造闭环供应链时，另两方跟随的次序不同，对均衡结果无影响；当第三方回收商领导博弈时，其他两方跟随次序不同，结果也不同；为了提高第三方回收商的利润及回收率，采用了打破零售商联盟的分散-集中市场结构，可以起到较好的效果。

其次，考虑了政府领导博弈的再制造闭环供应链市场结构问题。研究结果表明，政府领导博弈时，其他各方组成联合体时，回收量以及各方利润最大。所以，采用重复博弈方法提出了保证其他各方组成集团联合体的方法，即利润分配参数的设定值的问题，并且政府可以通过政策法规来保证这种市场结构的稳定性。

最后，考虑了混合回收渠道下的由制造商领导博弈的再制造闭环供应链市场结构问题。结果表明，各方组成联合集团时，回收价最低，而且制造商的利润也最低。同样，从制造商的利益角度，采取重复博弈方法解决了保证这种市场结构无法长期稳定存在的条件的问题。

本章从较为宽泛的角度，考虑了再制造闭环供应链上各方的领导者不同以及跟随博弈次序不同的市场结构问题。在第 5 章，将基于具体的再制造市场情景及案例，研究每个案例下的市场结构演化趋势问题。

第5章 再制造闭环供应链的市场结构演化

第4章对再制造闭环供应链上各方的领导者不同以及跟随博弈次序不同的市场结构问题进行了分析，在三种具体的着眼点下，取得了一些较为新颖的结论。但是对于再制造品来说，目前很多较新的市场情景都慢慢地渗透到再制造品的市场中。例如，再制造品的技术许可问题、再制造品生产过程中产生副产品的问题等。

首先，产品回收再制造过程中必须面对产品拆解的问题，这里就涉及产品拆分的问题；其次，在产品再制造的过程中如果产生一些副产品，将会对各方决策有一定的影响；最后，产品再制造的过程中可能涉及技术许可问题。所以，本章从这三个大的方面按逻辑次序讨论再制造闭环供应链的各方博弈下的市场结构演化问题。通过四个具体案例的建模讨论，并通过对参数赋值得到了这些再制造市场情景下的市场结构演化的趋势。本章的创新之处就是将这些典型的再制造市场情景提炼出来，将各方博弈的结果进行赋值分析，得到具有一般性的市场结构演化趋势结论。这些结论可以为再制造闭环供应链上的参与企业在制定自己企业的决策时提供一定的参考。

本章的结构安排如图5.1所示。

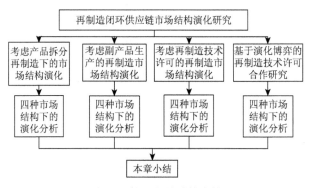

图 5.1 第 5 章的结构安排

5.1 产品拆分再制造下的市场结构演化

5.1.1 背景描述

传统制造业对回收产品的修复和再利用行为通常是以一种自然的状态产生

的，而且没有伴随合理的规划以及利益驱动机制。随着 EPR[3] 概念的提出，这种将 EPR 延伸至生命周期的各个环节（包括产品消费后的回收、循环、再利用和最终处理）的理念进入了企业及学界的视野，同时再制造活动是将 EPR 理念付诸现实的重要方式。由于可能会有不同的再制造实施主体[185, 186]，再制造的市场结构也会表现出多样性。本节重点讨论再制造背景下的不同市场结构的问题。学者主要对市场结构的不同以及相同市场结构下的竞争行为进行研究。早期，Choi[141] 在制造商领导、销售商领导以及制造商与销售商纳什均衡这三种不同市场结构下，研究了双头垄断的制造商共用一个销售商时如何进行决策的问题。近期具有代表性的有：Atasu 等[144] 将再制造作为一种市场战略进行了深入的研究；李帮义[146] 对基于三产品竞争的各不同市场结构下的产量进行分析，得到了再制造可以作为阻止战略的结论；易余胤[147] 研究了闭环供应链在不同市场结构下的闭环供应链博弈模型，并且探讨了销售商主导的闭环供应链的协调机制问题。

在市场结构的研究中，对制造商或者销售商作为市场的领导者的情形进行了较多讨论，但并未考虑零部件供应商因为技术优势而成为制造商的领导者的情况。例如，德国博世等跨国零部件企业生产的柴油机采用了高压共轨等技术，提高了燃油的燃烧质量并且减少了碳烟的产生[187]，这些技术对一些整车生产商来说是非常有吸引力的。零部件商在技术上的优势必然会使其在一定时间内成为供应链的领导者。此时若考虑再制造问题，必须从产品拆分的角度来研究其市场规律及变化，从而也引申出如下几个问题：①拆分再制造时，几类成本的变化对利润有何影响；②几类成本以及再制造品的市场评价的变化对市场结构的演化有何影响；③拥有技术优势以及领导市场的供应商是否一定会为其带来高额利润。这些都是目前相关学者并未考虑的内容。

针对以上问题，本节将在产品可进行拆分再制造的情况下，对供应商领导市场时各类成本的变化将如何影响利润以及如何影响市场结构之间演化的趋势进行深入分析，同时探求再制造品的市场评价对市场结构演化的影响。有以下结论：各类产品的成本以及再制造品的市场评价的变化将导致市场结构的演化；某些情况下，供应商的领导地位并未给其带来较高利润；一定条件下，双方都再制造并且采取集中决策时，总利润小于只有制造商实施再制造的情形。

5.1.2　问题与假设

本小节讨论一个整机制造商（简称制造商）和一个关键配件的供应商（简称供应商）组成的市场结构。供应商以单价为 w 的价格提供给制造商一种关键配件，所以供应商为供应链领导者。制造商将配件与自身生产的主机按 1∶1 的比例组装成品牌整机并投入市场。

整机产品经过消费者使用回流后分拆处理，主件和配件分别回流到制造商和供应商处。如图 5.2 所示，将会产生四种情形：①双方都不进行再制造；②制造商不进行再制造，供应商进行再制造；③制造商进行再制造，供应商不进行再制造；④双方都进行再制造活动。这里规定，若双方无论哪方进行再制造生产，最后组装的整体中主机和配件都必须为新件才可以称为新产品，其余的称为再制造品。由于供应商的技术优势，其再制造配件也以 w 的单价提供给制造商。这里 q_n、p_n 和 q_r、p_r 分别代表新整机产品的产量和价格以及再制造整机产品的产量和价格。当新产品与再制造产品的 WTP 分别为 1 和 r，以及客户偏好在[0，1]均匀分布时，文献[144]给出两类产品的替代规律为

$$p_n = 1 - q_n - rq_r, \quad p_r = r(1 - q_n - q_r) \tag{5.1}$$

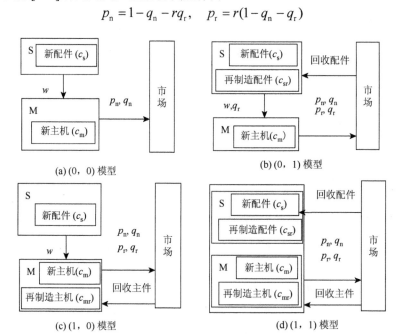

图 5.2　产品拆分再制造的四种市场结构模型

c_m、c_{mr} 和 c_s、c_{sr} 分别代表制造商生产的新主件的单位制造成本和再制造主件的再制造成本（$c_m > c_{mr}$），以及供应商生产的配件的单位制造成本和再制造成本（$c_s > c_{sr}$）。为使后面的讨论有意义，这里规定 $1 - c_m - c_s > 0$。假定整个过程为销售、回收、再制造以及再制造后的销售等活动同时发生的稳定状态。用 (i, j) 表示前述四种模型，其中 $i = 0,1$ 分别表示制造商不参与再制造和参与再制造，$j = 0,1$ 分别表示供应商不参与再制造和参与再制造。用 π 表示各种利润，其下标 M 和 S 分别表示制造商和供应商，上标 $*(i, j)$ 表示某市场结构下的最优值。最优产量及供应价格的最优值表达形式与 π 相同。

5.1.3　模型求解及分析

1. 两方都不实施再制造——（0，0）模型

此时，制造商和供应商都不实施再制造，所以制造商决定 q_n，供应商决定 w 且领导市场。各方的利润函数分别为

$$\begin{cases} \pi_M = (p_n - w - c_m)q_n \\ \pi_S = (w - c_s)q_n \end{cases} \tag{5.2}$$

由逆向归纳法得到

$$\begin{cases} q_n^{*(0,0)} = \dfrac{1 - c_m - c_s}{4} \\ w^{*(0,0)} = \dfrac{1 + c_s - c_m}{2} \end{cases}, \quad \begin{cases} \pi_M^{*(0,0)} = \dfrac{(-1 + c_s + c_m)^2}{16} \\ \pi_S^{*(0,0)} = \dfrac{(-1 + c_s + c_m)^2}{8} \end{cases} \tag{5.3}$$

易得，双方都无再制造行为时，c_m 与 $q_n^{*(0,0)}$ 负相关，说明主机件成本的提高会使销量（产量）下降，这较符合现实情形。c_m 与 $w^{*(0,0)}$ 负相关，表明主机件的成本提高会导致产品的价格上升并且产量下降，而供应商会考虑到这种情况的发生，会采用降低 $w^{*(0,0)}$ 的方式来中和这种成本的上升带来的低产量的结果。

c_s 与 $q_n^{*(0,0)}$ 负相关，表现了成本对产量的约束。c_s 与 $w^{*(0,0)}$ 正相关，表现了供应商必须用 $w^{*(0,0)}$ 来保证自己的利润。而两种成本对双方利润的影响，则是通过总成本与新产品的 WTP 之间的差值产生作用的。这里说明，总成本越低，利润越高。从双方的利润看到，在具有优势技术能力的供应商领导博弈的情形下，其利润是制造商的 2 倍，这是其技术优势和供应链优势地位带来的结果。

2. 供应商单独实施再制造——（0，1）模型

此时制造商不参与再制造，供应商进行再制造并且充当 Stackelberg 博弈的领导者的角色。假定制造商为确保品牌声誉，不会降低在生产新主件时的成本。所以此时制造商决定 q_n，供应商决定 q_r 和 w。双方的利润函数分别为

$$\begin{cases} \pi_M = (p_n - w - c_m)q_n + (p_r - w - c_m)q_r \\ \pi_S = (w - c_s)q_n + (w - c_{sr})q_r \end{cases} \tag{5.4}$$

由逆向归纳法得到

$$
\begin{cases}
q_n^{*(0,1)} = \dfrac{1 - c_{sr} - c_m - r + 2rc_s - rc_{sr} + rc_m}{2(-1+r)^2} \\[3mm]
q_r^{*(0,1)} = -\dfrac{1 + c_s - 2c_{sr} - c_m - r + rc_s + rc_m}{2(-1+r)^2} \\[3mm]
w^{*(0,1)} = \dfrac{c_{sr} - rc_s}{1 - r} \\[3mm]
\pi_M^{*(0,1)} = \dfrac{4c_{sr}(c_m - r)(1-r) + (c_m - 1)(1 + c_m - 2r)(r-1)^2 + c_{sr}{}^2(3+r)}{4(-1+r)^3} \\[3mm]
\qquad\quad + \dfrac{rc_s{}^2(3+r) - 2c_s(c_{sr} + 3rc_{sr} - (c_m - r)(-1+r^2))}{4(-1+r)^3} \\[3mm]
\pi_S^{*(0,1)} = -\dfrac{(c_s - c_{sr})(1 - c_{sr} - c_m - r + rc_s + rc_m)}{2(-1+r)^2}
\end{cases}
\tag{5.5}
$$

结论 5.1 （0，1）模型代表的市场结构不存在。

证明：易得（0，1）模型下供应商实施再制造的条件为

$$
\begin{cases}
q_r^{*(0,1)} > 0 \Rightarrow c_{sr} > \dfrac{1 + c_s - c_m - r + rc_s + rc_m}{2} \\[3mm]
\pi_S^{*(0,1)} > 0 \Rightarrow c_{sr} > 1 - c_m - r + rc_s + rc_m
\end{cases}
\Rightarrow c_{sr} > 1 - c_m - r + rc_s + rc_m
\tag{5.6}
$$

由假设得知，$1 - c_m - r + rc_s + rc_m < c_{sr} < c_s \Rightarrow 1 - c_m - r + rc_s + rc_m < c_s$，移项得到 $(1-r)(1 - c_m - c_s) < 0$，与假设 $1 - c_m - c_s > 0$ 相矛盾。另外，$w^{*(0,1)} - c_{sr} = \dfrac{(c_s - c_{sr})(1+r)}{-1+r} < 0$，也与假设相矛盾。证毕。

结论 5.1 表明，拥有技术优势的供应商作为领导者时，若制造商无再制造的意图，供应商就会谨慎地考虑其再制造行为带来的后果。一旦供应商实施再制造，制造商将会考虑到再制造品可能对其品牌声誉造成影响，从而会终止与供应商的合作。这说明（0，1）模型所代表的市场结构会导致供应商的领导地位及技术优势失去其原有的作用，所以当供应商在制造商没有意愿进行再制造时，最优策略为放弃实施再制造。

3. 制造商单独实施再制造——（1，0）模型

此时，制造商实施再制造，供应商不实施再制造，所以供应商提供的全是新配件。因此，制造商决定 q_n 和 q_r，供应商决定 w 且领导市场。两者的利润函数分别为

$$
\begin{cases}
\pi_M = (p_n - w - c_m)q_n + (p_r - w - c_{mr})q_r \\[2mm]
\pi_S = (w - c_s)(q_n + q_r)
\end{cases}
\tag{5.7}
$$

由逆向归纳法得到

$$
\begin{cases}
q_n^{*(1,0)} = \dfrac{1 - c_m + c_{mr} - r}{2(1-r)} \\[2mm]
q_r^{*(1,0)} = \dfrac{-c_s + rc_s - c_{mr}(1+r) + r(2c_m + r - 1)}{4r(1-r)} \\[2mm]
w^{*(1,0)} = \dfrac{c_s - c_{mr} + r}{2} \\[2mm]
\pi_M^{*(1,0)} = \dfrac{c_s^2 + 2c_s(c_{mr} - r) - 8rc_m + 6rc_{mr}}{16r} \\[2mm]
\qquad\quad + \dfrac{8rc_m c_{mr} - 2c_{mr}(1+3r) - r(4 + 4c_m^2 - 7r + 3r^2)}{16r(-1+r)} \\[2mm]
\pi_S^{*(1,0)} = \dfrac{(c_s + c_{mr} - r)^2}{8r}
\end{cases}
\tag{5.8}
$$

此时，制造商实施再制造的边界为

$$
q_r^{*(1,0)} > 0 \Rightarrow c_{mr} < \frac{r^2 + c_s(r-1) + r(2c_m - 1)}{1+r}
\tag{5.9}
$$

此边界条件是较易满足的，也是有现实意义的。由上述结果，得到结论 5.2。

结论 5.2　由 (1, 0) 模型得到以下结论。

(1) c_m 升高会使再制造品的市场份额提高；c_m 的变化无法对 $w^{*(1,0)}$ 和 $\pi_S^{*(1,0)}$ 造成影响；当 $c_m - c_{mr} \geq 1 - r$ 时，c_m 升高会使 $\pi_M^{*(1,0)}$ 升高。

(2) c_s 升高会导致再制造品产量下降，但对新产品的产量无影响；c_s 升高使 $w^{*(1,0)}$ 升高；当 $c_s \geq r - c_{mr}$ 时，c_s 升高会导致 $\pi_M^{*(1,0)}$ 和 $\pi_S^{*(1,0)}$ 升高，反之，则会导致 $\pi_M^{*(1,0)}$ 和 $\pi_S^{*(1,0)}$ 降低。

(3) c_{mr} 升高会使新产品的市场份额提高（降低再制造品的市场份额），并且会使 $w^{*(1,0)}$ 降低；当 $\dfrac{4rc_m - (1-r)(c_s + 3r)}{1+3r} \leq c_{mr} < c_m$ 时，c_{mr} 与 $\pi_M^{*(1,0)}$ 正相关，反之则负相关；当 $r - c_s < c_{mr} < c_m$ 时，c_{mr} 升高会导致 $\pi_S^{*(1,0)}$ 升高，反之，则降低。说明供应商的利润提高必须依靠制造商的再制造行为。

证明：(1) 由结果得到，c_m 与 $q_n^{*(1,0)}$ 负相关，与 $q_r^{*(1,0)}$ 正相关，并且 $w^{*(1,0)} = \dfrac{c_s - c_{mr} + r}{2}$ 和 $\pi_S^{*(1,0)} = \dfrac{(c_s + c_{mr} - r)^2}{8r}$ 中无 c_m 项，表明 c_m 的变化对 $w^{*(1,0)}$ 和 $\pi_S^{*(1,0)}$ 无影响。由 $\dfrac{\partial \pi_M^{*(1,0)}}{\partial c_m} = \dfrac{-1 + r + c_m - c_{mr}}{2(1-r)}$ 得到，当 $c_m - c_{mr} \geq 1 - r$ 时，c_m 与 $\pi_M^{*(1,0)}$ 正相关。

（2）由 $\dfrac{\partial q_{\mathrm{r}}^{*(1,0)}}{\partial c_{\mathrm{s}}}<0$ 和 $\dfrac{\partial w^{*(1,0)}}{\partial c_{\mathrm{s}}}>0$，得到 c_{s} 分别与 $q_{\mathrm{r}}^{*(1,0)}$ 和 $w^{*(1,0)}$ 负相关和正相关。

由 $\dfrac{\partial \pi_{\mathrm{M}}^{*(1,0)}}{\partial c_{\mathrm{s}}}=\dfrac{c_{\mathrm{s}}+c_{\mathrm{mr}}-r}{8r}$ 和 $\dfrac{\partial \pi_{\mathrm{S}}^{*(1,0)}}{\partial c_{\mathrm{s}}}=\dfrac{c_{\mathrm{s}}+c_{\mathrm{mr}}-r}{4r}$ 得到，当 $c_{\mathrm{s}}\geqslant r-c_{\mathrm{mr}}$ 时，c_{s} 与 $\pi_{\mathrm{M}}^{*(1,0)}$ 和 $\pi_{\mathrm{S}}^{*(1,0)}$ 正相关。

（3）易得 $\dfrac{\partial q_{\mathrm{n}}^{*(1,0)}}{\partial c_{\mathrm{mr}}}>0$ 和 $\dfrac{\partial w^{*(1,0)}}{\partial c_{\mathrm{mr}}}<0$。由

$$\frac{\partial \pi_{\mathrm{M}}^{*(1,0)}}{\partial c_{\mathrm{mr}}}=\frac{(1-r)(c_{\mathrm{s}}+3r)+c_{\mathrm{mr}}(1+3r)-4}{8r-8r^2}\frac{rc_{\mathrm{m}}}{8r-8r^2}$$

得到，当 $\dfrac{4rc_{\mathrm{m}}-(1-r)(c_{\mathrm{s}}+3r)}{1+3r}\leqslant c_{\mathrm{mr}}<c_{\mathrm{m}}$ 时，$\dfrac{\partial \pi_{\mathrm{M}}^{*(1,0)}}{\partial c_{\mathrm{mr}}}>0$。由 $\dfrac{\partial \pi_{\mathrm{S}}^{*(1,0)}}{\partial c_{\mathrm{mr}}}=\dfrac{c_{\mathrm{s}}+c_{\mathrm{mr}}-r}{4r}$ 得到，当 $r-c_{\mathrm{s}}<c_{\mathrm{mr}}<c_{\mathrm{m}}$ 时，$\dfrac{\partial \pi_{\mathrm{S}}^{*(1,0)}}{\partial c_{\mathrm{mr}}}>0$。证毕。

由结论 5.2 得到，c_{m} 升高会导致 $q_{\mathrm{n}}^{*(1,0)}$ 下降，同时也会使市场需求流向 $q_{\mathrm{r}}^{*(1,0)}$。当 $c_{\mathrm{m}}-c_{\mathrm{mr}}\geqslant 1-r$（主机的再制造单位成本节约值大于再制造的市场份额损失）时，$\pi_{\mathrm{M}}^{*(1,0)}$ 与 c_{m} 正相关，说明 $\pi_{\mathrm{M}}^{*(1,0)}$ 会受到制造商再制造成本的节约以及市场份额损失值的双重影响。由 c_{m} 与 $\pi_{\mathrm{S}}^{*(1,0)}$ 的关系得知，制造商的新产品生产成本的变化不会对供应商的利润产生影响。

c_{s} 与 $\pi_{\mathrm{M}}^{*(1,0)}$ 正相关，表明（1，0）模型下制造商的再制造行为对其利润贡献足以弥补 c_{s} 的升高给其带来的影响。而 c_{s} 与 $\pi_{\mathrm{S}}^{*(1,0)}$ 正相关也说明了 $\pi_{\mathrm{S}}^{*(1,0)}$ 的提高必须依靠于 c_{s} 对制造商的再制造行为的影响。

c_{mr} 与 $\pi_{\mathrm{S}}^{*(1,0)}$ 正相关，表明 c_{mr} 的升高对 $q_{\mathrm{r}}^{*(1,0)}$ 的影响要比对 $w^{*(1,0)}$ 的影响大，从而使 $\pi_{\mathrm{S}}^{*(1,0)}$ 升高。而当 $c_{\mathrm{mr}}\geqslant\dfrac{4rc_{\mathrm{m}}-(1-r)(c_{\mathrm{s}}+3r)}{1+3r}$ 时，c_{mr} 与 $\pi_{\mathrm{M}}^{*(1,0)}$ 正相关，这是一个较有意思的结果，即制造商若把 c_{mr} 控制在一个适当的范围，其值的提高反而可以对 $\pi_{\mathrm{M}}^{*(1,0)}$ 起到促进作用，即当 c_{mr} 过低时，供应商考虑到制造商会通过再制造行为影响自己的利润，便会采取提高 w 的方式来应对，使 $\pi_{\mathrm{M}}^{*(1,0)}$ 不会升高，反而降低。但当 c_{mr} 高到一定程度时，将使制造商放弃部分再制造行为，供应商也将降低 $w^{*(1,0)}$ 寻求更高的产量以最大化其利润，而制造商也会考虑供应商的策略，从而也会采取对应的策略使 $\pi_{\mathrm{M}}^{*(1,0)}$ 最大化。

4. 双方都实施再制造——（1，1）模型

此时两方都实施再制造行为。在完全信息的情况下，双方都会考虑到自身的

利润最大化问题。此时各方都会考虑到若各自实施再制造行为，在新产品和再制造品的产量决策时会产生混乱，不利于自身利润最大化的实现。所以，最终为双方选择集中决策。此时利润函数为

$$\pi_C = -q_n{}^2 - q_r(c_{sr} + c_{mr} - r + rq_r) - q_n(-1 + c_s + c_m + 2rq_r) \qquad (5.10)$$

可以求出各最优值为

$$\begin{cases} q_n^{*(1,1)} = \dfrac{1 - c_s + c_{sr} - c_m + c_{mr} - r}{2(1-r)} \\[2mm] q_r^{*(1,1)} = \dfrac{rc_s + rc_m - c_{sr} - c_{mr}}{2r(1-r)} \\[2mm] \pi_C^{*(1,1)} = \dfrac{c_{sr}{}^2 + c_{mr}{}^2 - 2rc_{mr}(c_s + c_m) + 2c_{sr}(c_{mr} - rc_s - rc_m)}{4r(1-r)} \\[2mm] \qquad + \dfrac{r(1 + c_s{}^2 + c_m{}^2 - 2c_m + 2rc_m - r - 2c_s + 2c_m c_s + 2rc_s)}{4r(1-r)} \end{cases} \qquad (5.11)$$

要保证集中决策情况下双方都实施再制造行为，必须满足：

$$q_r^{*(1,1)} > 0 \Rightarrow r > \frac{c_{mr} + c_{sr}}{c_m + c_s} \qquad (5.12)$$

说明 r 必须达到一定的值才会让再制造变得有意义。由演算结果得到如下结论。

结论 5.3　c_m 或 c_s 升高都会导致新产品产量下降，同时会使再制造产品的产量提高；当 $c_m - c_{mr} + c_s - c_{sr} \geqslant 1 - r$ 时，c_m 或 c_s 升高都会使总利润上升，反之，则使总利润下降；c_{mr} 或 c_{sr} 升高会使新产品产量上升，同时使再制造品产量下降；当 $\dfrac{c_{mr} + c_{sr}}{c_m + c_s} < r < 1$ 时，c_{mr} 或 c_{sr} 降低时会使总利润上升。

证明：由结果易得，c_m 与 $q_n^{*(1,1)}$ 负相关，与 $q_r^{*(1,1)}$ 正相关。由

$$\frac{\partial \pi_C^{*(1,1)}}{\partial c_m} = \frac{c_s - c_{sr} + c_m - c_{mr} - 1 + r}{2(1-r)}$$

得到，当 $c_m - c_{mr} + c_s - c_{sr} \geqslant 1 - r$ 时，c_m 与 $\pi_C^{*(1,1)}$ 正相关。c_s 与 $q_n^{*(1,1)}$ 负相关，与 $q_r^{*(1,1)}$ 正相关。由 $\dfrac{\partial \pi_C^{*(1,1)}}{\partial c_s} = \dfrac{-1 + r + c_m - c_{mr} + c_s - c_{sr}}{2(1-r)}$ 得到，当 $c_m - c_{mr} + c_s - c_{sr} \geqslant 1 - r$ 时，c_s 与 $\pi_C^{*(1,1)}$ 正相关，反之，则负相关。c_{sr} 与 $q_n^{*(1,1)}$ 正相关且与 $q_r^{*(1,1)}$ 负相关。由

$\dfrac{\partial \pi_C^{*(1,1)}}{\partial c_{sr}} = \dfrac{c_{mr} + c_{sr} - r(c_m + c_s)}{2r(1-r)}$ 得到，当 $\dfrac{c_{mr} + c_{sr}}{c_m + c_s} < r < 1$ 时（由再制造边界条件决定 r 只能处于此区间），c_{sr} 降低将使利润提高。同样，c_{mr} 与 $q_n^{*(1,1)}$ 正相关，与 $q_r^{*(1,1)}$ 负相关。由 $\dfrac{\partial \pi_C^{*(1,1)}}{\partial c_{mr}} = \dfrac{c_{mr} + c_{sr} - r(c_m + c_s)}{2r(1-r)}$ 得到，当 $\dfrac{c_{mr} + c_{sr}}{c_m + c_s} < r < 1$ 时，c_{mr} 与 $\pi_C^{*(1,1)}$ 负相关。

由结论 5.3 得到，在（1，1）模型中，若 c_{sr} 升高，其必须用 $q_r^{*(1,1)}$ 下降和 $q_n^{*(1,1)}$ 升高的方式来尽量减少利润的损失。c_m 的提高会使更多的资源转向再制造行为，从而增加总利润。集中决策情形下，c_s 的上升会导致新产品市场份额下降，同时 $q_r^{*(1,1)}$ 将会上升。当再制造品节约的成本带来的单位收益不小于再制造的单位市场损失时，c_s 的升高会使更多的资源转向再制造行为。若 c_{sr} 升高，必须通过降低 $q_r^{*(1,1)}$ 或提高 $q_n^{*(1,1)}$ 的方式减少损失，c_{sr} 升高时，只要能保证新产品的成本足够小，就可确保总利润还有上升的空间。所以，c_m 与 c_{mr} 分别和 c_s 与 c_{sr} 的作用相同，说明在集中决策情况下，制造商和供应商的成本策略相类似。

5.1.4 数值算例及市场结构演化分析

由 5.1.3 小节的分析得知，（0，1）模型所代表的市场结构具有弱稳定性。所以，本小节将对其他三种模型进行数值分析，探讨各模型之间相互演化的规律。

1. r 的变化对市场结构演化的影响

符合现实中各成本之间的关系，这里取 $c_m = 0.3$，$c_s = 0.2$，$c_{mr} = 0.15$ 和 $c_{sr} = 0.1$，图 5.3 中各曲线都基于此赋值，以得到考虑 r 的变化对各方利润及演化趋势的影响。

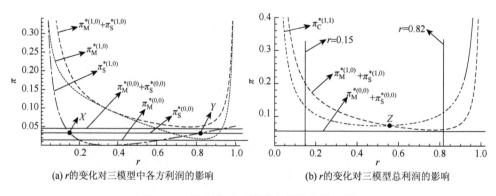

(a) r 的变化对三模型中各方利润的影响   (b) r 的变化对三模型总利润的影响

图 5.3 r 的变化对三模型各利润的影响图

1）（0，0）模型与（1，0）模型的比较

结论 5.4 在赋值为 $c_m = 0.3$，$c_s = 0.2$ 以及 $c_{mr} = 0.15$ 的条件下，（1，0）模型优于（0，0）模型。制造商会选择再制造以求高利润。当 $0.15 \leqslant r \leqslant 0.82$ 时，若制造商不让出部分利润给供应商，（1，0）模型所代表的市场结构将不存在，即（0，0）模型不会演化成（1，0）模型。

证明：（1）由图 5.3 得知，$\pi_S^{*(1,0)} + \pi_M^{*(1,0)} > \pi_S^{*(0,0)} + \pi_M^{*(0,0)}$ 以及 $\pi_M^{*(1,0)} > \pi_M^{*(0,0)}$，说明当供应商领导博弈时，由制造商实施再制造行为相比于双方都不再制造的整体利润要大。这种经济性完全来源于制造商通过再制造所获取的利润。

（2）供应商愿意参与制造商的再制造活动的条件为：$r < X$ 点的横坐标或 $r > Y$ 点的横坐标。说明当再制造产品的 WTP 较低时（$r < 0.15$），制造商的再制造行为会受到限制，此时新产品增产，使市场上的新品与旧品之间形成比较的关系，有利于新产品产量的增加，从而也给供应商带来较高的利润；同样，当再制造产品的 WTP 较高时（$r > 0.82$），再制造产品与新产品的区别很小，会给双方都带来较大利润。现实中，让再制造产品的 WTP 处于 $r < 0.15$ 或 $r > 0.82$ 的区间内是较难实现的。

（3）当 $0.15 < r < 0.82$ 时，（1，0）模式下的供应商必须通过契约迫使制造商让出部分利润（或制造商主动让出部分利润以求创造再制造的条件），使 $\pi_S^{*(1,0)} \geqslant \pi_S^{*(0,0)}$，这样才可以保证（1，0）模式的实现。假设 ε 为制造商让给供应商的部分利润，则市场结构将由（0，0）模型演化为（1，0）模型的条件如下：

$$\begin{cases} \pi_M^{*(1,0)} - \varepsilon \geqslant \pi_M^{*(0,0)} \\ \pi_S^{*(1,0)} + \varepsilon \geqslant \pi_S^{*(0,0)} \\ 0.15 < r < 0.82 \end{cases} \Rightarrow \begin{cases} \pi_S^{*(0,0)} - \pi_S^{*(1,0)} \leqslant \varepsilon \leqslant \pi_M^{*(1,0)} - \pi_M^{*(0,0)}, & 0.15 < r < 0.82 \\ \varepsilon \ \text{不存在}, & \text{其他} \end{cases} \quad (5.13)$$

其他小节对 ε 的分析类似，以后不再赘述。

2）（0，0）、（1，0）和（1，1）三模型的比较

结论 5.5 在赋值为 $c_m = 0.3$，$c_s = 0.2$，$c_{mr} = 0.15$ 以及 $c_{sr} = 0.1$ 的条件下，（1，0）模型和（1，1）模型所代表的市场结构的总利润都大于（0，0）模型的总利润。当 $r < 0.56$ 时，（1，1）模型的再制造以及集中决策并未显现其应有的利润优势。

证明：从图 5.3（b）得知，（0，0）模型的总利润最低，说明再制造行为具有一定的利润创造优势。另外，Z 点的左边区间（$r < 0.56$）（1，0）模型要优于（1，1）模型，Z 点的右边（$r > 0.56$）（1，1）模型则优于（1，0）模型。由前述得知，在制造商不给予供应商利润补偿的情况下，$0.15 < r < 0.82$ 为（1，0）模型不成立的区间。所以当 $0.15 < r < 0.56$ 时，虽然 $\pi_S^{*(1,0)} + \pi_M^{*(1,0)} > \pi_C^{*(1,1)}$，但并不代表市场结构一定会演化为（1，0）模型，因为演化的结果要依靠于制造商对供应商的让利

行为的程度。若这种让利行为不存在或者不能满足供应商的利润需求，则市场结构必然演化为（1，1）模型。

2. c_{mr} 和 c_{sr} 的变化对市场结构演化的影响

图 5.4（a）各参数赋值为 $c_m = 0.3$，$c_s = 0.2$ 以及 $r = 0.75$，以考察 c_{mr} 的变化对各方利润及演化趋势的影响；图 5.4（b）则赋值 $c_{mr} = 0.15$ 以考虑 c_{sr} 的变化对各方利润及演化趋势的影响。

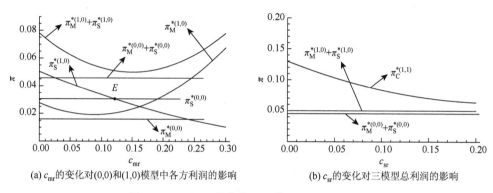

(a) c_{mr} 的变化对(0,0)和(1,0)模型中各方利润的影响　　　　(b) c_{sr} 的变化对三模型总利润的影响

图 5.4　c_{mr} 和 c_{sr} 的变化对三模型利润的影响图

结论 5.6　在赋值为 $c_m = 0.3$，$c_s = 0.2$ 以及 $r = 0.75$ 的条件下，无论 c_{mr} 如何变化，$\pi_S^{*(1,0)} + \pi_M^{*(1,0)} > \pi_S^{*(0,0)} + \pi_M^{*(0,0)}$ 总成立；制造商若想保证（1，0）模型的实现，必须在 E 点右边区间内给予供应商一定的利润补偿。在赋值为 $c_m = 0.3$，$c_s = 0.2$，$c_{mr} = 0.15$ 以及 $r = 0.75$ 的条件下，c_{sr} 的升高将导致 $\pi_C^{*(1,1)}$ 的降低；$\pi_C^{*(1,1)} > \pi_S^{*(1,0)} + \pi_M^{*(1,0)} > \pi_S^{*(0,0)} + \pi_M^{*(0,0)}$ 总是成立。

结论 5.6 说明，在 c_{mr} 的变化范围内，$\pi_S^{*(1,0)} + \pi_M^{*(1,0)} > \pi_S^{*(0,0)} + \pi_M^{*(0,0)}$ 再次证明了再制造给供应链整体利益带来的增加。随着 c_{mr} 的增加，$\pi_S^{*(1,0)}$ 呈下降趋势，并且在 E 点的右边区域（在此区间内 $\pi_S^{*(1,0)} < \pi_S^{*(0,0)}$），供应商是拒绝接受（1，0）模型代表的市场结构的；而 $\pi_M^{*(1,0)}$ 在此范围内显示再制造给其带来较高的利润，但其利润曲线形态为下凸，说明经过一个临界点后，c_{mr} 的升高会使再制造品的 WTP 升高，使制造商在 E 点右边区间内将部分利润用于给予供应商一定的补偿，以保证（1，0）模型代表的市场结构的稳定性。所以，（1，0）模型在总利润上是优于（0，0）模型的，若制造商给予供应商的利润补偿可以保证 $\pi_S^{*(1,0)} > \pi_S^{*(0,0)}$，则（0，0）模型可以演化为（1，0）模型，这样才能充分体现再制造对供应链的利润贡献。

从图 5.4 中的 c_{sr} 的变化图发现，（1，1）模型代表的市场结构在利润方面是最优的。随着 c_{sr} 的升高，$\pi_C^{*(1,1)}$ 是呈现下降趋势的，但 $\pi_C^{*(1,1)}$ 的曲线并未呈现出明显的下凸形态，说明 c_{sr} 在其可行区间内升高只会对 $\pi_C^{*(1,1)}$ 的升高起到阻碍作用。

3. 市场结构的演化

由前述所有结论分析得到，同样是供应商领导博弈，在某些条件下 $\pi_M^{(1,0)}$ 可能会远远大于 $\pi_S^{(1,0)}$，这与 $\pi_S^{*(0,0)} = 2\pi_M^{*(0,0)}$ 形成了鲜明的反差，说明制造商是再制造行为的最大受益者，并且摆脱了供应商的技术优势的影响。但此时供应商会由于所得较低的利润从而采取非常规的决策，可能会导致（1，0）模型代表的市场结构具有不稳定性。而结论 5.5 表现出一个较有意思的结论：当再制造品的 WTP 处于某区间的情况下，（1，1）模型下双方集中决策的效果并未显现。这说明在某些条件下，（1，0）模型中的技术与再制造行为所展现的优化配比关系，会让供应链总利润更优于（1，1）模型的总利润。所以，在双方都实施再制造并且集中决策的情况下，若再制造品整机的 WTP 过低，可能会使市场结构往制造商单方面实施再制造的市场结构演化。图 5.5 给出了市场结构演化的可能性指向。

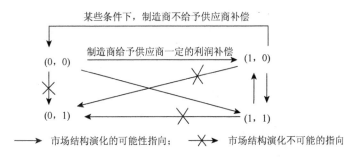

图 5.5　产品拆分再制造的四种市场结构演化示意图

5.1.5　结论

本节考虑了由供应商领导供应链时产品可拆分再制造的竞争环境，对四种模型代表的市场结论下的各成本及再制造品的 WTP 的变化对各方最优决策及利润的影响进行了分析。研究结果表明：（0，1）模型代表的市场结构稳定性最低或不存在；在（1，0）模型代表的市场结构中，供应商的领导地位并未给其带来较高利润；制造商的再制造成本以及再制造整机的 WTP 变化时，可能会使市场结构由（1，0）模型演化为（0，0）模型，制造商必须给予供应商一定的利润补偿才可能保证（1，0）模型的稳定；当再制造品的 WTP 较低时，双方都实施再制造的（1，1）模型代表的市场结构稳定性较差。

5.2 考虑副产品生产的再制造闭环供应链的市场结构演化

5.2.1 背景描述

再制造行为的本身表现出的经济及环保意义，是可以被社会接受的。其中，副产品生产（by-product production，BPP）作为对废料的有效利用，其环保作用也非常明显。副产品是指在生产主要产品时顺带着生产出来的产品。例如，零部件加工产生的刨花可用于生产清洁用品（副产品）；大型机械生产过程中产生的废料可以加工成小型零件（副产品）。但是，企业实施 BPP 必须确保对主产品的生产及销售不会造成影响，同时要有利润存在。据目前可查文献，涉及副产品的生产或市场管理类文献有三篇[188-190]，其中 Lee[188]对企业如何将废品转换为有用的并且可销售的副产品进行了研究，并且通过各类成本的变化探讨主产品与副产品之间的杠杆作用以及对企业利润的影响。近期，有学者[191, 192]对涉及市场结构演化的问题进行了研究，但这些文献都是讨论新产品为背景的市场结构，未考虑副产品的再制造市场的情形。所以，本节考虑了参与竞争的企业实施 BPP（或者不实施 BPP）的各种组合，并进一步研究由这些组合代表的各市场结构下的各方利润的影响因素，以及各市场结构之间演化的条件。其中，本节会对如下三个问题进行讨论：①企业实施 BPP 时，各成本的变化对利润有何影响；②参与竞争的各方生产的副产品的支付意愿的变化对市场结构的演化有何影响；③各方都实施 BPP 时，是否必有较高的系统总利润且市场结构是否稳定。最后，给出考虑 BPP 的再制造品市场结构演化的趋势图。

5.2.2 问题与假设

本节考虑一个制造商和一个再制造商的市场结构。制造商购买新原料生产新产品，再制造商从市场上回收旧产品进行产品再制造，双方生产的两种同类产品都简称为 A，双方都利用 A 产品过程中产生的废料生产副产品（by-product，B）。假定制造商生产 1 个单位的新产品 A 可以同时生产 1 个单位的副产品 B；由于再制造品的生产所需要的原材料大部分来源于其产品本身，所以产生的废料较少，再制造商生产 1 个单位的再制造品 A 只能生产 m（$0 < m < 1$）个单位的副产品 B。

令 A 产品的新品和再制造品的 WTP 分别为 1 和 r（$0 < r < 1$），制造商和再制造商生产的副产品 B 的 WTP 分别为 α 和 β，其中 $0 < \beta < \alpha < 1$，且各 WTP 都在其区间内均匀分布。q_n（制造商的决策变量）、p_n 分别表示制造商生产的新产

品 A 的产量和价格，q_r（再制造商的决策变量）、p_r 分别表示再制造商生产的再制造品 A 的产量和价格；q_{nb} 和 p_{nb} 分别表示由制造商生产的副产品 B 的产量和价格，q_{rb} 和 p_{rb} 分别表示由再制造商生产的副产品 B 的产量和价格。假定 c_n 和 c_r 分别代表制造商和再制造商生产 A 的单位生产成本（$1 > c_n > c_r > 0$），其中 c_r 较低是由于再制造商生产所用原料来源为旧产品，即原料成本较低。双方生产 B 的单位成本都为 c_b。

制造商和再制造商考虑是否实施 BPP，此时会有四种组合后的情形（图 5.6）：①双方都实施 BPP；②制造商实施 BPP，再制造商不实施 BPP；③制造商不实施 BPP，再制造商实施 BPP；④双方都实施 BPP。假定若某方实施 BPP，则其 B 的产量必须由其 A 的产量所确定（由于 B 产品的原料来源于 A 产品的生产废料），即 $q_{nb} = q_n$ 以及 $q_{rb} = mq_r$。引用文献[144]给出的新产品与再制造品之间的替代关系，则四种情形中 A 产品的替代关系都为

$$p_n = 1 - q_n - rq_r, \quad p_r = r(1 - q_n - q_r) \tag{5.14}$$

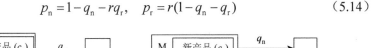

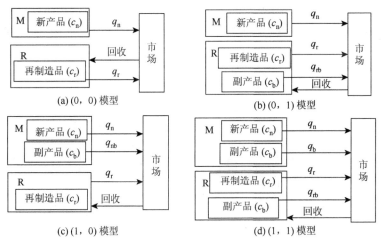

(a) (0, 0) 模型　　　　　　　　　　(b) (0, 1) 模型

(c) (1, 0) 模型　　　　　　　　　　(d) (1, 1) 模型

图 5.6　考虑副产品生产的再制造闭环供应链四种市场结构示意图

两类 B 产品的替代关系根据不同的情形有所区别，由于情形②和情形③的 B 产品不存在竞争，所以 B 产品的需求函数分别为

$$p_{nb} = \alpha - q_{nb}, \quad p_{rb} = \alpha - q_{rb} \tag{5.15}$$

情形④的 B 产品的需求函数为

$$p_{nb} = \alpha - q_{nb} - \beta q_{rb}, \quad p_{rb} = \beta(\alpha - q_{nb} - q_{rb}) \tag{5.16}$$

此时，双方选择产量来最大化自己的利润，假定市场上有大量回收品的来源（如手机的淘汰率较高，回收品数量较丰富），即再制造商没有回收量的约束（不受制造商的产量约束），故四种情况都为 Cournot 竞争，即双方生产行为是同时发

生的。用 (i, j) 表示前述四种模型,其中 $i = 0,1$ 分别表示制造商不实施 BPP 和实施 BPP, $j = 0,1$ 分别表示再制造商不实施 BPP 和实施 BPP。用 π 表示利润,其下标 M 和 R 分别表示两个参与方,上标 $*(i, j)$ 表示某市场结构下的最优值,其他各最优值表达形式类似。

5.2.3 模型及求解

1. 双方都不实施 BPP——(0,0)模型

此时,双方都不实施 BPP,所以制造商和再制造商的利润函数分别为

$$
\begin{cases}
\pi_{\mathrm{M}}^{(0,0)} = (p_{\mathrm{n}} - c_{\mathrm{n}})q_{\mathrm{n}} \\
\pi_{\mathrm{R}}^{(0,0)} = (p_{\mathrm{r}} - c_{\mathrm{r}})q_{\mathrm{r}}
\end{cases}
\tag{5.17}
$$

令 $\dfrac{\partial \pi_{\mathrm{M}}}{\partial q_{\mathrm{n}}} = 1 - c_{\mathrm{n}} - 2q_{\mathrm{n}} - rq_{\mathrm{r}} = 0$ 且 $\dfrac{\partial \pi_{\mathrm{R}}}{\partial q_{\mathrm{r}}} = (1 - q_{\mathrm{n}} - q_{\mathrm{r}})r - c_{\mathrm{r}} - rq_{\mathrm{r}} = 0$,联立解得(其他三种模型的解法相同)各最优值及各方最优利润为

$$
\begin{cases}
q_{\mathrm{n}}^{*(0,0)} = \dfrac{2 - 2c_{\mathrm{n}} + c_{\mathrm{r}} - r}{4 - r} \\
q_{\mathrm{r}}^{*(0,0)} = \dfrac{r(1 + c_{\mathrm{n}}) - 2c_{\mathrm{r}}}{r(4 - r)}
\end{cases}
,\quad
\begin{cases}
\pi_{\mathrm{M}}^{*(0,0)} = \dfrac{(2 - 2c_{\mathrm{n}} + c_{\mathrm{r}} - r)^2}{(-4 + r)^2} \\
\pi_{\mathrm{R}}^{*(0,0)} = \dfrac{(r(1 + c_{\mathrm{n}}) - 2c_{\mathrm{r}})^2}{r(-4 + r)^2}
\end{cases}
\tag{5.18}
$$

结论 5.7 在双方都不实施 BPP 时,新产品 A 和再制造产品 A 的产量以及两方利润的高低取决于 c_{n}、c_{r} 和 r。新产品 A 的产量以及制造商的利润对 c_{n} 的变化较为敏感;再制造品 A 的产量以及再制造商的利润对 c_{r} 的变化较为敏感;r 的升高会使再制造商的产量及利润升高。

证明及启示:由(0,0)模型的结果得知,c_{n}、c_{r} 和 r 的变化会影响各最优值和两方的最优利润的大小。由 $q_{\mathrm{n}}^{*(0,0)}$ 和 $\pi_{\mathrm{M}}^{*(0,0)}$ 中的 c_{n} 项的系数的绝对值大于其中 c_{r} 的系数的绝对值,得知 $q_{\mathrm{n}}^{*(0,0)}$ 和 $\pi_{\mathrm{M}}^{*(0,0)}$ 对 c_{n} 的变化更为敏感;由 $q_{\mathrm{r}}^{*(0,0)}$ 和 $\pi_{\mathrm{R}}^{*(0,0)}$ 中的 c_{r} 项的系数的绝对值大于其中 c_{n} 的系数的绝对值,可知 $q_{\mathrm{r}}^{*(0,0)}$ 和 $\pi_{\mathrm{R}}^{*(0,0)}$ 对 c_{r} 的变化更为敏感。另外,易得 $\dfrac{\partial q_{\mathrm{n}}^{*(0,0)}}{\partial r} < 0$、$\dfrac{\partial q_{\mathrm{r}}^{*(0,0)}}{\partial r} > 0$、$\dfrac{\partial \pi_{\mathrm{M}}^{*(0,0)}}{\partial r} < 0$ 和 $\dfrac{\partial \pi_{\mathrm{R}}^{*(0,0)}}{\partial r} > 0$,所以 r 的升高会使再制造商的产量及利润升高。

这里只考虑了各成本及再制造品的 WTP 对各方利润的影响。但现实中,企业首次对各产品的产量及定价的决策,会出现与模型中不同的各方利润。而双方在长期性的博弈中,会使各方的决策行为趋同于上述结果。

2. 再制造商单独实施 BPP——（0，1）模型

此时，制造商不实施 BPP，再制造商实施 BPP，双方的 A 产品在市场上竞争，B 产品无竞争。所以，制造商和再制造商的利润函数分别为

$$
\begin{cases}
\pi_M^{(0,1)} = (p_n - c_n)q_n \\
\pi_R^{(0,1)} = (p_r - c_r)q_r + (\alpha - q_{rb} - c_b)q_{rb}
\end{cases}
\tag{5.19}
$$

得到各均衡解以及各方最优利润为

$$
\begin{cases}
q_n^{*(0,1)} = \dfrac{2m^2 - 2c_n m^2 + 2r - 2rc_n + rc_r - r\alpha m + rmc_b - r^2}{4r + 4m^2 - r^2} \\[3mm]
q_r^{*(0,1)} = \dfrac{2\alpha m + r + rc_n - 2c_r - 2mc_b}{4r + 4m^2 - r^2} \\[3mm]
\pi_M^{*(0,1)} = \dfrac{(2m^2(c_n - 1) + rm(\alpha - c_b) + r(2c_n - 2 - c_r + r))^2}{(r(-4 + r) - 4m^2)^2} \\[3mm]
\pi_R^{*(0,1)} = \dfrac{(m^2 + r)(2\alpha m + r + rc_n - 2c_r - 2mc_b)^2}{(r(-4 + r) - 4m^2)^2}
\end{cases}
\tag{5.20}
$$

结论 5.8　（0，1）模型下，虽然制造商不实施 BPP，但其潜在的 B 产品的 WTP（α）若升高，则会使制造商生产的 A 产品的数量降低，同时会使再制造商生产的 A 产品的产量升高。

证明：由 $\dfrac{\partial q_n^{*(0,1)}}{\partial \alpha} < 0$ 以及 $\dfrac{\partial q_r^{*(0,1)}}{\partial \alpha} > 0$，结论 5.8 证毕。

由结论 5.8 得知，虽然制造商未实施 BPP，但再制造商生产的 B 产品的市场评价会使市场对制造商生产的 B 产品产生一定的期望（α）。此时若 α 升高，会导致制造商生产的 A 产品的市场份额下降，同时也会使再制造商生产的再制造品 A 的市场份额升高。这是由于（0，1）模型中不存在制造商生产的 B 产品，而 α 的升高只会给再制造商生产的 B 产品带来较高的市场评价，从而提高再制造商生产的 A 产品的市场评价，最后间接影响到制造商的新产品 A 的市场份额。

结论 5.9　（0，1）模型下，虽然制造商不实施 BPP，但其潜在的 B 产品的 WTP（α）若升高，当 $\alpha > \dfrac{2m^2 - 2c_n m^2 + 2r - 2c_n r + rc_r + c_b mr - r^2}{mr}$ 时，$\pi_M^{*(0,1)}$ 升高；当 $\alpha > \dfrac{2c_r - c_n r + 2c_b m - r}{2m}$ 时，$\pi_R^{*(0,1)}$ 升高。

证明：由 $\dfrac{\partial \pi_M^{*(0,1)}}{\partial \alpha} = \dfrac{2mr(2(-1 + c_n)m^2 + rm(\alpha - c_b) + r(-2 + 2c_n - c_r + r))}{(-4m^2 + r(-4 + r))^2}$，则有

$$\frac{\partial \pi_M^{*(0,1)}}{\partial \alpha} > 0 \Rightarrow \alpha > \frac{2m^2 - 2c_n m^2 + 2r - 2c_n r + rc_r + c_b mr - r^2}{mr}$$

由

$$\frac{\partial \pi_R^{*(0,1)}}{\partial \alpha} = \frac{4m(m^2 + r)(2\alpha m - 2mc_b + rc_n - 2c_r + r)}{(-4m^2 + r(-4+r))^2}$$

则 $\dfrac{\partial \pi_R^{*(0,1)}}{\partial \alpha} > 0 \Rightarrow \alpha > \dfrac{2c_r - r - c_n r + 2c_b m}{2m}$。证毕。

由结论 5.9 得到，在（0，1）模型下，当 α 大于某个值时，其升高有助于各方利润的提高。所以，由再制造品的废料生产的 B 产品，会让市场对新材料生产的 B 产品有所期望，其 WTP 的变化也会影响到各方对 A 产品的生产所作出的决策。在（0，1）模型下，制造商不参与 B 产品的生产，所以此时 α 的升高只会让市场对再制造商生产的 B 产品和再制造 A 产品的评价提升，从而会影响制造商生产的 A 产品的市场份额，这里也印证了结论 5.8。另外，由证明得知，若 α 高于某值，无论哪方实施 BPP，都会有潜在的利益。

3. 制造商单独实施 BPP——（1，0）模型

此时，制造商实施 BPP，再制造商不实施 BPP，双方的 A 产品在市场上竞争，B 产品无竞争。所以，制造商和再制造商的利润函数分别为

$$\begin{cases} \pi_M^{(1,0)} = (p_n - c_n)q_n + (\alpha - q_n - c_b)q_n \\ \pi_R^{(1,0)} = (p_r - c_r)q_r \end{cases} \tag{5.21}$$

可得各决策变量最优值和各方最优利润为

$$\begin{cases} q_n^{*(1,0)} = \dfrac{2 + 2\alpha - 2c_b - 2c_n + c_r - r}{8 - r} \\ q_r^{*(1,0)} = \dfrac{3r - 4c_r - \alpha r + rc_b + rc_n}{r(8 - r)} \end{cases}, \quad \begin{cases} \pi_M^{*(1,0)} = \dfrac{2(2 + 2\alpha - 2c_b - 2c_n + c_r - r)^2}{(-8 + r)^2} \\ \pi_R^{*(1,0)} = \dfrac{(4c_r + r(\alpha - 3 - c_b - c_n))^2}{r(-8 + r)^2} \end{cases} \tag{5.22}$$

结论 5.10　（1，0）模型下，制造商生产的 B 产品的 WTP（α）升高，会导致新产品 A 的产量升高，同时会降低再制造品 A 的产量。

证明：由 $\dfrac{\partial q_n^{*(1,0)}}{\partial \alpha} > 0$ 以及 $\dfrac{\partial q_r^{*(1,0)}}{\partial \alpha} < 0$，结论 5.10 证毕。

结论 5.10 表明制造商生产的 B 产品的 WTP 增加，会使其生产的 A 产品市场份额增加。可以理解为，制造商对 B 产品的生产投入，会使其 B 产品的质量有所保证，从而促进其品牌的市场良性评价，并且会促进其新产品 A 的市场竞争力。这说明了单个企业生产的不同产品之间品牌连带的影响关系。

结论 5.11　（1，0）模型下，若制造商生产的 B 产品的 WTP（α）升高，当 $\alpha > \dfrac{-2+2c_{\mathrm{n}}+2c_{\mathrm{b}}-c_{\mathrm{r}}+r}{2}$ 时，$\pi_{\mathrm{M}}^{*(1,0)}$ 升高；当 $\alpha > \dfrac{-4c_{\mathrm{r}}+3r+c_{\mathrm{n}}r+rc_{\mathrm{b}}}{r}$ 时，$\pi_{\mathrm{R}}^{*(1,0)}$ 升高。

证明：由 $\dfrac{\partial \pi_{\mathrm{M}}^{*(1,0)}}{\partial \alpha} = \dfrac{8(2+2\alpha-2c_{\mathrm{b}}-2c_{\mathrm{n}}+c_{\mathrm{r}}-r)}{(-8+r)^2}$，得到 $\dfrac{\partial \pi_{\mathrm{M}}^{*(1,0)}}{\partial \alpha} > 0 \Rightarrow \alpha >$

$\dfrac{-2+2c_{\mathrm{n}}+2c_{\mathrm{b}}-c_{\mathrm{r}}+r}{2}$；由 $\dfrac{\partial \pi_{\mathrm{R}}^{*(1,0)}}{\partial \alpha} = \dfrac{2(4c_{\mathrm{r}}+r(-3+\alpha-c_{\mathrm{b}}-c_{\mathrm{n}}))}{(-8+r)^2}$，得到 $\dfrac{\partial \pi_{\mathrm{R}}^{*(1,0)}}{\partial \alpha} > 0 \Rightarrow$

$\alpha > \dfrac{-4c_{\mathrm{r}}+3r+c_{\mathrm{n}}r+rc_{\mathrm{b}}}{r}$。证毕。

由结论 5.11 得知，当制造商生产的 B 产品的 WTP 升高时，会给双方都带来利润的提高。这说明市场对 B 产品的认同度提高时，也会对制造商生产的 A 产品的市场认同度提高起到一定的作用，同时，这也会影响市场对再制造商生产的再制造品 A 的认同度。

4. 双方都实施 BPP——（1，1）模型

此时，制造商生产 B 产品，再制造商生产 B 产品，双方生产的 A、B 产品分别在市场上竞争。所以，制造商和再制造商的利润函数分别为

$$\begin{cases} \pi_{\mathrm{M}}^{(1,1)} = (p_{\mathrm{n}}-c_{\mathrm{n}})q_{\mathrm{n}} + (\alpha-q_{\mathrm{n}}-\beta q_{\mathrm{rb}}-c_{\mathrm{b}})q_{\mathrm{n}} \\ \pi_{\mathrm{R}}^{(1,1)} = (p_{\mathrm{r}}-c_{\mathrm{r}})q_{\mathrm{r}} + (\beta(\alpha-q_{\mathrm{n}}-q_{\mathrm{rb}})-c_{\mathrm{b}})q_{\mathrm{rb}} \end{cases} \tag{5.23}$$

则各变量最优值和各方最优利润为

$$\begin{cases} q_{\mathrm{n}}^{*(1,1)} = \dfrac{(1+\alpha-c_{\mathrm{b}}-c_{\mathrm{n}})(-2\beta m^2-2r) + (\beta m+r)(\alpha\beta m-c_{\mathrm{r}}-c_{\mathrm{b}}+r)}{4(-2\beta m^2-2r)+(-\beta m-r)^2} \\[3mm] q_{\mathrm{r}}^{*(1,1)} = \dfrac{4c_{\mathrm{r}}+\beta m-3\alpha\beta m+4mc_{\mathrm{b}}-\beta mc_{\mathrm{b}}-\beta mc_{\mathrm{n}}-3r+\alpha r-rc_{\mathrm{b}}-rc_{\mathrm{n}}}{\beta^2 m^2+2r\beta m-8\beta m^2-8r+r^2} \\[3mm] \pi_{\mathrm{M}}^{*(1,1)} = \dfrac{2(\alpha\beta^2 m^2+r(2c_{\mathrm{n}}-2-2\alpha-c_{\mathrm{r}}-c_{\mathrm{b}}(m-2)+r)) + \beta m(m(c_{\mathrm{b}}-2-2\alpha+2c_{\mathrm{n}})-c_{\mathrm{r}}+r(1+\alpha))^2}{(\beta^2 m^2+r(r-8)+2\beta m(r-4m))^2} \\[3mm] \pi_{\mathrm{R}}^{*(1,1)} = \dfrac{(\beta m^2+r)(\beta m(3\alpha+c_{\mathrm{b}}+c_{\mathrm{n}}-1)-4c_{\mathrm{r}}-4mc_{\mathrm{b}}+3r-r\alpha+rc_{\mathrm{b}}+rc_{\mathrm{n}})^2}{(\beta^2 m^2+r(r-8)+2\beta m(r-4m))^2} \end{cases}$$

$$\tag{5.24}$$

5.2.4　各模型代表的市场结构之间的演化关系

本小节将对各市场结构由简到繁的情况，逐一进行分析。旨在得到由于参数

的变化导致各市场结构间的变化规律。这里对四个基础参数的恒定赋值为 $c_n = 0.5$，$c_r = 0.25$，$c_b = 0.1$，$r = 0.6$。

1.（0，0）模型与（1，0）模型的演化分析

此时，（1，0）模型与（0，0）模型相比，在利润的表达式上多出了参数 α。本小节通过数值代入讨论 α 的变化使双方的利润如何变化，以及如何影响市场结构之间的演化，如图5.7所示。

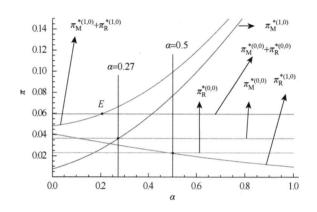

图5.7　α 变化对（0，0）模型和（1，0）模型各利润影响

结论5.12　当四个基础参数的恒定赋值成立以及 $r = 0.6$ 时，$\pi_M^{*(1,0)}$ 和 $\pi_R^{*(1,0)}$ 分别与 α 正相关与负相关；（1，0）模型实施的稳定区域为 $0.27 < \alpha < 0.5$。当 $\alpha < 0.2$ 时，（1，0）模型的系统总利润劣于（0，0）模型。

证明及启示：由图5.7得知，$\pi_M^{*(1,0)}$ 和 $\pi_R^{*(1,0)}$ 分别与 α 正相关与负相关；（1，0）模型中副产品B的生产，在 E 点左边区域显示其系统总利润低于（0，0）模型的系统总利润。这说明（1，0）模型中，制造商生产的副产品B的WTP必须大于某个值（本例为 $\alpha > 0.2$）时，才能为系统带来优于（0，0）模型的利润。另外由图5.7得知，当 $\alpha > 0.27$ 时，制造商才会考虑实施BPP；当 $\alpha > 0.5$ 时，制造商实施BPP的行为将会给再制造商带来劣于（0，0）模型的低利润。所以，（1，0）模型中制造商生产的副产品B的WTP必须高于某值，才能保证制造商的利润以及供应链的总利润。

当 $\alpha > 0.5$ 时，不代表（1，0）模型不能成立。此时制造商可以将利润中的一部分 ε 支付给再制造商作为补偿，可以保证此模型代表的市场结构更为稳定。按此例的各参数赋值情况，（1，0）模型成立的条件为

$$\begin{cases} \pi_{M}^{*(1,0)} - \varepsilon > \pi_{M}^{*(0,0)} \\ \text{且} \\ \pi_{R}^{*(1,0)} + \varepsilon > \pi_{R}^{*(0,0)} \end{cases} \Rightarrow \begin{cases} \pi_{M}^{*(1,0)} - \pi_{M}^{*(0,0)} < \varepsilon < \pi_{R}^{*(0,0)} - \pi_{R}^{*(1,0)}, & \alpha > 0.5 \\ \varepsilon \text{不存在}, & \text{其他} \end{cases} \quad (5.25)$$

在现实中，这种补偿行为可以理解为一种委托关系。例如，在 EPR 的要求下，制造商既要完成政府所规定的回收再制造要求，又不愿意花费成本进行回收再制造活动时，可以委托再制造商履行这项业务活动。并且，制造商可以通过契约的形式给予再制造商一定的补偿，使这种市场结构状态保持下去。其他小节对 ε 的分析类似，以后不再赘述。

2.（0，0）模型和（0，1）模型之间的演化分析

图 5.8 中右侧四个面由高到低分别为 $\pi_{M}^{*(0,1)}$、$\pi_{M}^{*(0,0)}$、$\pi_{R}^{*(0,0)}$ 和 $\pi_{R}^{*(0,1)}$，得到结论 5.13。

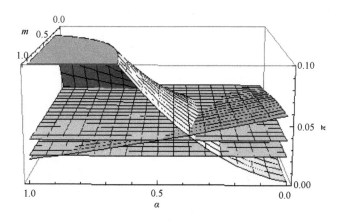

图 5.8　α 和 m 的变化对（0，0）模型和（0，1）模型各利润的影响图

结论 5.13　当四个基础参数的恒定赋值成立时，（0，0）模型代表的市场结构若演化为（0，1）模型代表的市场结构，必须使 α 和 m 同时增加，同时再制造商必须给予制造商一定的补偿。

证明：由图 5.8 得知，随着 α 和 m 同时增加，$\pi_{R}^{*(0,1)}$ 增加得较快，虽然 $\pi_{M}^{*(0,1)}$ 有所降低，但降幅较小，说明当 α 和 m 同时增加时，再制造商可以用其高出（0，0）模型的部分超额利润给制造商作为补偿，使（0，1）模型代表的市场结构稳定下来。证毕。

由结论 5.13 得知，若由再制造商实施 BPP，只有当制造商可能生产的副产品 B 的 WTP 增加时，才会使再制造商生产的副产品 B 的 WTP 增加，从而使利润升高。而 m 增加代表了再制造商在再制造生产时对废料的节省程度，很明显 m 增加

代表通过节约成本的方式使再制造商的利润快速增加。所以，α 和 m 同时增加才会使（0，0）模型的演化结果指向（0，1）模型。

3. （1，0）模型和（0，1）模型之间的演化分析

结论 5.14　当四个基础参数的恒定赋值成立时，由（1，0）模型代表的市场结构难以演化为（0，1）模型代表的市场结构。

证明与启示：由图 5.9 得知，（1，0）模型会给制造商带来较高的利润，而（0，1）模型则相反；同样，（1，0）模型给再制造商带来了低利润，但（0，1）模型给再制造商带来高利润。说明当制造商和再制造商只有一方生产副产品 B 时，在一定条件下都会给生产副产品 B 的一方带来高利润。

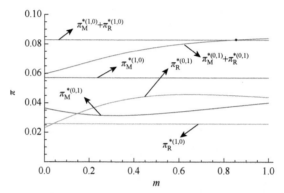

图 5.9　m 的变化对（1，0）模型和（0，1）模型各利润的影响

由图 5.9 得知，只有当 $m > 0.85$ 时，（0，1）模型的系统总利润才优于（1，0）模型。这说明再制造商实施 BPP 而制造商不实施 BPP 时，（0，1）模型中只有提高再制造商实施 BPP 的资源利用率 m 时，才会使系统的利润优于（1，0）模型。另外，当 $m < 0.85$ 时，再制造商也无法通过给制造商补偿的方式来达到（0，1）模型市场结构的稳定。所以，若现实中再制造商对于废料的利用率无法达到 $m > 0.85$，（0，1）模型代表的市场结构则难以维持。并且 $\pi_M^{*(1,0)}$ 曲线位置较高，说明制造商不会突然放弃实施 BPP 从而给自己带来风险。

4. （0，0）模型和（1，1）模型之间的演化关系

（0，0）模型和（1，1）模型之间相差 α、β 和 m 三个参数，所以本节在采用原参数赋值的基础上，再对其中一个参数赋值，研究其他两个参数变化时市场结构的演化规律。

（1）$\alpha = 0.6$ 时，β 和 m 的变化对市场演化的影响。图 5.10 的右侧 β 轴和 m 轴交叉角上，各面由高到低依次为 $\pi_M^{*(1,1)}$、$\pi_M^{*(0,0)}$、$\pi_R^{*(0,0)}$ 和 $\pi_R^{*(1,1)}$。得到结论 5.15。

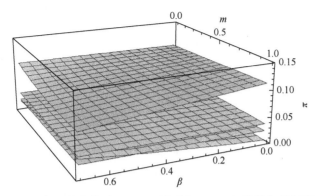

图 5.10　β 和 m 的变化对（0，0）模型和（1，1）模型各利润的影响

结论 5.15　当四个基础参数的恒定赋值成立且 $\alpha = 0.6$ 时，无论 β 和 m 如何变化，$\pi_{\mathrm{M}}^{*(1,1)}$ 都远大于 $\pi_{\mathrm{M}}^{*(0,0)}$。当双方都实施 BPP 时，若制造商给予再制造商一定的补偿，便可实现（0，0）模型的市场结构向（1，1）模型市场结构的演化。

证明及启示：由图 5.10 得知，无论 β 和 m 如何共同作用，$\pi_{\mathrm{M}}^{*(1,1)}$ 都远大于 $\pi_{\mathrm{M}}^{*(0,0)}$。虽然当 β 较小且 m 较大时，$\pi_{\mathrm{R}}^{*(1,1)}$ 可能会小于 $\pi_{\mathrm{R}}^{*(0,0)}$，但两者之间的差异较小。此时，可以通过制造商给予再制造商一定的利润补偿，使（1，1）模型保持相对的稳定。另外，只有当 β 和 m 都较大时，才能保证 $\pi_{\mathrm{R}}^{*(1,1)}$ 大于 $\pi_{\mathrm{R}}^{*(0,0)}$，也代表了（1，1）模型最为稳定的情况。这说明当双方都实施 BPP 时，再制造商的利润来源于其产品的 WTP 和成本节约的双重作用。

（2）$\beta = 0.5$ 时，α 和 m 的变化对市场演化的影响。图 5.11 右侧 π 轴角上各面，由高到低依次为 $\pi_{\mathrm{M}}^{*(1,1)} + \pi_{\mathrm{R}}^{*(1,1)}$、$\pi_{\mathrm{M}}^{*(1,1)}$、$\pi_{\mathrm{M}}^{*(0,0)} + \pi_{\mathrm{R}}^{*(0,0)}$、$\pi_{\mathrm{M}}^{*(0,0)}$、$\pi_{\mathrm{R}}^{*(1,1)}$ 和 $\pi_{\mathrm{R}}^{*(0,0)}$。得到结论 5.16。

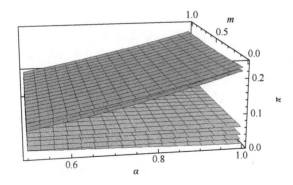

图 5.11　α 和 m 的变化对（0，0）模型和（1，1）模型各利润的影响

结论 5.16　当四个基础参数的恒定赋值成立且 $\beta = 0.5$ 时，m 的变化对（0，0）

模型市场结构和（1，1）模型市场结构之间的演化结果没有显著影响。当 α 越靠近 1 并且制造商采用给再制造商利润补偿的方式时，（1，1）模型代表的市场结构越稳定。

证明与启示：当 $\beta = 0.5$ 时，α 必然大于 0.5。由图 5.11 得知，无论 α 和 m 如何变化，$\pi_M^{*(1,1)} + \pi_R^{*(1,1)}$ 都大于 $\pi_M^{*(0,0)} + \pi_R^{*(0,0)}$。而且，$\alpha$ 越接近于 1 时，$\pi_M^{*(1,1)}$ 面与 $\pi_M^{*(0,0)}$ 面之间的距离越大于 $\pi_R^{*(1,1)}$ 面和 $\pi_R^{*(0,0)}$ 面之间的距离，制造商可给予再制造商一定的补偿。所以，（1，1）模型所代表的市场结构演化为（0，0）模型代表的市场结构的可能性很大。这里 m 的变化不会对市场结构的演化产生明显影响，说明当制造商实施 BPP，再制造商也实施 BPP 时，m 的变化对系统总利润的影响不大。

（3）$m = 0.8$ 时，α 和 β 的变化对市场演化的影响。图 5.12 中右侧 π 轴角上各面，由高到低依次为 $\pi_M^{*(1,1)} + \pi_R^{*(1,1)}$、$\pi_M^{*(1,1)}$、$\pi_R^{*(1,1)}$、$\pi_M^{*(0,0)} + \pi_R^{*(0,0)}$、$\pi_M^{*(0,0)}$ 和 $\pi_R^{*(0,0)}$。可得到结论 5.17。

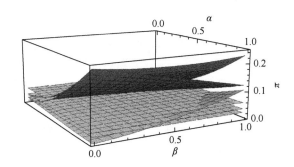

图 5.12　α 和 β 的变化对（0，0）模型和（1，1）模型各利润的影响

结论 5.17　当四个基础参数的恒定赋值成立且 $m = 0.8$ 时，（0，0）模型代表的市场结构可能演化为（1，1）模型的条件是 $\alpha > 0.3$。当 β 趋向于 1 时，制造商和再制造商的利润趋于接近。若 $\alpha > \beta$ 可以成立，则制造商可以给予再制造商一定的补偿来实现双方都生产副产品 B 的市场结构。

证明与启示：由图 5.12 得知，当 $\alpha > 0.3$ 时，$\pi_M^{*(1,1)} > \pi_M^{*(0,0)}$ 和 $\pi_M^{*(1,1)} + \pi_R^{*(1,1)} > \pi_M^{*(0,0)} + \pi_R^{*(0,0)}$ 才会成立。并且，$\pi_M^{*(1,1)}$ 面与 $\pi_M^{*(0,0)}$ 面之间的距离要大于 $\pi_R^{*(1,1)}$ 面与 $\pi_R^{*(0,0)}$ 面之间的距离，所以可以通过制造商对再制造商进行补偿的方式来保证（0，0）模型演化为（1，1）模型。另外，当 β 接近 1 时，$\pi_M^{*(1,1)}$ 虽然大于 $\pi_R^{*(1,1)}$，但双方已经非常接近，这表明当市场结构已经演化为（1，1）模型时，再制造商可以通过提高其生产的副产品 B 的 WTP 的方式，来提高自己的利润。

由结论 5.14、结论 5.15 和结论 5.16 得到,(0,0)模型代表的市场结构若转化为(1,1)模型代表的市场结构,制造商必须给再制造商一定的利润补偿。同时,α 和 β 必须都较大,才会使(1,1)模型代表的市场结构更为稳定。这表明副产品 B 的市场认同度增加时,才会使制造商和再制造商的废料节约行为变得更有经济意义和环保意义。

5. (1,0)模型与(1,1)模型之间的演化关系

(1,0)模型和(1,1)模型之间相差 β 和 m 两个参数,所以本节令 $\alpha = 0.6$,研究 β 和 m 的变化如何影响利润,来讨论市场结构的演化规律。

图 5.13(a)中的 π 轴角上的各面由高到低依次为 $\pi_M^{*(1,1)}$、$\pi_M^{*(1,0)}$、$\pi_R^{*(1,0)}$ 和 $\pi_R^{*(1,1)}$,图 5.13(b)中由高到低各面依次为 $\pi_M^{*(1,0)} + \pi_R^{*(1,0)}$、$\pi_M^{*(1,1)} + \pi_R^{*(1,1)}$。可得到结论 5.18。

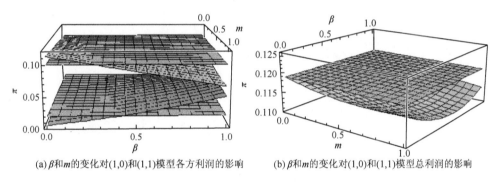

(a) β 和 m 的变化对(1,0)和(1,1)模型各方利润的影响　　(b) β 和 m 的变化对(1,0)和(1,1)模型总利润的影响

图 5.13　β 和 m 的变化对(1,0)模型和(1,1)模型各利润的影响

结论 5.18 当四个基础参数的恒定赋值成立且 $\alpha = 0.6$ 时,(1,0)模型代表的市场结构演化为(1,1)模型代表的市场结构的可能性较小。

证明与启示:图 5.13(a)显示,当 β 和 m 同时增加时,$\pi_M^{*(1,1)}$ 下降幅度较大,而 $\pi_R^{*(1,1)}$ 是上升的状态,说明市场结构由(1,0)模型向(1,1)模型演化时,β 和 m 的升高会增加再制造商的利润,同时制造商的利润会降低。并且由图 5.13(b)得知,无论 β 和 m 如何变化,$\pi_M^{*(1,0)} + \pi_R^{*(1,0)}$ 都大于 $\pi_M^{*(1,1)} + \pi_R^{*(1,1)}$。很明显,若(1,0)模型所代表的市场结构存在,再制造商一旦有实施 BPP 的意图,必将受到制造商的反对。所以,这种演化路径的概率较小。

6. (0,1)模型和(1,1)模型之间的演化关系

(0,1)模型和(1,1)模型之间只相差 β 这个参数,所以本节令 $\alpha = 0.6$ 以及 $m = 0.8$,研究 β 的变化将如何影响市场结构的演化。得到结论 5.19。

结论 5.19 当四个基础参数的恒定赋值成立且 $\alpha = 0.6$ 以及 $m = 0.8$ 时，$(0，1)$ 模型代表的市场结构演化为 $(1，1)$ 模型代表的市场结构的概率较大。再制造商可以通过努力增加 β 减少这种市场结构的变化给自己带来的损失。

证明及启示：此时 $\beta < \alpha = 0.6$。由图 5.14 得到，$(1，1)$ 模型中 $\pi_R^{*(1,1)}$ 较小，但与 β 正相关，同时 $\pi_M^{*(1,1)}$ 与 β 负相关，说明 β 的升高会给再制造商带来一定的利润，即再制造商通过其生产的副产品 B 的 WTP（β）的升高，挤占了制造商的市场。另外，图 5.14 中 $\pi_M^{*(0,1)} + \pi_R^{*(0,1)}$ 和 $\pi_M^{*(1,1)} + \pi_R^{*(1,1)}$ 的差距较小，理论上显示两种模型代表的市场结构之间的转化具有很大的不确定性。但从现实中看，由于再制造商的再制造材料源于对市场上的废旧产品回收，所以制造商的决策对再制造商的决策行为有一定的影响。当 $(0，1)$ 模型代表的市场结构存在时，制造商必定会打破这种状态，也进行副产品 B 的生产，使市场结构演化为 $(1，1)$ 模型。此时，再制造商只有通过使 β 升高的方法来保证自己的利益得到一定的补偿。

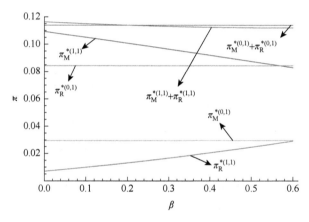

图 5.14　β 的变化对 $(0，1)$ 模型和 $(1，1)$ 模型各利润的影响

7. 各市场结构的演化

由前述各结论可以得到，除了 $(0，1)$ 模型，制造商在其他三种市场结构下都处于优势地位。但同时，制造商若想让某市场结构稳定，也必须付出一定的代价。从副产品 B 对市场结构的影响来看，只有当制造商实施 BPP 时，系统总利润才处于较高的水平。这说明市场上对制造商生产的副产品 B 具有一定的认同度。同时，只有制造商不实施 BPP 时，再制造商实施 BPP 才会有较高的利润。但若制造商实施 BPP，再制造商必须通过提高 β 和 m 的方式来挽回损失。副产品 B 对市场结构的影响较为复杂，若假定市场结构由 $(0，0)$ 模型开始演化，则演化的结果可能是 $(1，0)$ 模型和 $(1，1)$ 模型。若 $(1，1)$ 模型下制造商给再制造商的利润补偿较高，则最终的演化结果可能为 $(1，0)$ 模型。图 5.15 给出了各市场结构之间的演化关系。

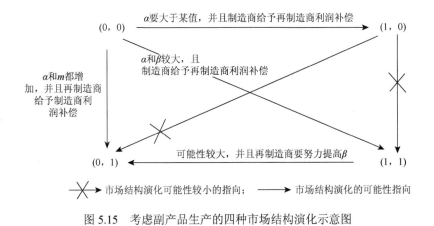

图 5.15　考虑副产品生产的四种市场结构演化示意图

5.2.5　结论

本节对考虑副产品生产的再制造供应链系统进行了分析。通过对四种模型所代表的市场结构的演算结果,分析了影响制造商和再制造商利润的因素。最后通过数值代入法,讨论了非共有参数共同作用下的各市场结构之间的演化关系。研究的结果给予我们如下启示:(0,0)模型代表的市场结构虽然没有副产品的产生,但在某些情况下,其系统总利润却优于其他某些实施BPP的市场结构;副产品 B 的 WTP 是决定市场结构转化的一个重要因素,制造商生产的副产品 B 的 WTP 对演化的影响作用更大。由(1,0)模型代表的和(1,1)模型代表的市场结构实现的条件来看,制造商具有更重要的地位,其给予再制造商的利润补偿行为,相当于竞争者之间的协调合作关系。(1,0)模型代表的市场结构稳定性最强,说明市场对新产品附带产生的副产品的购买意愿最高,同时此市场结构对于协调的条件要求也最高。

5.3　再制造技术许可下再制造供应链的市场结构演化

5.3.1　背景描述

环境保护已成为当前全社会共同关注的议题。环境保护应不仅从空气或环境污染治理的后期角度来实施,还应该在产品生产初期的生产原料的节约使用等方面来实施。而再制造品对全社会来说是一种较为环保的产品形式,同时其又可以满足一部分消费者对低价产品的愿望[193]。市场上已有很多原始设备制造商(如 Kodak、IBM 和 Xerox 等)实施了产品的回收再制造,并取得了较好的经济效果和环保效果[194]。同时,再制造产品还拥有一个良性作用,即原始设备制造商可通过对其再制造品实施主动宣传的市场策略[144]，让企业和社会公众更好地认识到再制造品并自发履行相关的环保义务，这样可以从隐性层面为社会节省更多的资源和财富，达到真正的环保效果。

但是，有些原始设备制造商并不愿意亲自对其产品实施再制造，他们认为再制造产品会影响其新产品的市场份额，或者认为实施再制造给他们带来的成本节约并不能弥补再制造前的成本支出[195]。所以，原始设备制造商这种放弃再制造的行为，会诱使一些再制造商参与到对某品牌产品实施回收再制造活动中。但是，再制造商对某原始设备制造商的产品（回收品）实施再制造时，会遇到一些技术层面及法律层面的问题。技术层面问题包括再制造前的回收效率、再制造过程中的关键技术及成本节约能力，再制造品的法律层面问题一般情况下是再制造技术的专利技术许可问题[153]。这表明，某些产品的再制造并不是简单的回收、翻新、维修或更换零部件的过程，有时是具有技术创新以及技术知识产权转让的活动。例如，IT 服务商 Sun 公司就通过许可机制阻止其产品进入二手（再制造）市场，Cisco 也要求市场购买其专有软件来运行其翻新产品[196]。此时，再制造品的技术许可的交易活动必然产生。

关于技术许可的文献出现得较早。Arora[197]认为专利许可对第二次世界大战后的化学品市场产生很大的影响，并且 Muto[198]也对基于专利保护的再许可市场行为的可能性进行了讨论。另外，Costa 和 Dierickx[199]讨论了许可和捆绑在企业市场战略中的地位及相互关系。近期，Kim 和 Vonortas[200]对跨行业环境下的选择技术许可合作伙伴的问题进行了实证分析，得到过程中交易和学习成本是重要的关注点。Lichtenthaler[201]研究了一些企业如何通过技术许可交易来获得其在标准制定方面的优势，从而保证其未来新产品的性能[11]。这些文献都表现出技术许可对市场上各方合作的推动作用。而且从表象上看，原始设备制造商和第三方厂商之间的再制造技术许可交易可能对双方都是有利可图的。一方面，原始设备制造商虽然可以从专利技术转让中得到一笔技术转让费，但同时要承担其新产品被第三方厂商的再制造品挖走一部分市场份额的风险；另一方面，第三方厂商虽然可以通过再制造节约大量的成本并提高其产品市场认可度，但可能因为高昂的技术许可费用而具有一定的成本风险。此时，专利技术许可交易发生的条件是原始设备制造商必须认为第三方厂商的再制造产品不会对其新产品构成威胁，并且第三方厂商认为再制造是有利可图的。显然双方的交易决策点必然出现在双方针对各自的进退两难决策的均衡点上。

所以，这种包含了再制造元素的技术许可交易问题是值得研究的。同时，从参与再制造品技术许可交易的各方的决策选择组合结果来看，有如下几个问题需要明确：①再制造市场上技术许可交易的情景有哪些；②再制造商为其新产品和再制造品的技术许可购买时会作何种选择；③这些选择组合下的市场结构最终可能的演化趋势是什么。基于此，本节考虑原始设备制造商和再制造商之间的技术许可交易问题。首先，建立原始设备制造商与再制造商在不同决策下的技术许可交易利润模型，得出三类产品的产量及两方利润；其次，在对各类产品的产量及对各类成本的敏感度分析的基础上，通过算例画图分析，结合各市场结构的环保效果分析，给出了各市场结构（各决策组合）之间可能的演化趋势。

5.3.2　模型描述与符号说明

本节讨论由一个原始设备制造商（简称制造商）和一个再制造商构成的再制造供应链系统。制造商生产拥有某种技术优势的新产品，但因考虑到其市场品牌价值，所以不对其回收产品实施再制造。再制造商也生产此类新产品，但因其新产品的 WTP 较低，所以其同时也对市场上的回收品（包括市场上制造商的新产品）实施再制造生产。

再制造商可以针对其新产品或再制造品中某关键技术向制造商购买技术许可（technology license purchase，TLP），这种关键技术的使用可使其单位生产成本降低。此时，制造商和再制造商之间的技术许可交易会有四种市场结构（图 5.16）：①再制造商为其两种产品都实施 TLP；②再制造商只为其新产品实施 TLP；③再制造商只为其再制造产品实施 TLP；④再制造商的两种产品都不实施 TLP。消费者可以辨识新产品的厂商和新旧产品的区别，所以这三类产品的 WTP 不变，并假定这三类产品都可以市场出清。

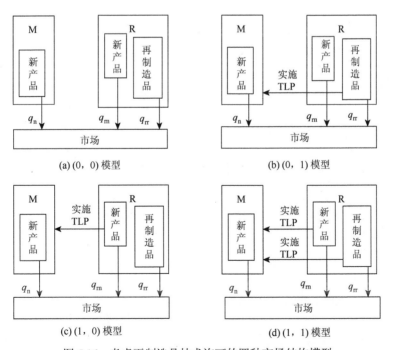

(a)(0，0)模型　　　　　　　　　　(b)(0，1)模型

(c)(1，0)模型　　　　　　　　　　(d)(1，1)模型

图 5.16　考虑再制造品技术许可的四种市场结构模型

本节中相关符号的说明如下。

p_n、p_m 和 p_{rr} 分别为制造商的新产品、再制造商的新产品和再制造商的再制造品的市场价格；q_n（制造商的决策变量）、q_m 和 q_{rr}（再制造商的决策变量）分别为制造商的新产品、再制造商的新产品和其再制造品的产量；α 和 β 分别为这三类产品的 WTP，显然 $0 < \beta < \alpha < 1$。引用文献[16]给出这三类产品之间的替代关系为

$$\begin{cases} p_n = 1 - q_n - \alpha q_m - \beta q_{rr} \\ p_m = \alpha(1 - q_n - q_m) - \beta q_{rr} \\ p_{rr} = \beta(1 - q_n - q_m - q_{rr}) \end{cases} \tag{5.26}$$

c_n、c_m 和 c_{rr} 分别为制造商的新产品、再制造商的新产品和再制造商的再制造品的单位生产成本，由三类产品特点得到 $0 < c_{rr} < c_n < c_m < 1$；再制造商若为其新产品（再制造品）实施 TLP 后，单位生产成本为 $c_{ml} = c_m - \varepsilon_n (c_{rrl} = c_{rr} - \varepsilon_r)$，每单位产品需支付给制造商技术许可费 w_n（w_r）。这里，显然 $w_r < w_n$。另外，只有当 $w_n < \varepsilon_n$（$w_r < \varepsilon_r$）时，再制造商才会实施 TLP。

假定整个过程为销售、回收、再制造以及再制造后的销售等活动同时发生的稳定状态，所以双方为 Cournot 博弈。用 (i, j) 表示前述四种市场结构，其中 $i = 0, 1$ 分别表示再制造商为其新产品不实施 TLP 和实施 TLP，$j = 0, 1$ 分别表示再制造商为其再制造品不实施 TLP 和实施 TLP。π 表示制造商或再制造商的利润，其下标 M 和 R 分别表示两个参与方，上标 $*(i, j)$ 表示某市场结构下的最优值。各产品的最优产量的最优值表达形式与 π 相同。

5.3.3 模型建立及求解

1. 再制造商对其两类产品都不实施 TLP——（0，0）模型

此时，再制造商的产品都不购买制造商的技术许可。所以模型为

$$\begin{cases} \pi_M^{(0,0)} = (p_n - c_n)q_n \\ \pi_R^{(0,0)} = (p_m - c_m)q_m + (p_{rr} - c_{rr})q_{rr} \end{cases} \tag{5.27}$$

双方为 Cournot 博弈，所以结果为

$$\begin{cases} q_n^{*(0,0)} = \dfrac{2 - \alpha - 2c_n + c_m}{4 - \alpha} \\ q_m^{*(0,0)} = \dfrac{2\beta - 2\alpha - 2\alpha c_n + 2\beta c_n}{2(4 - \alpha)(\beta - \alpha)} + \dfrac{4c_m - \beta c_m - 4c_{rr} + \alpha c_{rr}}{2(4 - \alpha)(\beta - \alpha)} \\ q_{rr}^{*(0,0)} = \dfrac{\beta c_m - \alpha c_{rr}}{2\beta(\alpha - \beta)} \end{cases}$$

$$\begin{cases} \pi_M^{*(0,0)} = \dfrac{(2-\alpha-2c_n+c_m)^2}{(-4+\alpha)^2} \\[4mm] \pi_R^{*(0,0)} = \dfrac{(\alpha+\alpha c_n-2c_m)}{2(4-\alpha)(\beta-\alpha)}\,\dfrac{(4c_{rr}-4c_m+\alpha(2+2c_n-c_{rr})-\beta(2+2c_n-c_m))}{2(4-\alpha)(\beta-\alpha)} \\[4mm] \qquad + \dfrac{(\beta(2+2c_n-c_m)-c_{rr}(4-\alpha))(\beta c_m-\alpha c_{rr})}{4\beta(4-\alpha)(\alpha-\beta)} \end{cases}$$

$$(5.28)$$

考虑结果中各成本变化对各类产品的产量的影响，得到结论 5.20。

结论 5.20 $q_n^{*(0,0)}$ 对 c_n 的变化最敏感，对 c_m 的变化较为敏感，c_{rr} 的变化对 $q_n^{*(0,0)}$ 不起作用；$q_m^{*(0,0)}$ 对三类成本的变化都有反应；$q_{rr}^{*(0,0)}$ 对 c_{rr} 的变化最敏感，对 c_m 的变化较为敏感，对 c_n 的变化不敏感。

证 明： 易 得 $\dfrac{\partial q_n^{*(0,0)}}{\partial c_n} = \dfrac{2}{-4+\alpha} < 0$ ， $\dfrac{\partial q_n^{*(0,0)}}{\partial c_m} = \dfrac{1}{4-\alpha} > 0$ ； $\dfrac{\partial q_m^{*(0,0)}}{\partial c_n} =$

$\dfrac{2\alpha-2\beta}{2(4-\alpha)(\alpha-\beta)} > 0$ ， $\dfrac{\partial q_m^{*(0,0)}}{\partial c_m} = \dfrac{4-\beta}{2(4-\alpha)(\beta-\alpha)} < 0$ ， $\dfrac{\partial q_m^{*(0,0)}}{\partial c_{rr}} = \dfrac{1}{2(\alpha-\beta)} > 0$ ；

$\dfrac{\partial q_{rr}^{*(0,0)}}{\partial c_m} = \dfrac{1}{2(\alpha-\beta)} > 0$ ， $\dfrac{\partial q_{rr}^{*(0,0)}}{\partial c_{rr}} = \dfrac{-\alpha}{2\beta(\alpha-\beta)} < 0$ 。证毕。

由式（5.28）及结论 5.20 表明，再制造商生产的新产品可视为中间型产品，其生产成本 c_m 对各类产品的产量都有一定的影响。所以，c_m 的变化对制造商和再制造商在实施决策时影响较大。由此结论可知，(0, 0) 模型下的各类产品的产量除了对本身的生产成本最敏感，对再制造商的新产品的生产成本的变化较为敏感。制造商的新产品（再制造商的再制造产品）的生产成本变化对再制造商的再制造产品（制造商的新产品）的产量却没有任何影响，说明再制造商的新产品的生产成本是制造商在实施产量决策时必须注意的一个因素。

2. 再制造商只对其再制造品实施 TLP——（0, 1）模型

此时，再制造商的新产品不购买制造商的技术许可，再制造商的再制造品购买制造商的技术许可。所以模型为

$$\begin{cases} \pi_M^{(0,1)} = (p_n-c_n)q_n + q_{rr}w_r \\ \pi_R^{(0,1)} = (p_m-c_m)q_m + (p_{rr}-c_{rrl}-w_r)q_{rr} \end{cases} \qquad (5.29)$$

双方 Cournot 博弈的结果为

$$
\begin{cases}
q_{\mathrm{n}}^{*(0,1)} = \dfrac{2-\alpha-2c_{\mathrm{n}}+c_{\mathrm{m}}}{4-\alpha} \\[3mm]
q_{\mathrm{rn}}^{*(0,1)} = \dfrac{2\beta-2\alpha-2\alpha c_{\mathrm{n}}+2\beta c_{\mathrm{n}}+4c_{\mathrm{m}}-\beta c_{\mathrm{m}}-4c_{\mathrm{rr}}+\alpha c_{\mathrm{rr}}+4\varepsilon_{\mathrm{r}}-\alpha\varepsilon_{\mathrm{r}}-4w_{\mathrm{r}}+\alpha w_{\mathrm{r}}}{2(4-\alpha)(\beta-\alpha)} \\[3mm]
q_{\mathrm{rr}}^{*(0,1)} = \dfrac{\beta c_{\mathrm{rn}}-\alpha c_{\mathrm{rr}}+\alpha\varepsilon_{\mathrm{r}}-\alpha w_{\mathrm{r}}}{2\beta(\alpha-\beta)}
\end{cases}
$$

$$
\begin{cases}
\pi_{\mathrm{M}}^{*(0,1)} = \dfrac{(2-\alpha-2c_{\mathrm{n}}+c_{\mathrm{m}})^2}{(-4+\alpha)^2}+\dfrac{w_{\mathrm{r}}(\alpha(c_{\mathrm{rr}}-\varepsilon_{\mathrm{r}}+w_{\mathrm{r}})-\beta c_{\mathrm{m}})}{2\beta(\beta-\alpha)} \\[3mm]
\pi_{\mathrm{R}}^{*(0,1)} = \dfrac{(\alpha+\alpha c_{\mathrm{n}}-2c_{\mathrm{m}})(\alpha(2+2c_{\mathrm{n}}-c_{\mathrm{rr}}+\varepsilon_{\mathrm{r}}-w_{\mathrm{r}})-\beta(2+2c_{\mathrm{n}}-c_{\mathrm{m}})-4(c_{\mathrm{m}}-c_{\mathrm{rr}}+\varepsilon_{\mathrm{r}}-w_{\mathrm{r}}))}{2(-4+\alpha)^2(\alpha-\beta)} \\[3mm]
\qquad +\dfrac{(\beta(2+2c_{\mathrm{n}}-c_{\mathrm{m}})+(\alpha-4)(c_{\mathrm{rr}}-\varepsilon_{\mathrm{r}}+w_{\mathrm{r}}))(\alpha(c_{\mathrm{rr}}-\varepsilon_{\mathrm{r}}+w_{\mathrm{r}})-\beta c_{\mathrm{m}})}{4\beta(-4+\alpha)(\alpha-\beta)}
\end{cases}
$$

$$（5.30）$$

考虑结果中各成本变化对各类产品的产量的影响，得到结论 5.21。

结论 5.21　（0，1）模型下，c_{m} 的变化会对三类产品的产量都造成影响；ε_{r} 和 w_{r} 的变化不会对 $q_{\mathrm{n}}^{*(0,1)}$ 造成影响；ε_{r} 的增加会使 $q_{\mathrm{rr}}^{*(0,1)}$ 挤占一部分 $q_{\mathrm{rn}}^{*(0,1)}$，w_{r} 的变化对 $q_{\mathrm{rr}}^{*(0,1)}$ 的影响比其对 $q_{\mathrm{rn}}^{*(0,1)}$ 的影响要大。

证明：可发现 $q_{\mathrm{n}}^{*(0,1)}$ 中只包含 c_{n} 和 c_{m} 这两个参数，说明其他参数的变化不会对其造成影响；由 $\dfrac{\partial q_{\mathrm{rn}}^{*(0,1)}}{\partial \varepsilon_{\mathrm{r}}}=\dfrac{4-\alpha}{2(\alpha-\beta)(-4+\alpha)}<0$ 和 $\dfrac{\partial q_{\mathrm{rr}}^{*(0,1)}}{\partial \varepsilon_{\mathrm{r}}}=\dfrac{\alpha}{2\beta(\alpha-\beta)}>0$ 得到，ε_{r} 和 $q_{\mathrm{rr}}^{*(0,1)}$ 正相关，和 $q_{\mathrm{rn}}^{*(0,1)}$ 负相关。由 $\dfrac{\partial q_{\mathrm{rn}}^{*(0,1)}}{\partial w_{\mathrm{r}}}=\dfrac{1}{2(\alpha-\beta)}>0$ 和 $\dfrac{\partial q_{\mathrm{rr}}^{*(0,1)}}{\partial w_{\mathrm{r}}}=\dfrac{-\alpha}{2\beta(\alpha-\beta)}<0$，得到 $\dfrac{\partial q_{\mathrm{rn}}^{*(0,1)}}{\partial w_{\mathrm{r}}}-\left|\dfrac{\partial q_{\mathrm{rr}}^{*(0,1)}}{\partial w_{\mathrm{r}}}\right|<0$，说明 w_{r} 的变化对 $q_{\mathrm{rr}}^{*(0,1)}$ 的影响比其对 $q_{\mathrm{rn}}^{*(0,1)}$ 的影响要大。证毕。

结论 5.21 也表明再制造商的新产品的生产成本的变化直接影响着三类产品的产量；ε_{r} 的增加代表制造商的研发努力增加，此时制造商可借助于增加其值来达到增加其新产品市场份额的目的。此时，制造商若要确保一定的产量，可考虑与再制造商只针对再制造商的再制造产品实施 TLP；而再制造商若与制造商只针对再制造商的再制造品实施 TLP，必然会削弱自己新产品的市场份额。

3. 再制造商只对其新产品实施 TLP——（1，0）模型

此时，再制造商对其再制造品不购买技术许可，只向制造商购买其新产品的技术许可。所以模型为

$$\begin{cases} \pi_{\mathrm{M}}^{(1,0)} = (p_{\mathrm{n}} - c_{\mathrm{n}})q_{\mathrm{n}} + q_{\mathrm{m}}w_{\mathrm{n}} \\ \pi_{\mathrm{R}}^{(1,0)} = (p_{\mathrm{rn}} - c_{\mathrm{ml}} - w_{\mathrm{n}})q_{\mathrm{m}} + (p_{\mathrm{rr}} - c_{\mathrm{rr}})q_{\mathrm{rr}} \end{cases} \tag{5.31}$$

双方 Cournot 博弈的结果为

$$\begin{cases} q_{\mathrm{n}}^{*(1,0)} = \dfrac{2 - \alpha - 2c_{\mathrm{n}} + c_{\mathrm{m}} - \varepsilon_{\mathrm{n}} + w_{\mathrm{n}}}{4 - \alpha} \\[2mm] q_{\mathrm{m}}^{*(1,0)} = \dfrac{2\alpha - 2\beta + 2\alpha c_{\mathrm{n}} - 2\beta c_{\mathrm{n}} - 4c_{\mathrm{m}} + \beta c_{\mathrm{m}} + 4c_{\mathrm{rr}} - \alpha c_{\mathrm{rr}} + 4\varepsilon_{\mathrm{n}} - \beta \varepsilon_{\mathrm{n}} - 4w_{\mathrm{n}} + \beta w_{\mathrm{n}}}{2(4-\alpha)(\alpha-\beta)} \\[2mm] q_{\mathrm{rr}}^{*(1,0)} = \dfrac{\beta c_{\mathrm{m}} - \alpha c_{\mathrm{rr}} - \beta \varepsilon_{\mathrm{n}} + \beta w_{\mathrm{n}}}{2\beta(\alpha-\beta)} \end{cases}$$

$$\begin{cases} \pi_{\mathrm{M}}^{*(1,0)} = \dfrac{(2 - \alpha - 2c_{\mathrm{n}} + c_{\mathrm{m}} - \varepsilon_{\mathrm{n}} + w_{\mathrm{n}})^2}{(-4+\alpha)^2} \\[3mm] \qquad\quad + \dfrac{w_{\mathrm{n}}(\alpha(2 + 2c_{\mathrm{n}} - c_{\mathrm{rr}}) - \beta(2 + 2c_{\mathrm{n}} - c_{\mathrm{m}} + \varepsilon_{\mathrm{n}} - w_{\mathrm{n}}) - 4(c_{\mathrm{m}} - c_{\mathrm{rr}} - \varepsilon_{\mathrm{n}} + w_{\mathrm{n}}))}{2(-4+\alpha)(\beta-\alpha)} \\[3mm] \pi_{\mathrm{R}}^{*(1,0)} = \dfrac{(\alpha(1 + c_{\mathrm{n}}) - 2(c_{\mathrm{m}} - \varepsilon_{\mathrm{n}} + w_{\mathrm{n}}))}{2(-4+\alpha)^2} \\[3mm] \qquad\quad \times \dfrac{(\alpha(2 + 2c_{\mathrm{n}} - c_{\mathrm{rr}}) - \beta(2 + 2c_{\mathrm{n}} - c_{\mathrm{m}} + \varepsilon_{\mathrm{n}} - w_{\mathrm{n}}) - 4(c_{\mathrm{m}} - c_{\mathrm{rr}} - \varepsilon_{\mathrm{n}} + w_{\mathrm{n}}))}{(\alpha-\beta)} \\[3mm] \qquad\quad + \dfrac{(c_{\mathrm{rr}}(\alpha-4) + \beta(2 + 2c_{\mathrm{n}} - c_{\mathrm{m}} + \varepsilon_{\mathrm{n}} - w_{\mathrm{n}}))(\alpha c_{\mathrm{rr}} - \beta(c_{\mathrm{m}} - \varepsilon_{\mathrm{n}} + w_{\mathrm{n}}))}{4\beta(-4+\alpha)(\alpha-\beta)} \end{cases}$$

$$\tag{5.32}$$

考虑结果中各成本变化对各类产品的产量的影响，得到结论 5.22。

结论 5.22　（1，0）模型下，ε_{n} 和 w_{n} 的变化对三类产品的产量都有影响，ε_{n}、w_{n} 的变化对 $q_{\mathrm{m}}^{*(1,0)}$ 的影响最大，对 $q_{\mathrm{rr}}^{*(1,0)}$ 也较大，对 $q_{\mathrm{n}}^{*(1,0)}$ 的影响较小。

证明：由 $q_{\mathrm{n}}^{*(1,0)}$、$q_{\mathrm{m}}^{*(1,0)}$ 和 $q_{\mathrm{rr}}^{*(1,0)}$ 可以看到，其结果中都有 ε_{n} 和 w_{n}，即 ε_{n} 和 w_{n} 的变化对三类产品的产量都会造成影响；对 $\dfrac{\partial q_{\mathrm{n}}^{*(1,0)}}{\partial \varepsilon_{\mathrm{n}}}$、$\dfrac{\partial q_{\mathrm{m}}^{*(1,0)}}{\partial \varepsilon_{\mathrm{n}}}$ 和 $\dfrac{\partial q_{\mathrm{rr}}^{*(1,0)}}{\partial \varepsilon_{\mathrm{n}}}$ 两两比较，以及对 $\dfrac{\partial q_{\mathrm{n}}^{*(1,0)}}{\partial w_{\mathrm{n}}}$、$\dfrac{\partial q_{\mathrm{m}}^{*(1,0)}}{\partial w_{\mathrm{n}}}$ 和 $\dfrac{\partial q_{\mathrm{rr}}^{*(1,0)}}{\partial w_{\mathrm{n}}}$ 两两比较，可得到 ε_{n}、w_{n} 的变化对 $q_{\mathrm{m}}^{*(1,0)}$ 的影响最大，对 $q_{\mathrm{rr}}^{*(1,0)}$ 也较大，对 $q_{\mathrm{n}}^{*(1,0)}$ 的影响较小。证毕。

由结论 5.21 中 ε_{r} 和 w_{r} 的变化只对再制造商的新产品和再制造品的产量有影响，以及结论 5.22 中 ε_{n} 和 w_{n} 的变化对三类产品的产量都有影响得知，双方只实施再制造商的新产品的 TLP 时，对双方决策判断准确度的影响较大。另可得知，双方若只实施再制造商的新产品的 TLP，制造商需要考虑此交易会对其新产品的市场份额造成的影响与利润之间的权衡。结合结论 5.21，说明 ε_n 和 w_n 的变化对三类产品产量的影响程度较之于 ε_r 和 w_r 要大。

4. 再制造商对其两类产品都实施TLP——（1，1）模型

此时，再制造商对其新产品和再制造品都向制造商购买技术许可。所以模型为

$$\begin{cases} \pi_M^{(1,1)} = (p_n - c_n)q_n + q_m w_n + q_{rr} w_r \\ \pi_R^{(1,1)} = (p_m - c_{ml} - w_n)q_m + (p_{rr} - c_{rrl} - w_r)q_{rr} \end{cases} \tag{5.33}$$

双方 Cournot 博弈的结果为

$$\begin{cases} q_n^{*(1,1)} = \dfrac{2 - \alpha - 2c_n + c_m - \varepsilon_n + w_n}{4 - \alpha} \\[2mm] q_m^{*(1,1)} = \dfrac{2\alpha - 2\beta + 2\alpha c_n - 2\beta c_n - 4c_m + \beta c_m + 4c_{rr} - \alpha c_{rr} + 4\varepsilon_n - \beta\varepsilon_n}{2(4-\alpha)(\alpha-\beta)} \\[3mm] \qquad\quad + \dfrac{\alpha\varepsilon_r - 4\varepsilon_r - 4w_n + \beta w_n + 4w_r - \alpha w_r}{2(4-\alpha)(\alpha-\beta)} \\[3mm] q_{rr}^{*(1,1)} = \dfrac{\beta c_m - \alpha c_{rr} - \beta\varepsilon_n + \alpha\varepsilon_r + \beta w_n - \alpha w_r}{2\beta(\alpha-\beta)} \end{cases}$$

$$\begin{cases} \pi_M^{*(1,1)} = \dfrac{(2 - \alpha - 2c_n + c_m - \varepsilon_n + w_n)^2}{(-4+\alpha)^2} + \dfrac{w_r(\beta(c_m - \varepsilon_n + w_n) - \alpha(c_{rr} - \varepsilon_r + w_r))}{2\beta(\alpha-\beta)} \\[3mm] \qquad\quad + \dfrac{w_n(\alpha(2 + 2c_n - c_{rr} + \varepsilon_r - w_r) - \beta(2 + 2c_n - c_m + \varepsilon_n - w_n) - 4(c_m - c_{rr} - \varepsilon_n + w_n + \varepsilon_r - w_r))}{2(-4+\alpha)(\beta-\alpha)} \\[3mm] \pi_R^{*(1,1)} = \dfrac{\beta(-2 - 2c_n + c_m - \varepsilon_n + w_n) + \alpha(2 + 2c_n - c_{rr} + \varepsilon_r - w_r) - 4(c_m - c_{rr} - \varepsilon_n + \varepsilon_r + w_n - w_r)}{2(-4+\alpha)^2} \\[3mm] \qquad\quad \times \dfrac{(\alpha(1+c_n) - 2(c_m - \varepsilon_n + w_n))}{(\alpha-\beta)} \end{cases}$$

$$\tag{5.34}$$

考虑结果中各成本变化对各类产品的产量的影响，得到结论 5.23。

结论 5.23　（1，1）模型下：①c_m、ε_n 和 w_n 变化对 $q_n^{*(1,1)}$ 的影响相同，c_n 的变化对 $q_n^{*(1,1)}$ 影响较大；②c_m、ε_n 和 w_n 的变化对 $q_m^{*(1,1)}$ 的影响相同；③再制造商的新产品（再制造品）所属参数的变化对 $q_{rr}^{*(1,1)}$（$q_m^{*(1,1)}$）的影响相同；④c_{rr}、ε_r 和 w_r 变化对 $q_{rr}^{*(1,1)}$ 的影响相同。

证明：由 $\left|\dfrac{\partial q_n^{*(1,1)}}{\partial c_m}\right| = \left|\dfrac{\partial q_n^{*(1,1)}}{\partial \varepsilon_n}\right| = \left|\dfrac{\partial q_n^{*(1,1)}}{\partial w_n}\right| = \dfrac{1}{4-\alpha}$ 得到，c_m、ε_n 和 w_n 变化对 $q_n^{*(1,1)}$ 的

影响相同；由 $\left|\dfrac{\partial q_n^{*(1,1)}}{\partial c_n}\right| > \left|\dfrac{\partial q_m^{*(1,1)}}{\partial c_n}\right|$ 得到，c_n 的变化对 $q_n^{*(1,1)}$ 的影响较大；由 $\left|\dfrac{\partial q_m^{*(1,1)}}{\partial c_m}\right| =$

$\left|\dfrac{\partial q_m^{*(1,1)}}{\partial \varepsilon_n}\right| = \left|\dfrac{\partial q_m^{*(1,1)}}{\partial w_n}\right| = \dfrac{4-\beta}{2(4-\alpha)(\alpha-\beta)}$ 得到，c_m、ε_n 和 w_n 的变化对 $q_m^{*(1,1)}$ 的影响相同；

由 $\left|\dfrac{\partial q_m^{*(1,1)}}{\partial c_{rr}}\right| = \left|\dfrac{\partial q_m^{*(1,1)}}{\partial \varepsilon_r}\right| = \left|\dfrac{\partial q_m^{*(1,1)}}{\partial w_r}\right| = \left|\dfrac{\partial q_{rr}^{*(1,1)}}{\partial c_m}\right| = \left|\dfrac{\partial q_m^{*(1,1)}}{\partial \varepsilon_n}\right| = \left|\dfrac{\partial q_m^{*(1,1)}}{\partial w_n}\right| = \dfrac{1}{2(\alpha-\beta)}$ 得到，再制造商

的新产品（再制造品）所属参数的变化对 $q_{rr}^{*(1,1)}$（$q_m^{*(1,1)}$）的影响相同；由

$\left|\dfrac{\partial q_{rr}^{*(1,1)}}{\partial c_{rr}}\right| = \left|\dfrac{\partial q_{rr}^{*(1,1)}}{\partial \varepsilon_r}\right| = \left|\dfrac{\partial q_{rr}^{*(1,1)}}{\partial w_r}\right| = \dfrac{\alpha}{2\beta(\alpha-\beta)}$ 得到，c_{rr}、ε_r 和 w_r 的变化对 $q_{rr}^{*(1,1)}$ 的影响相

同。证毕。

由结论 5.23 的证明过程得到，制造商的新产品的产量对其自身生产成本的变化最敏感，所以制造商若想提高其产品的市场份额，就必须首先考虑如何降低其产品的生产成本。另外可知，若考虑同时对两类产品都实施 TLP，再制造商就必须在其两类产品的产量比例分配时考虑到各参数的变化对其产量影响相同的情形，一个参数的变化同时影响到两类产品的产量变化。

5.3.4　市场结构演化及环保效果分析

本小节将通过算例讨论各参数对四种模型中各方利润及总利润的影响，旨在得到各模型代表的市场结构之间的演化规律。由于涉及的参数较多，故针对不同情况首先赋予某些非考虑参数某固定值，然后给出所需考虑参数的变化区间。各参数的基础恒定赋值为 $c_n = 0.3$，$c_m = 0.4$，$c_{rr} = 0.1$，$w_n = 0.07$，$\varepsilon_n = 0.08$，$w_r = 0.05$，$\varepsilon_r = 0.06$，$\alpha = 0.6$ 和 $\beta = 0.3$。另外，在以下分析过程中，会依据现实情况确定变化参数的区间。

1. α 和 β 的变化对市场结构的影响

考虑到现实情形，令 $\alpha \in [0.6，1)$、$\beta \in [0.3，0.6)$，其他参数的赋值遵从上述各参数的恒定赋值，此时有以下六种比较的情况。

1)（0，0）模型与（0，1）模型的比较

图 5.17 中 π 轴上四面由低到高依次为 $\pi_R^{*(0,0)}$、$\pi_R^{*(0,1)}$、$\pi_M^{*(0,0)}$ 和 $\pi_M^{*(0,1)}$，得到结论 5.24。

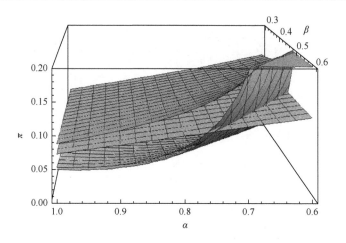

图 5.17　α 和 β 的变化对（0，0）模型与（0，1）模型的演化影响图

结论 5.24　当其他恒定参数赋值成立时，无论 α 和 β 在其区间内如何变化，$\pi_{\text{M}}^{*(0,1)}$ 恒大于 $\pi_{\text{M}}^{*(0,0)}$，且 $\pi_{\text{R}}^{*(0,1)}$ 恒大于 $\pi_{\text{R}}^{*(0,0)}$；当 α 较小且 β 较大时，（0，0）模型代表的市场结构较易演化为（0，1）模型代表的市场结构。

证明：图 5.17 显示，$\pi_{\text{R}}^{*(0,1)}$ 和 $\pi_{\text{R}}^{*(0,0)}$ 之间的距离相差不大，但 $\pi_{\text{R}}^{*(0,1)}$ 总是大于 $\pi_{\text{R}}^{*(0,0)}$；同样，$\pi_{\text{M}}^{*(0,1)}$ 也总是大于 $\pi_{\text{M}}^{*(0,0)}$，说明（0，1）模型代表的市场结构优于（0，0）模型代表的市场结构。证毕。

结论 5.24 表明，再制造商为自己的再制造品购买技术许可的行为是可以被制造商所接受的，这是一种双赢的选择。另外，由图 5.17 看出当 $\alpha < 0.75$ 且 β 接近于 0.6 时，$\pi_{\text{R}}^{*(0,0)}$ 大于 $\pi_{\text{M}}^{*(0,0)}$，而当 $\alpha < 0.7$ 且 β 接近于 0.6 时，$\pi_{\text{R}}^{*(0,1)}$ 大于 $\pi_{\text{M}}^{*(0,1)}$。这说明，再制造商在购买了再制造品的技术许可后，若可以使 β 提高，同时采取一些措施使自己的新产品的消费者购买意愿减少，也会使其利润大幅增加。说明再制造商的新产品受到了制造商新产品的挤压，此时再制造商可将生产资源转向再制造品，会取得意想不到的利润效果。

2）（0，0）模型与（1，0）模型的比较

图 5.18 中 π 轴上四面由低到高依次为 $\pi_{\text{M}}^{*(1,0)}$、$\pi_{\text{M}}^{*(0,0)}$、$\pi_{\text{R}}^{*(1,0)}$ 和 $\pi_{\text{R}}^{*(0,0)}$，得到结论 5.25。

结论 5.25　当其他恒定参数赋值成立时，无论 α 和 β 在其区间内如何变化，（0，0）模型代表的市场结构难以演化为（1，0）模型代表的市场结构。

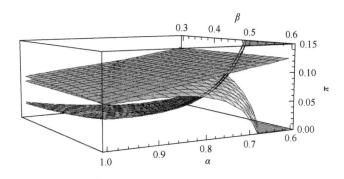

图 5.18　α 和 β 的变化对（0，0）模型与（1，0）模型的演化影响图

证明：图 5.18 显示，大部分情况下 $\pi_M^{*(1,0)}$ 小于 $\pi_M^{*(0,0)}$，$\pi_R^{*(1,0)}$ 恒小于 $\pi_R^{*(0,0)}$ 且双方距离较近，即（0，0）模型代表的市场结构难以演化为（1，0）模型代表的市场结构。证毕。

结论 5.25 表明，再制造商若为其新产品购买技术许可，反而会导致其总利润下降，这将导致再制造商没有购买其新产品的技术许可的意愿。所以，再制造商的决策直接关系到（1，0）模型代表的市场结构不会出现，因为制造商没有权力迫使再制造商购买其新产品的技术许可。并且，当 α 较大且 β 较小时，（1，0）模型的总利润是可能大于（0，0）模型的。当然，此市场结构对制造商来说也是不经济的。在双方都没有此意愿的情况下，这种市场结构显然不会出现。但现实中，这种市场结构可能会在再制造商进入此市场的初期出现，但持续时间不会太长。

3）（0，0）模型与（1，1）模型的比较

同样，图 5.19 中 π 轴上四面由低到高依次为 $\pi_M^{*(1,1)}$、$\pi_M^{*(0,0)}$、$\pi_R^{*(0,0)}$ 和 $\pi_R^{*(1,1)}$。得到结论 5.26。

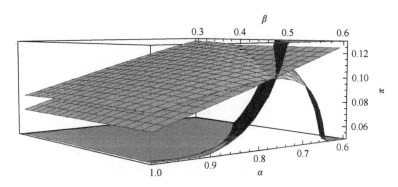

图 5.19　α 和 β 的变化对（0，0）模型与（1，1）模型的演化影响图

结论 5.26　当其他恒定参数赋值成立，α 较小且 β 较大时，（0，0）模型代表的市场结构不易于演化为（1，1）模型代表的市场结构。

证明：由图 5.19 得知，$\pi_R^{*(1,1)}$ 总是大于 $\pi_R^{*(0,0)}$。但是，当 α 较小且 β 较大时，$\pi_M^{*(1,1)}$ 面急剧下降且低于 $\pi_M^{*(0,0)}$ 面的高度，即此时制造商将不会考虑实施出售技术许可。证毕。

结论 5.26 表明，（1，1）模型代表的市场结构是再制造商可以接受的，但对于制造商来说，是有条件的。当 α 较小且 β 较大时，再制造商的再制造品会因其低价且较高的 WTP 从而获得市场的认可，导致制造商的利润急剧下降。所以，只有当再制造商为其再制造品购买技术许可后并不会提高 β 时，制造商才可能考虑出售技术许可给再制造商的再制造品。而且，制造商会对再制造商同时购买 TLP 的行为产生担忧。所以，可以得到（1，1）模型在市场上存在的时间也不会太久。

4）（0，1）模型与（1，0）模型的比较

图 5.20 中 π 轴上四面由低到高依次为 $\pi_M^{*(1,0)}$、$\pi_M^{*(0,1)}$、$\pi_R^{*(1,0)}$ 和 $\pi_R^{*(0,1)}$，得到结论 5.27。

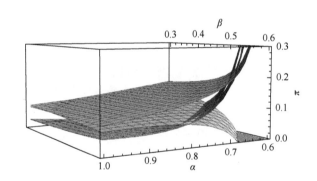

图 5.20　α 和 β 的变化对（0，1）模型与（1，0）模型的演化影响图

结论 5.27　当其他恒定参数赋值成立，α 较小且 β 较大时，（1，0）模型代表的市场结构易于演化为（0，1）模型代表的市场结构。

证明：由图 5.20 得知，无论 α 和 β 如何变化，$\pi_R^{*(1,0)}$ 总是小于 $\pi_R^{*(0,1)}$；当 $\pi_M^{*(1,0)}$ 面和 $\pi_M^{*(0,1)}$ 面接近 π 轴时，$\pi_M^{*(1,0)}$ 小于 $\pi_M^{*(0,1)}$，即此时双方都有合作的意愿。证毕。

结论 5.27 表明，此时再制造商会选择对其再制造品购买技术许可而放弃其新产品的技术许可，制造商必须看到再制造商的 β 提高且 α 降低时才会同意出售再制造品的技术许可。这说明，再制造商的新产品会对制造商的新产品造成威胁，再制造商的再制造品即使提高了 WTP，也不会对制造商有影响，反而会因为技术许可费增加制造商的利润。

5)（0，1）模型与（1，1）模型的比较

图 5.21 中 π 轴上四个面由低到高依次为 $\pi_M^{*(1,1)}$、$\pi_M^{*(0,1)}$、$\pi_R^{*(1,1)}$ 和 $\pi_R^{*(0,1)}$，得到结论 5.28。

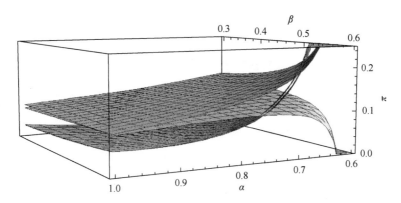

图 5.21　α 和 β 的变化对（0，1）模型与（1，1）模型的演化影响图

结论 5.28　无论 α 和 β 在其区间内如何变化，（0，1）模型代表的市场结构难以演化为（1，1）模型代表的市场结构。

证明：图 5.21 中大部分情形下，$\pi_M^{*(1,1)}$ 面都要低于 $\pi_M^{*(0,1)}$ 面，说明制造商若已经给予再制造商再制造品技术许可，将不会考虑给予再制造商的新产品技术许可。另外，$\pi_R^{*(1,1)}$ 总是小于 $\pi_R^{*(0,1)}$ 说明再制造商在其再制造品得到技术许可后也不会考虑对其新产品购买技术许可。证毕。

与对结论 5.27 的分析相同，结论 5.28 也表明再制造商的新产品会对制造商的新产品造成威胁，并且当（0，1）模型代表的市场结构存在时，再制造商也没有动力实施新产品的技术许可购买。综合前面结论的分析，可以发现（0，1）模型是一种较为趋向型的市场结构，具有一定的稳定性。

6)（1，0）模型和（1，1）模型的比较

图 5.22 中 π 轴上四个面由低到高依次为 $\pi_M^{*(1,0)}$、$\pi_M^{*(1,1)}$、$\pi_R^{*(1,0)}$ 和 $\pi_R^{*(1,1)}$，得到结论 5.29。

结论 5.29　无论 α 和 β 在其区间内如何变化，（1，0）模型代表的市场结构易于演化为（1，1）模型代表的市场结构。

证明：由图 5.22 可以得到，$\pi_M^{*(1,1)}$ 总是大于 $\pi_M^{*(1,0)}$，$\pi_R^{*(1,1)}$ 也总是大于 $\pi_R^{*(1,0)}$，说明此时制造商和再制造商都会趋向于（1，1）模型代表的市场结构。证毕。

结论 5.29 说明，当双方已经有了新产品的技术许可交易行为并且契约时间较长时，若再制造商有对其再制造品实施技术许可购买的意愿，制造商也会迎合这种需求，因为此时会给双方都带来额外的收益。

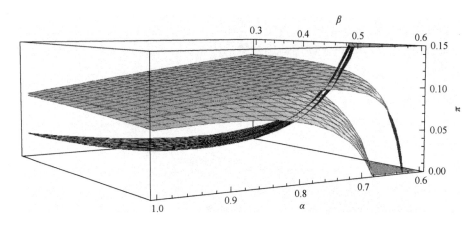

图 5.22　α 和 β 的变化对（1，0）模型与（1，1）模型的演化影响图

2. ε_n 和 w_n 的变化对市场结构的影响

考虑到现实情形，令 $\varepsilon_n \in (0, 0.1]$、$w_n \in (0, 0.1)$，其他参数的赋值遵从上述各参数的恒定赋值，此时有如下四种情形。

1)（0，0）模型和（1，0）模型的比较

图 5.23 中 π 轴上四个面由低到高依次为 $\pi_R^{*(0,0)}$、$\pi_R^{*(1,0)}$、$\pi_M^{*(1,0)}$ 和 $\pi_M^{*(0,0)}$，得到结论 5.30。

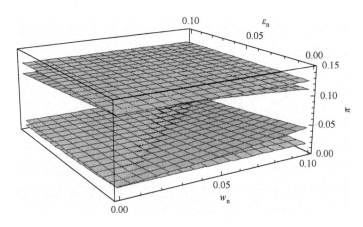

图 5.23　ε_n 和 w_n 的变化对（0，0）模型和（1，0）模型的演化影响图

结论 5.30　无论 ε_n 和 w_n 如何变化，（0，0）模型代表的市场结构难以演化为（1，0）模型代表的市场结构。

证明：由图 5.23 得知，$\pi_R^{*(1,0)}$ 面有部分是在 $\pi_R^{*(0,0)}$ 面之上的，但 $\pi_M^{*(1,0)}$ 面总是

在 $\pi_{\mathrm{M}}^{*(0,0)}$ 之下,说明此时制造商没有出售技术许可的动力。所以,无论 ε_{n} 和 w_{n} 如何变化,(0,0)模型代表的市场结构难以演化为(1,0)模型代表的市场结构。证毕。

图 5.23 显示出一个较有意思的现象,即当 ε_{n} 较小且 w_{n} 较大时,$\pi_{\mathrm{R}}^{*(1,0)}$ 与 $\pi_{\mathrm{R}}^{*(0,0)}$ 之间的距离反而很大,似乎有违常识。这是由于当 ε_{n} 较小且 w_{n} 较大时,$q_{\mathrm{rr}}^{*(1,0)}$ 增加的幅度较大,再制造商将资源转向其再制造品,压缩其新产品的产量,可使利润有一定程度的上升。

2)(0,0)模型和(1,1)模型的比较

图 5.24 中 π 轴上四个面由低到高依次为 $\pi_{\mathrm{R}}^{*(0,0)}$、$\pi_{\mathrm{R}}^{*(1,1)}$、$\pi_{\mathrm{M}}^{*(0,0)}$ 和 $\pi_{\mathrm{M}}^{*(1,1)}$。得到结论 5.31。

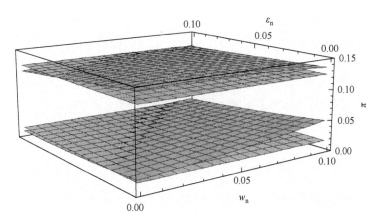

图 5.24 ε_{n} 和 w_{n} 的变化对(0,0)模型和(1,1)模型的演化影响图

结论 5.31 当 ε_{n} 较小且 w_{n} 较大时,(0,0)模型代表的市场结构容易演化为(1,1)模型代表的市场结构。

证明:由图 5.24 得知,只有当 ε_{n} 较大且 w_{n} 较小时,$\pi_{\mathrm{R}}^{*(0,0)}$ 面和 $\pi_{\mathrm{M}}^{*(0,0)}$ 面才分别在 $\pi_{\mathrm{R}}^{*(1,1)}$ 面和 $\pi_{\mathrm{M}}^{*(1,1)}$ 面之上,其他情况下则相反。证毕。

结论 5.31 表明,当再制造商的新产品和再制造品都没有购买许可并且有购买意向时,制造商是可以要求再制造商必须购买两种产品的技术许可的,再制造商也会接受这种要求。但此时再制造商购买的再制造品技术许可是其利润的主要来源。

3)(0,1)模型和(1,0)模型的比较

图 5.25 中 π 轴上四个面由低到高依次为 $\pi_{\mathrm{R}}^{*(0,1)}$、$\pi_{\mathrm{R}}^{*(1,0)}$、$\pi_{\mathrm{M}}^{*(1,0)}$ 和 $\pi_{\mathrm{M}}^{*(0,1)}$,得到结论 5.32。

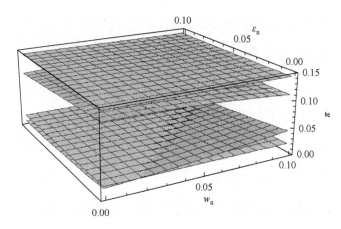

图 5.25　ε_n 和 w_n 的变化对（0，1）模型和（1，0）模型的演化影响图

结论 5.32　无论 ε_n 和 w_n 如何变化，（0，1）模型代表的市场结构难以演化为（1，0）模型代表的市场结构。

证明：图 5.25 中 $\pi_M^{*(1,0)}$ 面总是处于 $\pi_M^{*(0,1)}$ 面之下，说明若市场结构为（0，1）模型，制造商不会考虑出售其技术许可。证毕。

结论 5.32 说明，当制造商出售其技术许可给再制造商的再制造品后，不会再考虑只出售给再制造商新产品的技术许可。只有当 ε_n 较小且 w_n 较大时，再制造商才有可能考虑为其新产品购买技术许可。这也说明再制造商的再制造品是其利润的主要来源。

4）（0，1）模型和（1，1）模型的比较

图 5.26 中 π 轴上四个面由低到高依次为 $\pi_R^{*(0,1)}$、$\pi_R^{*(1,1)}$、$\pi_M^{*(1,1)}$ 和 $\pi_M^{*(0,1)}$，得到结论 5.33。

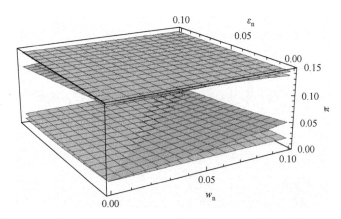

图 5.26　ε_n 和 w_n 的变化对（0，1）模型和（1，1）模型的演化影响图

结论 5.33　无论 ε_n 和 w_n 如何变化，（0，1）模型代表的市场结构难以演化为（1，1）模型代表的市场结构。

证明：由图 5.26 得到，$\pi_M^{*(0,1)}$ 面总是在 $\pi_M^{*(1,1)}$ 面之上，所以此时制造商不会出售其新产品技术许可。证毕。

结论 5.33 说明，当制造商出售其技术许可给再制造商的再制造品后，不会再考虑出售给再制造商新产品的技术许可。并且，只有当 ε_n 较小且 w_n 较大时，再制造商才有可能考虑为其新产品购买技术许可。

3. ε_r 和 w_r 的变化对市场结构的影响

考虑到现实情形，令 $\varepsilon_r \in (0，0.07)$、$w_r \in (0，0.07)$，其他参数的赋值遵从上述各参数的恒定赋值，此时有如下四种情形。

1）（0，0）模型和（0，1）模型的比较

图 5.27 中 π 轴上四个面由低到高依次为 $\pi_R^{*(0,0)}$、$\pi_R^{*(0,1)}$、$\pi_M^{*(0,0)}$ 和 $\pi_M^{*(0,1)}$，得到结论 5.34。

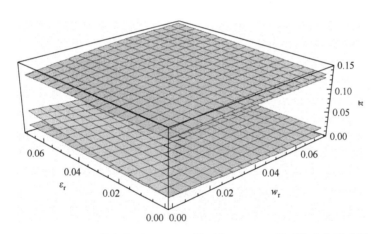

图 5.27　ε_r 和 w_r 的变化对（0，0）模型和（0，1）模型的演化影响图

结论 5.34　当 ε_r 较大且 w_r 较小时，（0，0）模型代表的市场结构易于演化为（0，1）模型代表的市场结构。

证明：由图 5.27 得到，无论 ε_r 和 w_r 如何变化，$\pi_M^{*(0,1)}$ 面总是在 $\pi_M^{*(0,0)}$ 之上，而当 ε_r 较大且 w_r 较小时，$\pi_R^{*(0,1)}$ 面在 $\pi_R^{*(0,0)}$ 面之上且距离较大。证毕。

结论 5.34 表明，当 ε_r 较大且 w_r 较小时，制造商与再制造商之间的再制造品技术许可交易会给双方都带来较之前更高的利润，这种演化路径对制造商更有吸引力。

2）（0，0）模型和（1，1）模型的比较

图 5.28 中 π 轴上四个面由低到高依次为 $\pi_{\mathrm{R}}^{*(0,0)}$、$\pi_{\mathrm{R}}^{*(1,1)}$、$\pi_{\mathrm{M}}^{*(1,1)}$ 和 $\pi_{\mathrm{M}}^{*(0,0)}$，得到结论 5.35。

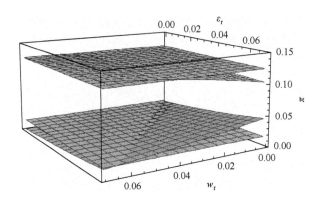

图 5.28　ε_{r} 和 w_{r} 的变化对（0，0）模型和（1，1）模型的演化影响图

结论 5.35　无论 ε_{r} 和 w_{r} 如何变化，（0，0）模型代表的市场结构难以演化为（1，1）模型代表的市场结构。

证明：图 5.28 中能同时使 $\pi_{\mathrm{M}}^{*(1,1)}$ 面高于 $\pi_{\mathrm{M}}^{*(0,0)}$ 面且 $\pi_{\mathrm{R}}^{*(1,1)}$ 面高于 $\pi_{\mathrm{R}}^{*(0,0)}$ 面的区域较小，所以，（0，0）模型代表的市场结构难以演化为（1，1）模型代表的市场结构。证毕。

结论 5.35 表明，若要制造商将两个产品的技术许可都出售给再制造商，必须 w_{r} 较高，但这又是再制造商不能接受的。因为再制造商给其新产品购买技术许可后，对 w_{r} 的增加会较敏感。而且图 5.28 显示，当 ε_{r} 较大且 w_{r} 较小时，$\pi_{\mathrm{R}}^{*(1,1)}$ 面和 $\pi_{\mathrm{R}}^{*(0,0)}$ 面的距离最大，这是制造商不能接受的。

3）（1，0）模型和（0，1）模型的比较

图 5.29 中 π 轴上四个面由低到高依次为 $\pi_{\mathrm{R}}^{*(1,0)}$、$\pi_{\mathrm{R}}^{*(0,1)}$、$\pi_{\mathrm{M}}^{*(1,0)}$ 和 $\pi_{\mathrm{M}}^{*(0,1)}$，得到结论 5.36。

结论 5.36　当 ε_{r} 较大且 w_{r} 较小时，（1，0）模型代表的市场结构易于演化为（0，1）模型代表的市场结构。

证明：由图 5.29 得到，$\pi_{\mathrm{M}}^{*(1,0)}$ 面总处于 $\pi_{\mathrm{M}}^{*(0,1)}$ 面之下，只有当 ε_{r} 较大且 w_{r} 较小时，$\pi_{\mathrm{M}}^{*(0,1)}$ 面才在 $\pi_{\mathrm{M}}^{*(1,0)}$ 面之上。证毕。

结论 5.36 表明，若再制造商已为其再制造品购买技术许可，制造商可能不会再出售给再制造商新产品技术许可，说明再制造商的新产品若购买技术许可会降低制造商的利润。

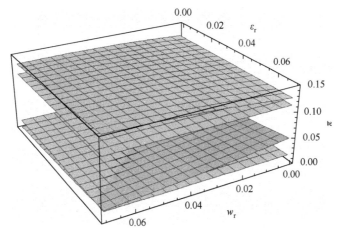

图 5.29　ε_r 和 w_r 的变化对（1，0）模型和（0，1）模型的演化影响图

4）（1，0）模型和（1，1）模型的比较

图 5.30 中 π 轴上四个面由低到高依次为 $\pi_R^{*(1,1)}$、$\pi_R^{*(1,0)}$、$\pi_M^{*(1,0)}$ 和 $\pi_M^{*(1,1)}$。得到结论 5.37。

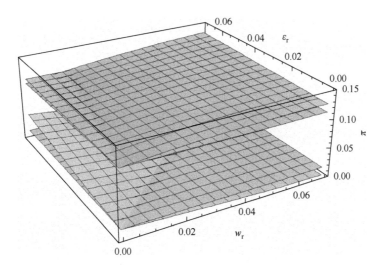

图 5.30　ε_r 和 w_r 的变化对（1，0）模型和（1，1）模型的演化影响图

结论 5.37　在一定条件下，（1，0）模型代表的市场结构较易转化为（1，1）模型代表的市场结构。

证明：由图 5.30 得到，大部分情况下，$\pi_M^{*(1,1)}$ 面在 $\pi_M^{*(1,0)}$ 面之上。并且，在 $\varepsilon_r = 0.06$ 且 $w_r = 0.04$ 的相邻区域内，$\pi_R^{*(1,1)}$ 面也是在 $\pi_R^{*(1,0)}$ 面之上的。所以，在一

定条件下，（1，1）模型代表的市场结构是优于（1，0）模型代表的市场结构的。证毕。

结论 5.37 表明，只要 ε_r 和 w_r 处于一定的区域内，制造商和再制造商都是可以接受（1，1）模型的。ε_r 较大且 w_r 较小代表再制造商会将资源转向再制造品的生产，从而再制造商的新产品不会对制造商的新产品造成影响，这也是制造商所希望的结果。

4. 市场结构演化分析

由结论 5.24～结论 5.37，得到考虑再制造品许可选择组合的市场结构演化趋势（图 5.31），并得到如下启示。

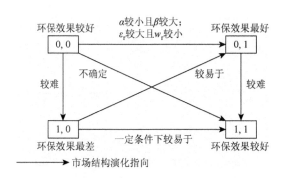

图 5.31　再制造技术许可市场结构演化示意图

（1）从前面各部分的数值分析的结果得到：总体上（0，1）模型代表的市场结构对于制造商和再制造商来说最有吸引力；（1，1）模型和（0，0）模型代表的市场结构存在的可能性次之；（1，0）模型代表的市场结构最难实现。无论各参数如何变化，制造商是比较倾向于只将再制造品的技术许可出售给再制造商的，但最不倾向于只向再制造商出售其新产品的技术许可。由于技术许可是双方的共同行为的结果，所以任何一方的决策都会影响市场结构的演化。

（2）由本小节第 1 部分的各结论得到，虽然（0，1）模型代表的市场结构总体上较为稳定，但某些条件下，α 和 β 的共同变化会使市场结构的演化方向指向非（0，1）模型市场结构。结论 5.24 表明，当 α 较大且 β 较小时，（0，0）模型并不一定会演化为（0，1）模型；结论 5.27 也表明，通常情况下新产品的市场认同度远远高于再制造品，即 α 增加且 β 降低，市场结构可能由（0，1）模型演化为（1，0）模型。

（3）由本小节第 2 部分各结论得到一个总体性趋势，即制造商和再制造商之间的新产品技术许可交易发生的概率较小并且再制造商可能只能从制造商处购买其再制造品的技术许可。并且，ε_n 和 w_n 的变化只对（0，0）模型和（1，1）模型之间的演化产生不确定性的影响，这说明 ε_n 和 w_n 的共同变化对市场结构演化的影响的指向性较为明确。

（4）由本小节第 3 部分各结论得到，ε_r 和 w_r 的共同变化对市场结构的演化的指向性较弱。由结论 5.34、结论 5.36 和结论 5.37 得到，ε_r 和 w_r 必须满足一定的条件，才可能保证市场结构指向的明确性。另外，结论 5.35 与结论 5.32 较为不同的是，（0，0）模型与（1，1）模型之间的演化趋势完全不同。这里有相关参数取值的原因，但也说明 ε_r 和 w_r 的变化对市场结构的演化影响与 ε_n 和 w_n 相比较弱。

5. 各模型的环保效果

此时，考虑各模型代表的市场结构的环保效果（只有 q_{rr}^* 可以衡量）排序。这里规定 $\varepsilon_n > w_n$ 且 $\varepsilon_r > w_r$，因为技术许可成本节约必须大于其购买单位价格时，再制造商才可能会购买。所以，由各模型下的再制造品的产量必须都大于零，得到排序必须满足的条件为

$$(q_{rr}^{*(0,0)} > 0) \text{且} (q_{rr}^{*(0,1)} > 0) \text{且} (q_{rr}^{*(1,0)} > 0) \text{且} (q_{rr}^{*(1,1)} > 0) \Rightarrow \varepsilon_n < \frac{\beta c_m - \alpha c_{rr} + \beta w_n}{\beta} \quad (5.35)$$

同时，得到结论 5.38。

结论 5.38　各模型代表的市场结构的环保效果排序为

$$\begin{cases} q_{rr}^{*(1,0)} < q_{rr}^{*(0,0)} < q_{rr}^{*(1,1)} < q_{rr}^{*(0,1)}, & \varepsilon_n < \dfrac{\alpha \varepsilon_r - \alpha w_r + \beta w_n}{\beta} \\[3mm] q_{rr}^{*(1,0)} < q_{rr}^{*(1,1)} < q_{rr}^{*(0,0)} < q_{rr}^{*(0,1)}, & \varepsilon_n > \dfrac{\alpha \varepsilon_r - \alpha w_r + \beta w_n}{\beta} \end{cases} \quad (5.36)$$

由结论 5.38 得到，（0，1）模型代表的市场结构的环保效果最优，而（1，0）模型代表的市场结构的环保效果最差。其排序结果和市场结构演化结果相同，表明了（0，1）模型代表的市场结构是考虑再制造品技术许可问题的市场结构的最终走向。图 5.31 给出了包含环保效果的考虑再制造技术许可的市场结构演化趋势及演化条件。

5.3.5　结论

本节对考虑再制造品技术许可选择的市场结构演化问题进行了分析。对制造

商和再制造商之间的技术许可交易的四种决策组合进行模型建立及求解，分析了各成本对各方利润的影响以及各模型代表的市场结构之间的演化趋势。研究结果给出如下启示：无论在何种市场结构下，再制造商生产的新产品的单位生产成本、新产品技术许可带来的单位成本节约以及新产品的技术许可费用，对各类产品的产量都有影响；再制造品的三个参数对制造商生产的新产品的产量没有影响。在市场结构演化趋势方面：双方只对再制造品实施技术许可交易的可能性最大；双方只对再制造商生产的新产品实施技术许可交易的可能性最小；双方不发生任何技术许可交易，或者对两类产品都实施技术许可交易的趋势指向都具有不确定性。环保效果方面：双方只对再制造品实施技术许可交易的环保效果最优；双方只对再制造商生产的新产品实施技术许可交易的环保效果最差。该研究结果可为参与再制造品技术许可的相关企业在作决策时提供一定的建议。

5.4 节将采用演化博弈方法来讨论再制造技术许可交易的合作问题。

5.4 再制造品技术许可合作策略分析

5.4.1 背景描述

在 5.3 节中提到有些原始设备制造商并不愿意花较大的资源对其产品实施再制造。原始设备制造商这种消极的再制造行为，会诱使一些再制造商参与到对某品牌产品实施回收再制造活动中，但再制造商也会面对一些技术层面及法律层面的问题。技术层面问题包括再制造前的回收效率、再制造过程中的关键技术及成本节约能力；法律层面问题一般情况下是相关再制造技术的专利技术许可问题。所以，对某些产品实施再制造并不是简单的回收、翻新、维修或更换零部件的过程，而是具有技术创新以及技术知识产权转让的生产活动。这说明，技术许可对市场上各方合作的推动作用，但也会表现出进退两难的问题，即原始设备制造商和第三方厂商之间的再制造技术许可交易可能对双方都有利可图，但同时又存在风险。一方面，原始设备制造商虽然可以从专利技术转让中得到一笔技术转让费用，但可能要承担因其新产品的部分市场份额被再制造品吞噬的风险；另一方面，再制造商虽然可以通过再制造节约大量的成本并提高其产品市场认可度，但可能因为高昂的技术许可费用而具有一定的成本风险。

也有一些文献提及再制造品技术许可问题[202-205]，但都是基于假设双方的交易是一次完成，并在一次交易行为中就可以找到自己的最优决策，并且各文献的结论都是假设市场上参与技术许可的各方是完全理性的。但现实中，交易的各方企业方通常是有限理性的，不会通过一次决策行为就得到最优策略。同样，原始设备制造商和再制造商之间的技术许可交易不会一次就达到双方都满意的效果，必然会经过一个演化过程，而这种演化过程也是双方若干次的交易行为中的利己选择过程。例如，上海骏孚机电设备有限公司考虑建立一个平台，以实现各原始设备制造商和再制造厂商之间的交易在竞争和合作中取得成功[206]，这也表明厂商之间的再制造技术许可交易是一个较长的博弈过程，并具备逐步演化的特征。所以，本节将采用演化博弈方法来解决决策主体有限理性行为的问题，在分析双方有限理性的博弈行为的基础上，探讨利于推动技术许可的合作机制。

　　基于此，本节考虑原始设备制造商和再制造商之间的技术许可交易合作问题。其中，本节将回答如下几个问题：①再制造市场上技术许可交易合作成功的最终演化趋势是什么；②双方的技术许可合作的概率会随着各参数的变化有何种变化；③哪一方的决策对合作成功的影响较大。所以，本节建立原始设备制造商与再制造商在不同决策组合下的收益矩阵，然后采用演化博弈方法得到双方的演化博弈趋势，通过对相关参数进行赋值画图并分析，最后给出两家企业产品再制造技术许可交易的合作策略。

5.4.2　问题描述与假设

　　由 IBM 等企业的相关再制造案例[207]，本小节考虑一个原始设备制造商（简称制造商）和一个再制造商实施再制造技术许可交易的市场情境。双方都对某产品实施再制造，并将再制造品在同一市场上出售（双方的技术许可关系如图 5.32 所示）。再制造商可实施低水平的再制造生产，或者通过购买制造商的高水平的再制造技术进行生产。制造商通过出售技术许可来转嫁研发投入带来的成本风险，但同时也受到再制造商的再制造品市场份额增加给自身带来的威胁。双方合作过程中除了技术许可的交易，也有双方其他资源的共享。若合作过程中某方违约，自己有短期利益增加，要给付一定的违约金。所以，基本假设如下。

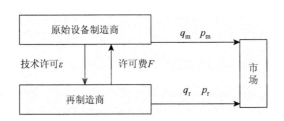

图 5.32　制造商和再制造商的技术许可交易关系图

　　假设 1：假定制造商的新产品对其自身和再制造商生产的再制造品不会产生较大影响，即这两种产品的市场需求相对独立。

　　假设 2：产品需求形式为线性的，由文献[208]有 $p_m = a - q_m - bq_r$ 和 $p_r = a - q_r - bq_m$，其中，p_m 和 p_r 分别为制造商和再制造商的再制造品市场价格，q_m 和 q_r 分别为制造商和再制造商的再制造品的产量，b 为双方产品的替代率并处于（0，1）区间内。

　　假设 3：技术许可实施前制造商和再制造商的再制造成本分别为 $c_r - \varepsilon$ 和 c_r，实施后再制造成本都为 $c_r - \varepsilon$。其中 ε 为由制造商研发的技术专利为产品再制造节约的单位生产成本。

　　假设 4：再制造商以费用 F 购买制造商的技术许可，使其再制造单位成本为 $c_r - \varepsilon$，同时双方非技术许可的资源共享后单位产品成本分别节约 Δ_m 和 Δ_r。符合现实情形，假设双方有如下约定。

　　（1）双方都选择合作时，双方的人才、设施设备、物流网络等非技术许可资源可以共享，本方利用他方的资源所得到的收益要大于自身资源让他方使用时付出的成本，所以制造商获得 $F + \Delta_m q_m$，再制造商得到 $(\varepsilon + \Delta_r)q_r - F$。

　　（2）若再制造商选择合作而制造商选择不合作，制造商得到 $\Delta_m q_m$ 但同时要赔偿给再制造商违约金 αF；再制造商会产生 $\beta \Delta_r q_r$ 的成本增加（再制造商有部分资源已经被制造商使用，导致自身的生产活动无法使用此部分资源，同时制造商不拿出自己的资源让再制造商使用，将导致再制造商有 $\beta \Delta_r q_r$ 的成本增加）并无法获得制造商的技术许可，但可得到违约金 αF。

　　（3）若再制造商不合作而制造商合作，再制造商会获得成本节约 $\Delta_r q_r$ 但是无制造商技术许可的支持，并要支付给制造商违约金 αF；制造商会由于再制造商违约产生 $\beta \Delta_m q_m$ 的成本，同时会有 αF 作为补偿。

　　（4）若双方都选择不合作，则不产生任何额外支付（惩罚力度 α：$0 < \alpha < 1$；成本损失系数 β：$0 < \beta < 1$）。

　　基于以上假设，制造商与再制造商的博弈收益矩阵如表 5.1 所示。

表 5.1　制造商与再制造商的博弈收益矩阵

制造商＼再制造商	合作（y）	不合作（$1-y$）
合作（x）	$(p_m - c_r + \varepsilon + \Delta_m)q_m + F$， $(p_r - c_r + \varepsilon + \Delta_r)q_r - F$	$(p_m - c_r + \varepsilon - \beta \Delta_m)q_m + \alpha F$， $(p_r - c_r + \Delta_r)q_r - \alpha F$
不合作（$1-x$）	$(p_m - c_r + \varepsilon + \Delta_m)q_m - \alpha F$， $(p_r - c_r - \beta \Delta_r)q_r + \alpha F$	$(p_m - c_r + \varepsilon)q_m$， $(p_r - c_r)q_r$

5.4.3　演化博弈的均衡分析

1. 演化博弈模型的建立

如前面所述，本小节假定制造商和再制造商都是有限理性的。制造商处于将专利技术转让给再制造商而使自己再制造品的利润减少与再制造商可能违约使自己专利的机会成本增加的两难选择；同样，再制造商也处于购买技术专利所要给付大笔专利费用与不购买专利导致自身再制造品生产成本高的两难境地。通常，在长期的技术许可合作过程中，制造商可能需要与不同的再制造商进行多次博弈；同样，再制造商在购买技术许可时，也可能会和几个制造商进行多次博弈。符合现实情形，制造商和再制造商并非具有完全理性，他们必须通过不断地试探、调整和学习寻找到较好的策略。

这里假设制造商选择合作与不合作的概率分别为 x 和 $1-x$ ，再制造商选择合作与不合作的概率分别为 y 和 $1-y$ ，制造商的合作与不合作的期望收益及群体平均收益分别为 U_{1Y}、U_{1N} 和 $\overline{U_1}$ ，则

$$U_{1Y} = y\pi_{1YY} + (1-y)\pi_{1YN}, \qquad U_{1N} = y\pi_{1NY} + (1-y)\pi_{1NN} \qquad (5.37)$$

$$\overline{U_1} = xU_{1Y} + (1-x)U_{1N} = x(y\pi_{1YY} + (1-y)\pi_{1YN}) + (1-x)(y\pi_{1NY} + (1-y)\pi_{1NN}) \qquad (5.38)$$

同样，再制造商的合作与不合作的期望收益 U_{2Y}、U_{2N} 及群体平均收益 $\overline{U_2}$ 分别为

$$U_{2Y} = x\pi_{2YY} + (1-x)\pi_{2NY}, \qquad U_{2N} = x\pi_{2YN} + (1-x)\pi_{2NN} \qquad (5.39)$$

$$\overline{U_2} = yU_{2Y} + (1-y)U_{2N} = y(x\pi_{2YY} + (1-x)\pi_{2NY}) + (1-y)(x\pi_{2YN} + (1-x)\pi_{2NN}) \qquad (5.40)$$

2. 制造商的合作比例的复制动态方程分析

根据演化博弈的复制动态方程[209]，把复制动态方程用于博弈方制造商，得到制造商的合作类型比例的复制动态方程为

$$F(x) = \frac{\mathrm{d}x}{\mathrm{d}t} = x(U_{1Y} - \overline{U_1}) = x(1-x)(\pi_{1YN} - \pi_{1NN} + y(\pi_{1YY} - \pi_{1NY} + \pi_{1NN} - \pi_{1YN})) \qquad (5.41)$$

将表 5.1 相应的各最优值代入 $\dfrac{\pi_{1NN} - \pi_{1YN}}{\pi_{1YY} - \pi_{1NY} + \pi_{1NN} - \pi_{1YN}}$ ，得到 $\dfrac{\beta\Delta_m q_m - \alpha F}{\beta\Delta_m q_m + F}$ 。

若 $y = \dfrac{\beta\Delta_m q_m - \alpha F}{\beta\Delta_m q_m + F}$ ，则 $F(x) \equiv 0$ ，即 x 取任何的点都是稳定状态。

若 $y \neq \dfrac{\beta\Delta_m q_m - \alpha F}{\beta\Delta_m q_m + F}$ ，则 $x = 0$ 和 $x = 1$ 为 x 的两个稳定点。根据微分方程的"稳定性定理"，当平衡点 $F(x)$ 处的导数 $F'(x) < 0$ 时，平衡状态就是演化稳定策略（evolutionary stable strategy，ESS）。由此可得

$$F'(x) = (1-2x)(\pi_{1YN} - \pi_{1NN} + y(\pi_{1YY} - \pi_{1NY} + \pi_{1NN} - \pi_{1YN})) \tag{5.42}$$

此时要求 $F'(x) < 0$，对其进行分析可以得到如下结论。

结论 5.39 当 $q_m < \dfrac{\alpha F}{\beta \Delta_m}$ 或 $F > \beta \Delta_m \dfrac{a - q_r - p_r}{\alpha b}$ 时，$x = 1$ 为演化稳定策略。

证明：若 $\beta \Delta_m q_m - \alpha F < 0$，即 $q_m < \dfrac{\alpha F}{\beta \Delta_m}$ 或 $F > \dfrac{\beta \Delta_m q_m}{\alpha}$ 时，$\dfrac{\beta \Delta_m q_m - \alpha F}{\beta \Delta_m q_m + F} < 0$，

恒有 $y > \dfrac{\pi_{1NN} - \pi_{1YN}}{\pi_{1YY} - \pi_{1NY} + \pi_{1NN} - \pi_{1YN}}$，此时 $x = 1$ 为进化稳定策略；将 $p_r = a - q_r - bq_m$ 代

入 $\beta \Delta_m q_m - F < 0$ 得到 $F > \beta \Delta_m \dfrac{a - q_r - p_r}{\alpha b}$。证毕。

由结论 5.39 得知，制造商的合作意愿与 ε 无关，说明技术专利是制造商自身所拥有的，所以 ε 不会对其决策的结果产生影响。只有 $q_m < \dfrac{\alpha F}{\beta \Delta_m}$ 时，即 q_m 必须小于再制造商违约给自己带来的补偿（αF）与再制造商违约给自己的单位生产成本造成的损失 $\beta \Delta_m$ 的比值时，制造商才会选择合作；同样，制造商的技术许可费 F 要大于 $\dfrac{\beta \Delta_m q_m}{\alpha}$（再制造商方违约给制造商方造成的总成本增加值与惩罚力度 α 的比值）时，制造商才会最终选择合作。$F > \beta \Delta_m \dfrac{a - q_r - p_r}{\alpha b}$ 也说明了 F 对双方合作的影响作用。

结论 5.40 在 $0 < \dfrac{\beta \Delta_m q_m - \alpha F}{\beta \Delta_m q_m + F} < 1$ 条件下，当 $y > \dfrac{\beta \Delta_m q_m - \alpha F}{\beta \Delta_m q_m + F}$ 时，$x = 1$ 为演

化稳定策略；当 $y < \dfrac{\beta \Delta_m q_m - \alpha F}{\beta \Delta_m q_m + F}$ 时，$x = 0$ 为演化稳定策略。

证明：在 $0 < \dfrac{\pi_{1NN} - \pi_{1YN}}{\pi_{1YY} - \pi_{1NY} + \pi_{1NN} - \pi_{1YN}} < 1$ 的条件下 $\left(0 < \dfrac{\beta \Delta_m q_m - \alpha F}{\beta \Delta_m q_m + F} < 1 \right)$，当

$y > \dfrac{\beta \Delta_m q_m - \alpha F}{\beta \Delta_m q_m + F}$ 时，$F'(x=1) < 0$，$F'(x=0) > 0$，此时 $x = 1$ 为平衡点；当

$y < \dfrac{\beta \Delta_m q_m - \alpha F}{\beta \Delta_m q_m + F}$ 时，$F'(x=1) > 0$，$F'(x=0) < 0$，此时 $x = 0$ 为平衡点。

由结论 5.40 得到，当 $0 < \dfrac{\beta \Delta_m q_m - \alpha F}{\beta \Delta_m q_m + F} < 1$ 时，再制造商选择合作的概率大于

$\dfrac{\beta \Delta_m q_m - \alpha F}{\beta \Delta_m q_m + F}$。将不等式 $y > \dfrac{\beta \Delta_m q_m - \alpha F}{\beta \Delta_m q_m + F}$ 进行变换得到 $1 - y < \dfrac{\beta \Delta_m q_m + \alpha F}{\beta \Delta_m q_m + F}$，得知

只有再制造商不合作的概率小于 $\dfrac{\beta \Delta_m q_m + \alpha F}{\beta \Delta_m q_m + F}$ 时，制造商的最终策略为合作。从

表达式上看，α 越大，$\dfrac{\beta\Delta_{\mathrm{m}}q_{\mathrm{m}}+\alpha F}{\beta\Delta_{\mathrm{m}}q_{\mathrm{m}}+F}$ 才会越接近于 1，$1-y<\dfrac{\beta\Delta_{\mathrm{m}}q_{\mathrm{m}}+\alpha F}{\beta\Delta_{\mathrm{m}}q_{\mathrm{m}}+F}$ 的概率

也越大，即再制造商方违约的概率越小；同样，当 $1-y>\dfrac{\beta\Delta_{\mathrm{m}}q_{\mathrm{m}}+\alpha F}{\beta\Delta_{\mathrm{m}}q_{\mathrm{m}}+F}$ 时，即再制

造商方违约的概率要大于 $\dfrac{\beta\Delta_{\mathrm{m}}q_{\mathrm{m}}+\alpha F}{\beta\Delta_{\mathrm{m}}q_{\mathrm{m}}+F}$，制造商的最终演化策略为不合作，这要

求惩罚力度 α 尽可能小。结论 5.40 表明 α 对双方可能产生的背叛行为起到一定的约束作用。

3. 再制造商的合作比例的复制动态方程分析

博弈方再制造商的合作类型比例的复制动态方程为

$$F(y)=\frac{\mathrm{d}y}{\mathrm{d}t}=y(U_{2\mathrm{Y}}-\overline{U_2})=y(1-y)(\pi_{2\mathrm{NY}}-\pi_{2\mathrm{NN}}+x(\pi_{2\mathrm{YY}}-\pi_{2\mathrm{YN}}+\pi_{2\mathrm{NN}}-\pi_{2\mathrm{NY}}))\quad(5.43)$$

将表 5.1 相应的各最优值代入 $\dfrac{\pi_{2\mathrm{NN}}-\pi_{2\mathrm{NY}}}{\pi_{2\mathrm{YY}}-\pi_{2\mathrm{YN}}+\pi_{2\mathrm{NN}}-\pi_{2\mathrm{NY}}}$，得到 $\dfrac{\alpha F-\beta\Delta_{\mathrm{r}}q_{\mathrm{r}}}{F-(\varepsilon+\beta\Delta_{\mathrm{r}})q_{\mathrm{r}}}$。

若 $x=\dfrac{\alpha F-\beta\Delta_{\mathrm{r}}q_{\mathrm{r}}}{F-(\varepsilon+\beta\Delta_{\mathrm{r}})q_{\mathrm{r}}}$（同时 $F-(\varepsilon+\beta\Delta_{\mathrm{r}})q_{\mathrm{r}}\neq0$），则 $F(y)\equiv0$，即 y 取任何的

点都是稳定状态。

若 $x\neq\dfrac{\alpha F-\beta\Delta_{\mathrm{r}}q_{\mathrm{r}}}{F-(\varepsilon+\beta\Delta_{\mathrm{r}})q_{\mathrm{r}}}$，则 $y=0$ 和 $y=1$ 是 y 的两个稳定点。同样，当平衡点

$F(y)$ 处的导数 $F'(y)<0$ 时，平衡状态就是 ESS。对复制动态方程 $F(y)$ 求导可得

$$F'(y)=(1-2y)(\pi_{2\mathrm{NY}}-\pi_{2\mathrm{NN}}+x(\pi_{2\mathrm{YY}}-\pi_{2\mathrm{YN}}+\pi_{2\mathrm{NN}}-\pi_{2\mathrm{NY}}))\quad(5.44)$$

此时要求 $F'(y)<0$，对其进行分析可以得到如下结论。

结论 5.41 当 $(\varepsilon+\beta\Delta_{\mathrm{r}})q_{\mathrm{r}}<F<\dfrac{(\varepsilon+\beta\Delta_{\mathrm{r}})q_{\mathrm{r}}}{\alpha}$ 或 $(\varepsilon+\beta\Delta_{\mathrm{r}})\dfrac{a-q_{\mathrm{m}}-p_{\mathrm{m}}}{b}<F<$

$\dfrac{(\varepsilon+\beta\Delta_{\mathrm{r}})(a-q_{\mathrm{m}}-p_{\mathrm{m}})}{\alpha b}$ 时，$y=1$ 为演化稳定策略。

证明：当 $F-(\varepsilon+\beta\Delta_{\mathrm{r}})q_{\mathrm{r}}>0$ 且 $\alpha F-(\varepsilon+\beta\Delta_{\mathrm{r}})q_{\mathrm{r}}<0$ 时，即 $(\varepsilon+\beta\Delta_{\mathrm{r}})q_{\mathrm{r}}<F<$

$\dfrac{(\varepsilon+\beta\Delta_{\mathrm{r}})q_{\mathrm{r}}}{\alpha}$ 时，$\dfrac{\alpha F-\beta\Delta_{\mathrm{r}}q_{\mathrm{r}}}{F-(\varepsilon q_{\mathrm{r}}+\beta\Delta_{\mathrm{r}}q_{\mathrm{r}})}<0$，恒有 $x>\dfrac{\pi_{2\mathrm{NN}}-\pi_{2\mathrm{NY}}}{\pi_{2\mathrm{YY}}-\pi_{2\mathrm{YN}}+\pi_{2\mathrm{NN}}-\pi_{2\mathrm{NY}}}$，此时 $y=1$

为演化稳定策略；将 $q_{\mathrm{r}}=\dfrac{a-q_{\mathrm{m}}-p_{\mathrm{m}}}{b}$ 代入 $(\varepsilon+\beta\Delta_{\mathrm{r}})q_{\mathrm{r}}<F<\dfrac{(\varepsilon+\beta\Delta_{\mathrm{r}})q_{\mathrm{r}}}{\alpha}$ 可得到

$(\varepsilon+\beta\Delta_{\mathrm{r}})\dfrac{a-q_{\mathrm{m}}-p_{\mathrm{m}}}{b}<F<\dfrac{(\varepsilon+\beta\Delta_{\mathrm{r}})(a-q_{\mathrm{m}}-p_{\mathrm{m}})}{\alpha b}$。证毕。

由结论 5.41 得知，再制造商的策略与 ε 有关。$(\varepsilon+\beta\Delta_{\mathrm{r}})q_{\mathrm{r}}<F<\dfrac{(\varepsilon+\beta\Delta_{\mathrm{r}})q_{\mathrm{r}}}{\alpha}$ 表

示再制造商购买专利费用的 F 只有介于此区间内，再制造商发现制造商的最终策略为合作时，才有合作的意愿。这里注意，α 越小则 F 的右边界越大，表明制造商的合作意愿越大，双方最终合作的概率也越大。同时：

$$(\varepsilon + \beta \Delta_{\mathrm{r}}) \frac{a - q_{\mathrm{m}} - p_{\mathrm{m}}}{b} < F < \frac{(\varepsilon + \beta \Delta_{\mathrm{r}})(a - q_{\mathrm{m}} - p_{\mathrm{m}})}{\alpha b}$$

表示 F 与 $q_{\mathrm{m}} + p_{\mathrm{m}}$ 之间呈反比关系，即制造商通过 $q_{\mathrm{m}} + p_{\mathrm{m}}$ 对再制造商的决策产生的影响。

结论 5.42　在 $0 < \dfrac{\alpha F - \beta \Delta_{\mathrm{r}} q_{\mathrm{r}}}{F - (\varepsilon + \beta \Delta_{\mathrm{r}}) q_{\mathrm{r}}} < 1$ 条件下，当 $x > \dfrac{\alpha F - \beta \Delta_{\mathrm{r}} q_{\mathrm{r}}}{F - (\varepsilon + \beta \Delta_{\mathrm{r}}) q_{\mathrm{r}}}$ 时，$y = 1$ 为演化稳定策略；当 $x < \dfrac{\alpha F - \beta \Delta_{\mathrm{r}} q_{\mathrm{r}}}{F - (\varepsilon + \beta \Delta_{\mathrm{r}}) q_{\mathrm{r}}}$ 时，$y = 0$ 为演化稳定策略。

证明：若 $0 < \dfrac{\pi_{2NN} - \pi_{2NY}}{\pi_{2YY} - \pi_{2YN} + \pi_{2NN} - \pi_{2NY}} < 1$，即 $0 < \dfrac{\alpha F - \beta \Delta_{\mathrm{r}} q_{\mathrm{r}}}{F - (\varepsilon + \beta \Delta_{\mathrm{r}}) q_{\mathrm{r}}} < 1$，当 $x > \dfrac{\alpha F - \beta \Delta_{\mathrm{r}} q_{\mathrm{r}}}{F - (\varepsilon + \beta \Delta_{\mathrm{r}}) q_{\mathrm{r}}}$ 时，$F'(y = 0) > 0$，$F'(y = 1) < 0$，此时 $y = 1$ 为平衡点；当 $x < \dfrac{\alpha F - \beta \Delta_{\mathrm{r}} q_{\mathrm{r}}}{F - (\varepsilon + \beta \Delta_{\mathrm{r}}) q_{\mathrm{r}}}$ 时，$F'(y = 0) < 0$，$F'(y = 1) > 0$，此时 $y = 0$ 为平衡点。证毕。

将 $x > \dfrac{\alpha F - \beta \Delta_{\mathrm{r}} q_{\mathrm{r}}}{F - (\varepsilon + \beta \Delta_{\mathrm{r}}) q_{\mathrm{r}}}$ 进行变换得到 $1 - x < \dfrac{F - \varepsilon q_{\mathrm{r}} - \alpha F}{F - \varepsilon q_{\mathrm{r}} - \beta \Delta_{\mathrm{r}} q_{\mathrm{r}}}$，比较不等号右边的分子分母，只有 $\alpha F > \beta \Delta_{\mathrm{r}} q_{\mathrm{r}}$，不等式 $1 - x < \dfrac{F - \varepsilon q_{\mathrm{r}} - \alpha F}{F - \varepsilon q_{\mathrm{r}} - \beta \Delta_{\mathrm{r}} q_{\mathrm{r}}}$ 才成立。在 $\alpha F > \beta \Delta_{\mathrm{r}} q_{\mathrm{r}}$ 的条件下，αF 和 $\beta \Delta_{\mathrm{r}} q_{\mathrm{r}}$ 越接近，制造商不合作的概率越小。说明当制造商违约给付再制造商的违约金 αF 必须大于制造商违约给再制造商造成的成本增加 $\beta \Delta_{\mathrm{r}} q_{\mathrm{r}}$ 时，再制造商才会选择合作；同时再制造商又认为制造商必须看到 αF 和 $\beta \Delta_{\mathrm{r}} q_{\mathrm{r}}$ 越接近才会选择合作，表现双方决策的互相影响。

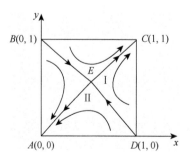

图 5.33　制造商和再制造商的博弈演化相图

4. 双方演化博弈结果的综合分析

上述结论是对博弈双方单独分析的基础上得到的。在重复博弈过程中，双方都应时刻了解对方生产及市场的信息，并对自身策略选择的过程加以修正。所以，图 5.33 表明制造商和再制造商长期博弈演化的结果是：双方都合作或双方都不合作。当初始状态处于区域 II 中时，系统将向 A（0，0）点收敛，即制造商与再制造商不合作；当初始状态落在区域 I 中时，系统将向 C（1，1）

点收敛，即制造商与再制造商合作。本节采用文献[14]中的研究方法，对图 5.33 中区域 I 的面积进行分析来讨论双方合作的演化结果。只要区域 I 的面积较大，双方合作的可能性也较大。易求得 I 区域的面积为

$$s = \frac{1}{2}\left(\frac{F + \alpha F}{\beta \Delta_m q_m + F} + \frac{F - \alpha F - \varepsilon q_r}{F - (\varepsilon + \beta \Delta_r) q_r} \right)$$

结论 5.43　当 $\varepsilon > \dfrac{(1-\alpha)\beta\Delta_r}{\alpha}$ 时，制造商和再制造商合作的概率随着 F 的增大而增大。

证明：由 $\dfrac{\partial s}{\partial F} = \dfrac{1}{2}\left(\dfrac{(1+\alpha)\beta\Delta_m q_m}{(F + \beta\Delta_m q_m)^2} + \dfrac{\alpha\varepsilon q_r + (\alpha-1)\beta\Delta_r q_r}{(F - (\varepsilon + \beta\Delta_r)q_r)^2} \right)$，要让式子大于零，只需考虑 $\dfrac{\alpha\varepsilon qr + (\alpha-1)\beta\Delta_r q_r}{(F - (\varepsilon + \beta\Delta_r)q_r)^2}$ 的符号。只需考虑分子，得到 $\varepsilon > \dfrac{(1-\alpha)\beta\Delta_r}{\alpha}$，此时 $\dfrac{\partial s}{\partial F} > 0$。证毕。

结论 5.44　当 $F < \dfrac{\beta\Delta_r q_r}{\alpha}$ 时，制造商和再制造商合作的概率随着 ε 的增大而增大。

证明：由 $\dfrac{\partial s}{\partial \varepsilon} = \dfrac{(\beta\Delta_r q_r - \alpha F)q_r}{2(F - (\varepsilon + \beta\Delta_r)q_r)^2}$，可知当 $F < \dfrac{\beta\Delta_r q_r}{\alpha}$ 时，$\dfrac{\partial s}{\partial \varepsilon} > 0$。证毕。

结论 5.45　当 $\varepsilon < \dfrac{(1-\alpha)\beta\Delta_r}{\alpha}$ 时，制造商和再制造商合作的概率随着 q_r 的增大而增大。

证明：由 $\dfrac{\partial s}{\partial q_r} = \dfrac{((1-\alpha)\beta\Delta_r - \alpha\varepsilon)F}{2(F - (\varepsilon + \beta\Delta_r)q_r)^2}$，可知当 $\varepsilon < \dfrac{(1-\alpha)\beta\Delta_r}{\alpha}$ 时，$\dfrac{\partial s}{\partial q_r} > 0$。证毕。

结论 5.46　任何条件下，制造商和再制造商合作的概率随着 q_m 的增大而减少。

证明：由 $\dfrac{\partial s}{\partial q_m} = -\dfrac{\beta\Delta_m F(1+\alpha)}{2(F + \beta\Delta_m q_m)^2} < 0$。证毕。

结论 5.47　当 $F < (\varepsilon + \beta\Delta_r)q_r$ 时，制造商和再制造商合作的概率随着 α 的增大而增大。

证明：由 $\dfrac{\partial s}{\partial \alpha} = \dfrac{F(\beta\Delta_r q_r + \beta\Delta_m q_m + \varepsilon q_r)}{2(F + \beta\Delta_m q_m)(-F + (\varepsilon + \beta\Delta_r)q_r)}$，只要分母中的 $(\varepsilon + \beta\Delta_r)q_r$ $-F > 0$ 即 $F < (\varepsilon + \beta\Delta_r)q_r$，$\dfrac{\partial s}{\partial \alpha} > 0$。证毕。

结论 5.48　当 $F < \dfrac{\varepsilon q_r}{1-\alpha}$ 时，制造商和再制造商合作的概率随着 β 的增大而减少。

证明：由 $\dfrac{\partial s}{\partial \beta} = \dfrac{1}{2}\left(-\dfrac{(1+\alpha)F\Delta_m q_m}{(F+\beta\Delta_m q_m)^2} + \dfrac{(F-\alpha F-\varepsilon qr)\Delta_r q_r}{(F-(\varepsilon+\beta\Delta_r)q_r)^2}\right)$，得知只要括号内的

第二个分式中的 $F-\alpha F-\varepsilon qr < 0$ 即 $F < \dfrac{\varepsilon q_r}{1-\alpha}$，$\dfrac{\partial s}{\partial \beta} < 0$。证毕。

结论 5.49　当 $F > \dfrac{\varepsilon q_r}{1-\alpha}$ 时，制造商和再制造商合作的概率随着 Δ_r 的增大而

增大。

证明：由 $\dfrac{\partial s}{\partial \Delta_r} = \dfrac{(F-\alpha F-\varepsilon qr)\beta q_r}{2(F-(\varepsilon+\beta\Delta_r)q_r)^2}$，当 $F > \dfrac{\varepsilon q_r}{1-\alpha}$ 时，$\dfrac{\partial s}{\partial \Delta_r} > 0$。证毕。

结论 5.50　任何条件下，制造商和再制造商合作的概率随着 Δ_m 的增大而

减少。

证明：$\dfrac{\partial s}{\partial \Delta_m} = -\dfrac{(1+\alpha)\beta F q_m}{2(F+\beta\Delta_m q_m)^2} < 0$。证毕。

这里注意，结论 5.43 和结论 5.45 的条件正好相反，说明相同条件下，F 和 q_r 的增加对双方合作的可能性起相反作用。所以，当 $\varepsilon > \dfrac{(1-\alpha)\beta\Delta_r}{\alpha}$ 时，F 增加则双方合作的可能性也增加，但 ε 会让再制造商的生产成本大幅下降，使其产量 q_r 提高，抢占了制造商的市场份额，可能导致制造商放弃合作。

5.4.4　数值算例及合作策略

1. 数值算例

（1）ε 和 F 的共同变化对双方合作概率的影响。此时各参数赋值分别为 $\alpha = 0.6$，$\beta = 0.5$，$q_m = 100$，$q_r = 20$，$\Delta_m = 2$，$\Delta_r = 3$，由结论 5.43 和结论 5.44 确定了 ε 和 F 的取值范围，纵轴为 s，得到图 5.34。由图 5.34 得知，当 ε（F）确定时，F（ε）越大，双方合作的概率越大。另外，当 ε 靠近 1 且 F 靠近 50 时，双方的合作概率也可以达到 1，说明 ε 只要能满足再制造商一定的技术需求，F 较高时也可以促进双方的合作。这说明 ε 较之于 F 更能促进双方的合作。F 的增加在一定条件下可促进双方合作，但条件是 $\varepsilon > \dfrac{(1-\alpha)\beta\Delta_r}{\alpha}$，否则 F 增加只会起到反作用。所以制造商应该确保技术许可的效果达到再制造商的期望，这样才能保证双方最终成功合作。同样，虽然 ε 可为再制造商节约一定的生产成本，但此时制造商应保证 F 不超过再制造商所能承受的最大值 $\dfrac{\beta\Delta_r q_r}{\alpha}$，才能保证双方合作成功。

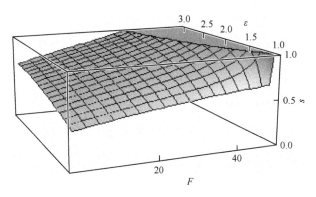

图 5.34　ε 和 F 的变化对双方合作概率的影响图

（2）ε 和 q_r 的变化对双方合作概率的影响。此时各参数赋值分别为 $\alpha=0.6$，$\beta=0.5$，$q_m=100$，$F=100$，$\Delta_m=2$，$\Delta_r=3$。由结论 5.45 确定了 ε 和 q_r 的取值范围，纵轴为 s，得到图 5.35。由图 5.35 得知，当 ε 在区间内固定时，q_r 增加则 s 也增加。另外，当 ε 较小且 q_r 较大时，双方合作的概率也较高，说明当技术许可成本节约不高时，再制造商生产的再制造品的产量较高，也可以促进双方合作。说明 ε 值不能过大。同时，如果 ε 值过大，制造商则可能通过扩大生产获得高额盈利来代替技术许可，将使双方合作失败。

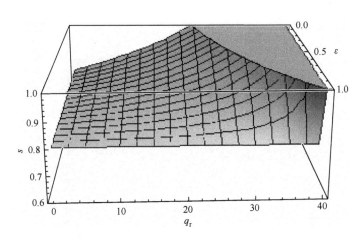

图 5.35　ε 和 q_r 的变化对双方合作概率的影响图

（3）q_m 的变化对双方合作概率的影响。此时各参数赋值分别为 $\alpha=0.6$，$\beta=0.5$，$q_m=100$，$q_r=20$，$\Delta_m=2$，$\Delta_r=3$ 和 $\varepsilon=2$，得到图 5.36。由图 5.36 得知，任何条件下双方合作的概率都会随着 q_m 的增加而减小。这说明制造商的产品产量增加会使再制造商认为制造商可能违约，导致双方合作的概率降低。

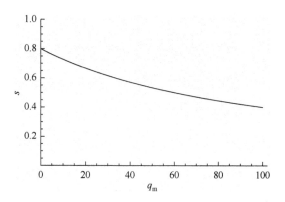

图 5.36　q_m 的变化对双方合作概率的影响图

（4）考虑 α 和 F 的变化对双方合作概率的影响。此时各参数赋值分别为 $\beta = 0.5$，$q_m = 100$，$q_r = 20$，$\Delta_m = 2$，$\Delta_r = 3$ 和 $\varepsilon = 2$。由结论 5.45 确定了 α 和 F 的取值范围，纵轴为 s，得到图 5.37。由图 5.37 得知，在 F 的取值范围内且 F 较小时，α 的变化对双方合作的概率没有很大影响；当 F 大于 20 时，α 的增加将导致双方合作的概率增加。并且，当 α 和 F 都处于较高的水平时，双方合作的概率将大幅下降。另外，由 $F > (\varepsilon + \beta \Delta_r) q_r$，再制造商可能会因为过高的 F 值放弃购买技术专利而转向追求一次性投机行为（Δ_r），从而导致双方合作失败。

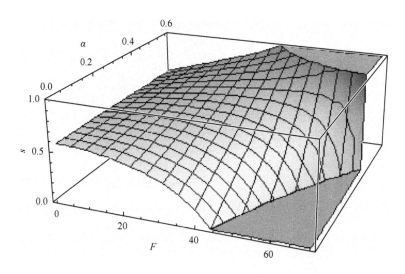

图 5.37　α 和 F 的变化对双方合作概率的影响图

（5）β 和 F 的变化对双方合作概率的影响。此时各参数赋值分别为 $\alpha = 0.6$，$q_m = 100$，$q_r = 20$，$\Delta_m = 2$，$\Delta_r = 3$ 和 $\varepsilon = 2$。由图 5.38 得知，在 F 取值范围内，β

与双方合作的概率成反比。另外，图 5.38 也表现出一个较有意思的现象，即当 F 较小且 β 也较小时，双方合作的概率也会较高。另外，β 是双方共同的系数，但条件 $F < \dfrac{\varepsilon q_r}{1-\alpha}$ 中只有 q_r 而没有 q_m，表明 q_r 在 F 值的设定时是非常重要的参考因素。

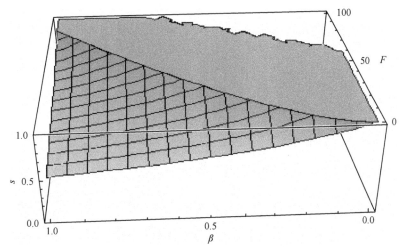

图 5.38 β 和 F 的变化对双方合作概率的影响图

（6）Δ_r 和 F 的变化对双方合作概率的影响。此时各参数赋值分别为 $\alpha = 0.6$，$\beta = 0.5$，$q_m = 100$，$q_r = 20$，$\Delta_m = 2$ 和 $\varepsilon = 2$。由图 5.39 中 F 的取值范围得知，F 必须大于 100，Δ_r 才与双方合作的概率成正比。结论 5.49 中的 $F > \dfrac{\varepsilon q_r}{1-\alpha}$ 也说明只有 F 足够大，才能保证 Δ_r 的增加起到积极作用。

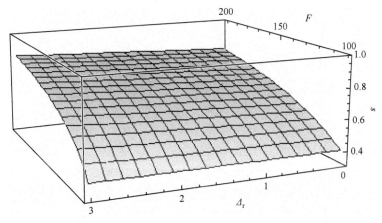

图 5.39 Δ_r 和 F 的变化对双方合作概率的影响图

（7）Δ_m 的变化对双方合作概率的影响。此时各参数赋值分别为 $\alpha = 0.6$，$\beta = 0.5$，$q_m = 100$，$q_r = 20$，$\Delta_r = 3$，$F = 100$ 和 $\varepsilon = 2$。由图 5.40 得知，Δ_m 与双方合作的概率成反比。这说明资源共享给制造商带来的成本节约越大，双方合作的可能性越小，这是再制造商应对风险的一种必然结果，也说明制造商拥有技术优势对其他非技术因素的影响。并且，Δ_m 的增加代表制造商会从违约中得到更高的收益，这让再制造商对合作的结果没有信心。这说明制造商拥有技术专利所拥有的优势地位。

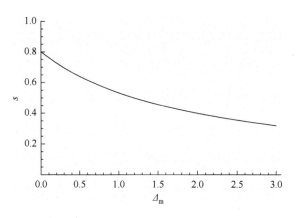

图 5.40　Δ_m 的变化对双方合作概率的影响图

2. 合作策略分析

由结论 5.43～结论 5.50 以及数值算例的分析得到如下结论。

（1）制造商在双方合作与否中起到了主导作用，表现在 ε 值是由制造商在技术研发方面的投入所决定的，是双方的合作与否的关键因素；双方关于 F 值的谈判，制造商具有一定的讨价还价的优势，但不代表再制造商就一定会接受过高的 F。

（2）除了 q_m 和 Δ_m，其他各参数值只有基于一定的条件，其大小才会对双方合作概率产生影响。而 q_m 和 Δ_m 是制造商可支配的变量，会使制造商的行为对双方合作与否产生直接影响：若 Δ_m 太大，则会引发制造商的一次性投机行为；若 q_m 过大，会抢占再制造商的市场份额，使再制造商无利可图从而放弃技术许可合作。

（3）各结论的条件不等式中包括了 F、q_r、Δ_r、α、β 和 ε 这些参数，而这些参数都与再制造商的收益有关，说明再制造商虽然不是合作的主导方，但其反应也会对制造商的决策及演化博弈的结果产生重要影响，表现了博弈中弱势一方的反制力。α 只有在 F 低于一定水平时，才会对双方合作的结果起到作用。

综上，表 5.2 给出了技术许可合作契约设计过程中各参数的设计策略。

表 5.2　制造商和再制造商的技术许可合作的参数分析表

F	当 $\varepsilon > (1-\alpha)\beta\Delta_r/\alpha$ 时，制造商可以适当增加 F，但不能超过再制造商所能承受的预期
ε	若 $F < \beta\Delta_r q_r/\alpha$，制造商可以在契约中表示愿意增加研发的效果，增加合作可能性
q_r	当 $\varepsilon < (1-\alpha)\beta\Delta_r/\alpha$ 时，制造商可考虑让出一部分市场份额给再制造商；当 $\varepsilon > (1-\alpha)\beta\Delta_r/\alpha$ 时，制造商要注意 q_r 的增加对自身利润的影响
q_m	双方协商市场份额的分配，主要考虑再制造商对 q_m 的期望值
Δ_r	$F > \varepsilon q_r/(1-\alpha)$ 时，制造商应考虑给予再制造商更多的非技术资源，抵消 F 过大给再制造商带来的不利影响
Δ_m	双方协调，制造商要考虑再制造商对 q_m 的期望值
α	当 $F < (\varepsilon + \beta\Delta_r)q_r$ 时，制造商可以适当提高 α 以防再制造商违约，但升幅不能过大
β	β 无法在契约中约定。当 $F < \varepsilon q_r/(1-\alpha)$ 时，可通过外部研发机构降低其值

5.4.5　结论

本节采用演化博弈方法，对一个原始设备制造商和一个再制造商之间的再制造技术许可的合作问题进行了研究。得到如下结论：通过对双方合作概率代表式进行分析后发现，双方签订再制造技术许可契约时应首先考虑 F 和 ε 是否可以同时满足双方的期望值，这对双方合作的可能性影响很大；原始设备制造商因其技术独占性的优势，使其在整个演化博弈过程中起到了主导作用；双方若要达成合作，还必须考虑市场份额的分配问题，并且原始设备制造商应考虑给予再制造商更多的非技术资源，缓解过高的技术许可费可能给双方的合作带来的不利影响；另外，双方都有违约的可能性，需要加大惩罚力度以保证合作的概率。本节的研究结论可为包含再制造因素的企业间技术许可合作提供一定的建议。

（1）启示与企业策略建议。从原始设备制造商的角度看，再制造品对其新产品造成的影响本身不会太大，并且这也得到一些学者的验证。但是，由于原始设备制造商在技术方面占有较大的优势，所以其不可能把过多的精力和资源用于产品再制造。此时，原始设备制造商有两个选择：①完全放弃再制造，完全通过出售技术许可得到一部分利益，此时市场上会充斥着再制造品，若再制造品大面积出现质量问题，会对原始设备制造商的新产品造成一定的影响；②同本节所述，实施一部分产品的再制造行为，这是一种较折中的选择，此时应该注意与再制造商之间的合作中，通过合同条款约定对再制造商的产品实施质量监控，可保证原始设备制造商新产品的社会声誉不受再制造品的影响，并可提高产品的回收率和回收效果，达到较好的环保效果。

从再制造商的角度看，其本身是通过较低的生产成本，来达到其生产的再制造品的低价格优势。但由于产品翻新或再制造相关技术的门槛不高，或者原始设备制造商并没有对再制造市场实施阻止策略，其竞争对手数量必然多。此时，与原始设备制造商之间的技术许可或者其他方面的合作就显得更为重要。在双方合作过程中，再制造商可以通过 F 和 ε 做好相关值的核算，在保证自身利润的情况下，可以更好地与原始设备制造商合作，尽可能地得到与其合作的长期合同。

（2）研究展望。从各结论及其启示可知，保证再制造技术许可的合作长久性的关键因素是交易各方如何建立较长期的信任关系，这必然是一个较长期的演化过程。但是，如果某类新产品对其同类再制造品的销售及生产情况较为敏感，交易各方的合作关系的演化结果会是什么情况；或者，若原始设备制造商通过升级新产品的方式使同类再制造品的需求市场萎缩，这会对交易各方的合作有什么影响，这些问题都是可以扩展研究的，也是我们以后努力的方向。

5.5　本 章 小 结

本章以再制造闭环供应链上的若干典型的市场情景为背景，建立了各情景下的博弈模型，在给出的各方决策以及利润的参数解的基础上，通过对参数进行赋值画图分析，得到各情景下的市场结构的演化趋势，并且给出具有再制造闭环供应链特色的环保效果分析。

对于产品拆分再制造下的市场结构演化问题，研究结果表明，具有优势地位的零部件供应商实施再制造而制造商不实施再制造时的市场结构稳定性最低；而对于零部件供应商来说，其自身不实施再制造而制造商实施再制造对其利润增加不利，但制造商可以通过利润补偿机制来稳定这种市场结构；双方都实施再制造时，市场结构稳定性也较差。

对于考虑副产品生产的再制造闭环供应链市场结构演化问题，研究结果表明，制造商和再制造商都不实施副产品生产时的市场结构，系统总利润可能还会高于其他市场结构；当制造商生产副产品时，其副产品的 WTP 的变化对市场结构的演化影响较大；制造商实施副产品生产，再制造商不实施副产品生产时的市场结构最稳定；综合来看，制造商在供应链中的地位更重要，但同时再制造商的反应也会影响市场结构演化的走向。

对于再制造技术许可情景下的市场结构演化问题，本章研究了一个原始设备制造商和一个再制造商组成的再制造闭环供应链系统，分别采用对参数赋值画图和演化博弈方法分析了市场结构的趋势以及双方合作驱动下的市场结构演化趋势问题。研究结果显示，原始设备制造商的生产成本变化对各类产品的产量都有影响；双方只实施再制造品的技术许可交易的市场结构趋向性最强；再制造商只为其新产品购买技术许可的市场结构稳定性最低；双方只对再制造商的再制造品实施技术许可交易时的环保效果最优。从技术许可的合作性的角度来看，双方对技术许可的费用认同度以及技术许可的效用对市场结构的演化具有决定性作用；同样，制造商在交易过程中的重要性更大，而且若想保证双方合作成功，必须配备惩罚机制。

第6章　总结与展望

6.1　总　　结

再制造闭环供应链是再制造品生产及销售的有效载体。参与再制造的企业无论是直接生产者还是间接生产者，都可以通过再制造品的生产将环保活动纳入真正的企业运营过程中。再制造品体现出的缓解资源短缺和环境污染的作用，对我国循环经济发展模式起到了重要的作用，这也是企业及学术界关注的热点问题。一方面，通过再制造品的生产、销售及宣传活动，以及政府的大力支持，将企业的再制造行为真正地转移到人们的环保意识中；另一方面，企业在环保责任的履行过程中，也会规避相关责任并将其有效转移，更好地使回收再制造活动成为企业利润的一个来源。本书主要运用了博弈论理论方法对再制造闭环供应链的回收责任转移以及双向责任转移问题进行了建模、求解和分析比较，得到了不同博弈模型下各市场结构的经济效果排序及环保效果排序。在此基础上，本书近一步研究了跟随者不同决策次序、政府领导博弈以及混合回收渠道下的再制造闭环供应链市场结构问题。最后，对具体案例驱动下的几类典型再制造情景下的市场结构演化问题进行了深入分析，得到了具有指向性的最优市场结构分析结论。这些研究补充了再制造闭环供应链理论，并且为企业进行再制造相关责任的转移、规避及选择决策以及对市场结构的预判和选择提供了理论依据与实践指导。所以，本书的研究内容及结论具有较好的理论和实践价值。

6.1.1　本书的研究成果

（1）关于再制造闭环供应链上的相关责任转移问题的分析。在相关责任履行的驱动下，分别根据各方领导博弈以及决定转移因子的不同情景建立了博弈模型，然后通过求解分析及比较，可以得到各市场结构的经济效果及环保效果排序。这方面的成果及结论，一方面可以为政府制定相关环保政策提供建议；另一方面也可以使企业在履行相关环保责任的过程中，尽可能地保证自身的利润。

（2）关于再制造闭环供应链上不同跟随者博弈次序、政府领导博弈以及混合回收渠道下的再制造闭环供应链的市场结构问题的分析。通过对不同跟随次序下的分析，得到了制造商或零售商领导博弈时，后面跟随次序不同对结果无影响的结论。并且，得到了第三方回收商领导博弈时，采用打破销售联盟的方式可以提高再制造闭环供应链的回收率和各方收益的结论。当政府为再制造闭环供应链的领导者时，其他跟随行动的各方组成一个联合体（集中决策）的市场结构的环保效果及各方利润最大。然而，在混合回收渠道由制造商领导博弈的情况下，其他各方跟随决策的市场结构的各方利润及回收量较小，给出了保证这种市场结构不出现的条件。

（3）关于具体案例驱动下的几类典型再制造情景下的市场结构演化问题的研究。运用博弈理论，建立了各再制造市场情景下的博弈模型，通过对均衡解的分析及对相关参数的赋值画图分析，得到了具有指向性的市场结构演化趋势。并且，对各市场结构的环保效果进行了排序分析。结论兼顾了再制造闭环供应链上的各参与企业的经济利益及整条供应链满足政府的环保要求的需要，有效地保证了生产者责任延伸机制的实施。

6.1.2　本书的局限性

（1）在再制造闭环供应链的责任转移的研究中，由于模型求解难度所限，并没有考虑不确定环境下的博弈模型。现实中，这种环境不确定性代表着博弈结果进一步的不确定性。因此，此时再制造闭环供应链责任转移的市场结构的排序问题更复杂。

（2）本书只考虑了再制造闭环供应链上的三种典型的市场情景，还有一些市场情景并未纳入研究内容，如再制造品的担保问题等较新的市场情景形式。并且，本书只采用了完全信息条件下的静态博弈和动态博弈研究方法，并未涉及不完全信息下的动态博弈方法。例如，包含再制造活动的供应链成员之间的信息通常是互相不透明的，这时涉及的市场情景更加贴近现实。

这些不足之处将对本书的后续研究提出新要求，需要在日后的研究过程中进一步对其深化扩展。

6.2　展　　望

再制造闭环供应链方面的研究，对整个社会的产品处于健康循环的状态起到了重要作用。由于新业态的出现，此领域将衍生出更多的研究点。所以，为丰富和完善再制造闭环供应链的研究内容，并且结合本书所做的工作，有如下几个方面可作为今后研究的方向。

（1）多方参与的再制造闭环供应链责任转移研究。在再制造闭环供应链的责任分担及转移的研究中，可以考虑两个制造商和一个零售商的组合，此时再研究再制造闭环供应链的责任转移，就更加具有一般性。另外，同一家企业可能会生产多种类型的产品，此时如果和他方之间有责任转移的可能性，也是可以涉及的研究点。另外，若同时考虑多个制造商和多个零售商之间的交叉责任转移问题，将会使研究的问题更具有一般性。

（2）考虑风险规避特征的再制造闭环供应链市场结构演化。考虑制造商与再制造商（或零售商）风险规避特性的再制造闭环供应链的市场结构演化问题，更具有现实意义。现实中，大多数企业对再制造活动是抱有一定的抵触情绪的，毕竟其回收环节是较为复杂且消耗成本的过程。所以，可以考虑不同方采取不同的风险态度组合，以此为基础研究各情况下的市场结构演化的趋势。这将是值得深入探讨的问题。

（3）多周期下的再制造闭环供应链的市场结构演化问题。现实中，再制造活动是多周期的，回收的产品也可重复利用，如汽车的发动机的重复利用次数超过4 次。因此，在考虑了多周期情况下的再制造闭环供应链的市场结构演化问题，则更可以对演化的概念更好地诠释。另外，当前有些制造商把再制造品的生产销售活动当成竞争手段来打压竞争者进入。但是，经过多周期后的再制造闭环供应链中的成员是否会形成合作形态的市场结构，也是较有意义的研究点。这也将是本书后续研究方向之一。

参 考 文 献

[1] 陈孝兵. 生态文明：科学发展的时代强音——解读党的十八大报告的理论自觉[J]. 当代经济研究，2013，2：4-10.

[2] Lindhqvist T. Extended producer responsibility in cleaner production：Policy principle to promote environmental improvements of product systems[D]. Lund：Lund University，2000.

[3] 吴怡，诸大建.生产者责任延伸制的 SOP 模型及激励机制研究[J].中国工业经济，2008，240（3）：33-39.

[4] 王玉燕. 基于博弈视觉的闭环供应链定价与利益协调激励研究[D].南京：南京航空航天大学，2008：1-10.

[5] 郭伟，鹿红娟，邵宏宇，等. 基于再制造的闭环供应链研究现状及发展[J]. 西安电子科技大学学报（社会科学版），2011，21（2）：11-17.

[6] 计国君. 闭环供应链下的配送和库存理论及应用[M]. 北京：中国物资出版社，2007：8-9.

[7] 计国君，刘华. 面向再制造的产品生态创新之演化博弈分析[J]. 科学学与科学技术管理，2013，34（6）：66-75.

[8] Cachon G P，Lariviere M A. Supply chain coordination with revenue-sharing contracts：Strengths and limitations[J]. Management Science，2005，51（1）：30-44.

[9] Cooper M C，Lambert D M，Pagh J D. Supply chain management：More than a new name for logistics[J].The International Journal of Logistics Management，1997，8（1）：1-13.

[10] Lee H L，Padmanabhan V，Whang S. Information distortion in a supply chain：The bullwhip effect[J].Management Science，1997，43（4）：546-558.

[11] Lambert D M，Cooper M C，Pagh J D. Supply chain management：Implementation issues and research opportunities[J].The International Journal of Logistics Management，1998，9（2）：1-19.

[12] Gavirneni S，Kapuscinski R，Tayur S. Value of information in capacitated supply chains[J].Management Science，1999，45（1）：14-24.

[13] Chen F，Drezner Z，Ryan J K. Quantifying the bullwhip effect in a simple supply chain：The impact of forecasting，lead times and information[J].Management Science，2000，46（3）：436-443.

[14] Lee H L，So K C，Tang C S. The value of information sharing in a two-level supply chain[J]. Management Science，2000，46（5）：626-643.

[15] Cachon G，Fisher M. Supply chain inventory management and the value of shared information[J].Management Science，2000，46（8）：1032-1048.

[16] Lund R T，Mundial B. Remanufacturing：The Experience of the United States and Implications

for Developing Countries[M]. Washington D. C.: World Bank, 1984.

[17] Thierry M, Salomon M, Nunen J V, et al. Strategic issues in product recovery management[J]. California Management Review, 1995, 37 (2): 114-135.

[18] Guide Jr V D R. Production planning and control for remanufacturing: Industry practice and research needs[J]. Journal Operations Management, 2000, 18 (4): 467-483.

[19] Guide Jr V D R, van Wassenhove L N. Managing product returns for remanufacturing[J]. Production and Operations Management, 2001, 10 (2): 142-155.

[20] 许志端，郭艺勋. 延伸厂商责任的回收模式研究[J]. 经济管理, 2005 (10): 65-70.

[21] 达庆利.供应链管理研究的新动向（专辑的序言）[J].系统工程学报, 2008, 23 (6): 641-643.

[22] Guide Jr V D R, Jayaraman V, Srivastava R. Production planning and control for remanufacturing : A state-of the-art survey[J]. Robotics and Computer Integrated Manufacturing, 1999, 15 (3): 221-230.

[23] Guide Jr V D R, Srivastava R. An evaluation of order release strategies in a remanufacturing environment[J]. Computers & Operations Research, 1997, 24 (1): 37-47.

[24] Guide Jr V D R. Scheduling with priority dispatching rules and drum-buffer-rope in a recoverable manufacturing system[J]. International Journal of Production Economics, 1997 (1): 101-116.

[25] Souza G C, Ketzenberg M, Guide Jr V D R. Capacitated remanufacturing with service level constraints[J]. Production and Operations Management, 2002 (11): 231-248.

[26] Kekre S, Rao U S, Swaminathan J, et al. Reconfiguring a remanufacturing line at Visteon, Mexico[J]. Interfaces, 2003, 33 (6): 30-43.

[27] Guide Jr V D R, Souza G C, van der Laan E. Performance of static priority rules for shared facilities in a remanufacturing shop with disassembly and reassembly[J]. European Journal of Operational Research, 2005, 164 (2): 341-353.

[28] Steele D C, Philipoom P R, Malhotra M K, et al. Comparisons between drum-buffer-rope and material requirements planning: A case study[J]. International Journal of Production Research, 2005, 43 (15): 3181-3208.

[29] Stanfield P M, King R E, Hodgson T J. Determining sequence and ready times in a remanufacturing system[J]. IIE Transactions, 2006, 38 (7): 597-607.

[30] Li Y J, Chen J, Cai X Q. Heuristic genetic algorithm for capacitated production planning problems with batch processing and remanufacturing[J]. International Journal of Production Economics, 2007 (2): 301-317.

[31] Li J X, Gonzalez M, Zhu Y. A hybrid simulation optimization method for production planning of dedicated remanufacturing[J]. International Journal of Production Economics, 2009, 117(2): 286-301.

[32] Feng Y, Viswanathan S. A new lot-sizing heuristic for manufacturing systems with product recovery[J]. International Journal of Production Economics, 2011, 133 (1): 432-438.

[33] Ferrer G, Heath S K, Dew N. An RFID application in large job shop remanufacturing operations[J]. International Journal of Production Economics, 2011, 133 (2): 612-621.

[34] Dowlatshahi S. Developing a theory of reverse logistics[J]. Interfaces，2000，30（3）：143-155.

[35] Toktay L B，Wein L M，Zenios S A. Inventory management of remanufacturable products[J]. Management Science，2000，46（11）：1412-1426.

[36] van der Laan E，Salomon M，Dekker R，et al. Inventory control in hybrid systems with remanufacturing[J]. Management Science，1999，45（5）：733-747.

[37] DeCriox G A，Zipkin P H. Inventory management for an assembly system with product or component returns[J]. Management Science，2005，51（8）：1250-1265.

[38] DeCriox G A，Song J S，Zipkin P H. A series system with returns：Stationary analysis[J]. Operations Research，2005，53（2）：350-362.

[39] Minner S，Kleber R. Optimal control of production and remanufacturing in a simple recovery model with linear cost functions[J]. OR-Spektrum，2001，23（1）：3-24.

[40] Saadany A M E，Jaber M Y. A production/remanufacturing inventory model with price and quality dependant return rate[J]. Computers & Industrial Engineering，2010，58（3）：352-362.

[41] Chung S L，Wee H M，Yang P C. Optimal policy for a closed-loop supply chain inventory system with remanufacturing[J]. Mathematical and Computer Modelling，2008，48（5）：867-881.

[42] DeCriox G A. Optimal policy for a multiechelon inventory system with remanufacturing[J]. Operations Research，2006，54（3）：523-543.

[43] 袁开福，高阳. 考虑处置和服务水平影响的混合系统库存决策[J]. 计算机集成制造系统，2010，16（3）：573-579.

[44] 陈秋双，刘东红.再制造系统的库存控制研究[J]. 南开大学学报（自然科学版），2003，36（3）：67-72.

[45] 赵宜，蒲云，尹传忠. 回收物流库存控制研究[J]. 中国管理科学，2005，13（5）：49-53.

[46] Takahashi K，Morkawa K，Takeda D，et al. Inventory control for a MARKOVIAN remanufacturing system with stochastic decomposition process[J]. International Journal of Production Economics，2007，108（1）：416-425.

[47] Roy A，Maity K，Kar S. A production-inventory model with remanufacturing for defective and usable items in fuzzy-environment[J]. Computers & Industrial Engineering，2009，56（1）：87-96.

[48] Ahiska S S，King R E. Inventory optimization in a one product recoverable manufacturing system[J]. International Journal of Production Economics，2010，124（1）：11-19.

[49] Zhou S X，Yu Y K. Optimal product acquisition，pricing，and inventory management for systems with remanufacturing[J]. Operations Research，2011，59（2）：514-521.

[50] Hsueh C F. An inventory control model with consideration of remanufacturing and product life cycle[J]. International Journal of Production Economics，2011，133（2）：645-652.

[51] Tsiakis P，Shah N，Pantelides C C. Design of multi-echelon supply chain networks under demand uncertainty[J]. Industrial & Engineering Chemistry Research，2001，40（16）：

3585-3604.

[52] Alonso-Ayuso A，Escudero L F，Garín A，et al. An approach for strategic supply chain planning under uncertainty based on stochastic 0-1 programming[J]. Journal of Global Optimization，2003，26（1）：97-124.

[53] Santoso T，Ahmed S，Goetschalckx M，et al. A stochastic programming approach for supply chain network design under uncertainty[J]. European Journal of Operational Research，2005，167（1）：96-115.

[54] Poojari C A，Lucas C，Mitra G. Robust solutions and risk measures for a supply chain planning problem under uncertainty[J]. Journal of the Operational Research Society，2007，59（1）：2-12.

[55] Fleischmann M，Bloemhof-Ruwaard J，Dekker R，et al. Quantitative models for reverse logistics：A review[J]. European Journal of Operational Research，1997，103（1）：1-17.

[56] Kroon L，Vrijens G. Returnable containers：An example of reverse logistics[J]. International Journal of Physical Distribution & Logistics Management，1995，25（2）：56-68.

[57] Del Castillo E，Cochran J K. Optimal short horizon distribution operations in reusable container systems[J]. Journal of Operational Research Society，1996，47（1）：48-60.

[58] Berger T，Debaillie B. Location of disassembly centers for reuse to extend an existing distribution network[D]. Unpublished Masters thesis，Leuven：University of Leuven，1997.

[59] Krikke H R，van Harten A，Schuur P C. Business case Oce：Reverse logistic network redesign for copiers[J]. OR Spektrum，1999，21（3）：381-409.

[60] Fleischmann M，Krikke H R，Dekker R，et al. A characterisation of logistics networks for product recovery[J]. Omega，2000（28）：653-666.

[61] Krikke H R，Bloemhof-Ruwaard J，van Wassenhove L N. Concurrent product and closed-loop supply chain design with an application to refrigerators[J]. International Journal of Production Research，2003，41（16）：3689-3719.

[62] Ko H J，Evans G W. A genetic algorithm-based heuristic for the dynamic integrated forward/reverse logistics network for 3PLs[J]. Computers & Operations Research，2007，34（2）：346-366.

[63] Min H，Ko H J.The dynamic design of a reverse logistics network from the perspective of third-party logistics service providers[J]. International Journal of Production Economics，2008，113（1）：176-192.

[64] 达庆利，黄祖庆，张钦. 逆向物流系统结构研究的现状及展望[J]. 中国管理科学，2004，12（1）：131-138.

[65] 顾巧论，陈秋双. 再制造/制造系统集成物流网络及信息网络研究[J]. 计算机集成制造系统，2004，10（7）：721-726.

[66] 顾巧论，陈秋双. 再制造/制造系统集成物流网络扩展模型研究[J]. 信息与控制，2004，33（5）：618-622.

[67] 顾巧论，季建华. 再制造/制造系统集成物流网络模糊机会约束规划模型[J]. 控制理论与应用，2005，22（6）：889-894.

[68] 马祖军，代颖，刘飞. 制造/再制造混合系统中集成物流网络优化设计模型研究[J]. 计算机

集成制造系统，2005，11（11）：1551-1557.

[69] 代颖，马祖军. 基于二阶段随机规划的制造/再制造集成物流网络优化设计[J]. 系统工程，2006，24（3）：8-14.

[70] 代颖，马祖军，刘飞.再制造闭环物流网络优化设计模型[J]. 中国机械工程，2006，17（8）：809-814.

[71] 刘琼，叶晶晶，邵新宇. 不确定信息条件下制造/再制造物流网络优化设计[J]. 华中科技大学学报（自然科学版），2007，35（10）：80-83.

[72] 马祖军，张殿业，代颖. 再制造逆向物流网络优化设计模型研究[J]. 交通运输工程与信息学报，2004，2（2）：53-58.

[73] Salema M I G, Barbosa-Povoa A P, Novais A Q. An optimization model for the design of a capacitated multi-product reverse logistics network with uncertainty[J]. European Journal of Operational Research，2007，179（3）：1063-1077.

[74] Lee D H, Dong M. A heuristic approach to logistics network design for end-of-lease computer products recovery[J]. Transportation Research Part E：Logistics and Transportation Review，2008，44（3）：455-474.

[75] 狄卫民，马祖军，代颖. 制造/再制造集成物流网络模糊优化设计方法[J]. 计算机集成制造系统，2008，14（8）：1472-1480.

[76] 狄卫民，胡培. 制造/再制造物流网络优化设计的多周期静态选址模型[J]. 中国机械工程，2008，19（16）：1950-1954.

[77] 孙浩. 制造/再制造集成物流网络设施选址模型及算法[J]. 工业工程与管理，2009，14（3）：70-77.

[78] 房巧红，陈功玉. 再制造逆向物流网络的机会约束目标规划模型[J]. 工业工程与管理，2010，15（1）：74-81.

[79] 毛海军，芮维娜，李旭宏. 基于不确定条件的再制造物流网络优化设计[J]. 东南大学学报（自然科学版）：2010，40（3）：425-430.

[80] Lee J E, Gen M S, Rhee K G. Network model and optimization of reverse logistics by hybrid genetic algorithm[J]. Computers & Industrial Engineering，2009，56（3）：951-964.

[81] Pishvaee M S, Rabbani M, Torabi S A. A robust optimization approach to closed-loop supply chain network design under uncertainty[J]. Applied Mathematical Modelling，2011，35（2）：637-649.

[82] Mutha A, Pokharel S. Strategic network design for reverse logistics and remanufacturing using new and old product modules[J]. Computers & Industrial Engineering，2009，56（1）：334-346.

[83] Minner S, Francas D. Manufacturing network configuration in supply chains with product recovery[J]. Omega，2009，37（4）：757-769.

[84] Sasikumar P, Kannan G, Noorul H. A multi-echelon reverse logistics network design for product recovery-a case of truck tire remanufacturing[J]. International Journal of Advanced Manufacturing Technology，2010，49（9）：1223-1234.

[85] Lee D H, Dong M, Bian W.The design of sustainable logistics network under uncertainty[J]. International Journal of Production Economics，2010，128（1）：159-166.

[86] 赵玮. 循环经济模式下的供应链管理[J].科研管理，2005，26（2）：50-54.

[87] Fleckinger P，Glachant M. The organization of extended producer responsibility in waste policy with product differentiation[J]. Journal of Environmental Economics and Management，2010，59（1）：57-66.

[88] Robert A，Geraloo F. Eco-efficiency，asset recovery and remanufacturing[J]. European Management Journal，1997，15（5）：557-574.

[89] 黄祖庆，易荣华，达庆利.第三方负责回收的再制造闭环供应链决策结构的效率分析[J].中国管理科学，2008，16（3）：73-77.

[90] Lee S G，Lye S W，Khoo M K. A multi-objective methodology for evaluating product end-of-life options and disassembly[J]. The International Journal of Advanced Manufacturing Technology，2001，18（2）：148-156.

[91] Özdemir Ö，Denizel M，Guide Jr V D R. Recovery decisions of a producer in a legislative disposal fee environment[J]. European Journal of Operational Research，2012，216（2）：293-300.

[92] Ilgin M A，Gupta S M. Environmentally conscious manufacturing and product recovery （ECMPRO）：A review of the state of the art[J]. Journal of Environmental Management，2010，91（3）：563-591.

[93] 冯之浚，张伟，郭强. 循环经济与末端治理的范式比较研究[N]. 光明日报，2003-9-22.

[94] 赵晓敏，冯之浚，黄培清. 闭环供应链管理——我国电子制造业应对欧盟 WEEE 指令的管理变革[J]. 中国工业经济，2004，8：48-55.

[95] 刘宝全，季建华，张弦. 废旧产品再制造环境下的产品定价和再制造方式分配[J]. 管理工程学报，2008，22（3）：74-78.

[96] Fleischmann M，Beullens P，Bloemhof-Ruwaard J M，et al. The impact of product recovery on logistics network design[J]. Production and Operations Management，2001，10（2）：156-173.

[97] Kaya O. Incentive and production decisions for remanufacturing operations[J]. European Journal of Operational Research，2010，201（2）：442-453.

[98] Savaskan R C，Bhattacharya S，van Wassenhove L N. Closed-loop supply chain models with product remanufacturing[J]. Management Science，2004，50（2）：239-252.

[99] Toyasaki F，Boyacı T，Verter V. An analysis of monopolistic and competitive take-back schemes for WEEE recycling[J]. Production and Operations Management，2011，20（6）：805-823.

[100] Walther G，Schmid E，Spengler T S. Negotiation-based coordination in product recovery networks[J]. International Journal of Production Economics，2008，111（2）：334-350.

[101] 姚卫新. 再制造条件下逆向物流回收模式的研究[J]. 管理科学，2004，17（1）：76-80.

[102] 魏洁，李军. EPR 下的逆向物流回收模式选择研究[J]. 中国管理科学，2005，13（6）：18-22.

[103] Savaskan R C，van Wassenhove L N. Reverse channel design：The case of competing retailers[J]. Management Science，2006，52（1）：1-14.

[104] 王发鸿，达庆利. 电子行业再制造逆向物流模式选择决策分析[J]. 中国管理科学，2006，

14（6）：44-49.

[105] 樊松，张敏洪. 闭环供应链中回收价格变化的回收渠道选择问题[J]. 中国科学院研究生院学报，2008，25（2）：151-160.

[106] 胡燕娟，关启亮.基于复合渠道回收的闭环供应链决策模型研究[J].软科学，2009，23（12）：13-16.

[107] 计国君. 不确定需求下有价差时再造回收模式研究[J]. 中国流通经济，2009（5）：41-45.

[108] 邢光军，林欣怡，达庆利. 零售价格竞争的生产商逆向物流系统决策研究[J]. 系统工程学报，2009，24（3）：307-314.

[109] 周永圣，汪寿阳. 政府监控下的退役产品回收模式[J]. 系统工程理论与实践，2010，30（4）：615-621.

[110] 韩小花. 基于制造商竞争的闭环供应链回收渠道的决策分析[J].系统工程，2010，28（5）：36-41.

[111] 韩小花，薛声家.竞争的闭环供应链回收渠道的演化博弈决策[J].计算机集成制造系统，2010，16（7）：1487-1493.

[112] 邢伟，汪寿阳，赵秋红，等.考虑渠道公平的双渠道供应链均衡策略[J].系统工程理论与实践，2011，31（7）：1249-1256.

[113] 易余胤，袁江.渠道冲突环境下的闭环供应链协调定价模型[J].管理科学学报，2012，15（1）：54-65.

[114] Chao G H，Iravani S M R，Savaskan R C. Quality improvement incentives and product recall cost sharing contracts[J]. Management Science，2009，55（7）：1122-1138.

[115] 汪翼，孙林岩，李刚，等.闭环供应链的回收责任分担决策[J].系统管理学报，2009，18（4）：378-384.

[116] Ni D，Li K W，Tang X. Social responsibility allocation in two-echelon supply chains: Insights from wholesale price contracts[J]. European Journal of Operational Research，2010，207（3）：1269-1279.

[117] Toktay L B，Wei D. Cost allocation in manufacturing & remanufacturing operations[J]. Production and Operations Management，2011，20（6）：841-847.

[118]Atasu A，Subramanian R. Extended producer responsibility for E-waste: Individual or collective producer responsibility?[J]. Production and Operations Management，2012，21（6）：1042-1059.

[119] Jacobs B W，Subramanian R. Sharing responsibility for product recovery across the supply chain[J].Production and Operations Management，2012，21（1）：85-100.

[120] 程晋石，李帮义，龚本刚.再制造供应链的回收责任转移模型[J].控制与决策，2013，28（6）：909-914.

[121] Dekker R，Fleischmann M. Reverse Logistics: Quantitative Models for Closed-loop Chains[M]. Berlin: Springer，2004：4-5.

[122] Nakashima K，Arimitsu H，Nose T，et al. Optimal control of a remanufacturing system[J]. International Journal of Production Research，2004，42（7）：3619-3625.

[123] 顾巧论，高铁杠，石连栓. 基于博弈论的逆向供应链定价策略分析[J]. 系统工程理论与实践，2005（3）：20-25.

[124] Bakal I，Akcali E. Effects of random yield in reverse supply chains with price-sensitive supply and demand[J]. Production and Operations Management，2006，15（3）：407-420.

[125] Ferguson M，Guide Jr V D R，Souza G C. Supply chain coordination for false failure returns[J]. Manufacturing & Service Operations Management，2006，8（4）：376-393.

[126] 王玉燕，李帮义，申亮. 供应链、逆向供应链系统的定价策略研究[J]. 中国管理科学，2006，14（4）：40-45.

[127] 邱若臻，黄小原. 具有产品回收的闭环供应链协调模型[J]. 东北大学学报（自然科学版），2007，28（6）：883-886.

[128] 葛静燕，黄培清. 基于博弈论的闭环供应链定价策略分析[J].系统工程学报，2008，23（1）：111-115.

[129] 公彦德，李帮义，刘涛. 物流外包和废品回收双重作用下的 TPL-CLSC 定价和协调策略[J]. 中国管理科学，2008，16（6）：46-53.

[130] 孙浩，达庆利. 随机回收和有限能力下逆向供应链定价及协调[J]. 系统工程学报，2008，23（6）：720-726.

[131] 张克勇，周国华. 零售商竞争环境下闭环供应链定价策略分析[J]. 运筹与管理，2008，17（6）：44-49.

[132] 包晓英，阳成虎，蒲云. 再制造产品最优定价策略研究[J]. 计算机集成制造系统，2008，14（12）：2436-2440.

[133] Liang Y，Pokharel S，Lim G H. Pricing used products for remanufacturing[J]. European Journal of Operational Research，2009，193（2）：390-395.

[134] 易余胤. 基于再制造的闭环供应链协调定价研究[J]. 商业经济与管理，2009，215（9）：17-21.

[135] 孙浩，达庆利. 基于产品差异的再制造闭环供应链定价与协调研究[J]. 管理学报，2010，7（5）：733-738.

[136] 包晓英，唐志英，唐小我. 基于回收再制造的闭环供应链差异定价策略及协调[J]. 系统管理学报，2010，19（5）：546-552.

[137] 公彦德，李帮义. 三级 CLSC 物流外包与废品回收的临界条件整合研究[J]. 管理工程学报，2010，24（2）：124-129.

[138] Guide Jr V D R，Li J. The potential for cannibalization of new products sales by remanufactured products[J]. Decision Sciences，2010，41（3）：547-572.

[139] Chen J M，Chang C I. The co-opetitive strategy of a closed-loop supply chain with remanufacturing[J]. Transportation Research Part E：Logistics and Transportation Review，2012，48（2）：387-400.

[140] 郭军华，李帮义，倪明.WTP 差异下再制造闭环供应链的定价策略与协调机制[J].系统管理学报，2012，21（5）：617-624.

[141] Choi S C. Price competition in a channel structure with a common retailer[J]. Marketing Science，1991，10（4）：271-296.

[142] 黄祖庆，达庆利. 直线型再制造供应链决策结构的效率分析[J]. 管理科学学报，2006，9（4）：51-57.

[143] 易余胤. 不同市场力量下的再制造闭环供应链决策研究[J]. 商业经济与管理，2008，7（1）：

24-30.

[144] Atasu A，Sarvary M，van Wassenhove L N. Remanufacturing as a marketing strategy[J]. Management Science，2008，54（10）：1731-1746.

[145] 易余胤. 具竞争零售商的再制造闭环供应链模型研究[J]. 管理科学学报，2009，12（6）：45-54.

[146] 李帮义. 作为阻止战略的再制造决策研究[J]. 控制与决策，2010，25（11）：1675-1683.

[147] 易余胤. 不同主导力量下的闭环供应链模型[J]. 系统管理学报，2010，19（4）：389-396.

[148] 熊中楷，王凯，熊榆.考虑经销商从事再制造的闭环供应链模式[J].系统工程学报，2011，26（6）：792-800.

[149] 程晋石，李帮义.考虑副产品生产的再制造市场结构演化分析[J].计算机集成制造系统，2013，19（9）：2271-2279.

[150] 程晋石，李帮义.产品拆分再制造的市场结构演化分析[J].系统工程，2013，31（3）：67-73.

[151] 史成东，陈菊红，郭福利，等. Loss-averse 闭环供应链协调[J].系统工程理论与实践，2011，31（9）：1668-1673.

[152] Wu C H. OEM product design in a price competition with remanufactured product[J]. Omega，2013，41（2）：287-298.

[153] Oraiopoulos N，Ferguson M E，Toktay L B. Relicensing as a secondary market strategy[J]. Management Science，2012，58（5）：1022-1037.

[154] Subramanian R，Ferguson M E，Toktay L B. Remanufacturing and the component commonality decision[J]. Production and Operations Management，2013，22（1）：36-53.

[155] Berko-Boateng V，Azar J，De Jong E，et al. Asset cycle management-a total approach to product design for the environment[C]. Proceedings of the 1993 IEEE International Symposium on Electronics and the Environment，1993：19-31.

[156] Ferrer G，Swaminathan J M. Managing new and remanufactured products[J]. Management Science，2006，52（1）：15-26.

[157] 徐滨士.再制造与循环经济[M]. 北京：科学出版社，2007.

[158] Östlin J，Sundin E，Björkman M. Importance of closed-loop supply chain relationships for product remanufacturing[J]. International Journal of Production Economics，2008，115（2）：336-348.

[159] Aras N，Güllü R，Yürülmez S. Optimal inventory and pricing policies for remanufacturable leased products[J]. International Journal of Production Economics，2011，133（1）：262-271.

[160] 周长征. 从探底竞赛到全球治理——公司社会责任中的劳动标准问题探析[J]. 中外法学，2006，18（5）：541-552.

[161] Nnorom I C，Osibanjo O. Overview of electronic waste（e-waste）management practices and legislations，and their poor applications in the developing countries[J]. Resources，Conservation and Recycling，2008，52（6）：843-858.

[162] 张桂红. 美国产品责任法的最新发展及其对我国的启示[J]. 法商研究：中南财经政法大学

学报，2001，18（6）：100-105.

[163] 魏后凯. 中国制造业集中与市场结构分析[J]. 管理世界，2002，4：63-71.

[164] 孔令丞. 产业经济学[M]. 北京：中国人民大学出版社，2008.

[165] 肖条军. 博弈论及其应用[M]. 上海：上海三联书店，2004.

[166] 陈菲琼. 企业知识联盟的理论与实证研究[D]. 杭州：浙江大学，2001.

[167] 李琳，王志伟，张红. OSP 市场结构演化特点分析[J]. 成都大学学报（社会科学版），2007（4）：41-43.

[168] 黄中伟. 产业集群的市场结构分析[J]. 浙江师范大学学报（社会科学版），2004，29（2）：27-31.

[169] EPCEU.Directive 2002/95/EC of the European Parliament and of the Council of 27 January 2003 on the restriction of the use of certain hazardous substances in electrical and electronic equipment [EB/OL]. http: //eur-lex. europa.eu/ LexUriServ/LexUriServ.do ? uri=CEL EX：32002L0095：EN：HTML[2003-02-13].

[170] 何波，杨超，任鸣鸣.基于第三方物流的产品回收物流网络优化模型及算法[J].计算机集成制造系统，2008，14（1）：39-44.

[171] Amaeshi K M, Osuji O K, Nnodim P. Corporate social responsibility in supply chains of global brands：A boundaryless responsibility? Clarifications, exceptions and implications[J].Journal of Business Ethics，2008，81（1）：223-234.

[172] Fruchter G E, Kalish S. Closed-loop advertising strategies in a duopoly[J].Management Science，1997，43：54-63.

[173] 公彦德，李帮义，刘涛.基于物流费用分摊比例的闭环供应链模型[J].系统工程学报，2011，26（1）：39-49.

[174] 中国船舶网. 马士基将实施新一轮的加价计划[EB/OL].http://www.cnshipnet.com/news/8/37241.html[2012-09-07].

[175] 田晓风. 日本考察归来后的感悟[J]. 资源再生，2015（6）：64-66.

[176] 赵忠，谢家平，任毅. 废旧产品回收再制造计划模式研究述评[J]. 管理学报，2008，5（2）：305-311.

[177] 李帮义. 基于客户感知质量差异的再制造优化决策[J]. 南京航空航天大学学报，2010，42（6）：806-810.

[178] 易余胤，袁江. 基于混合回收的闭环供应链协调定价模型[J]. 管理评论，2011，23（11）：169-176.

[179] 李新军，达庆利. 再制造条件下闭环供应链效益分析[J]. 机械工程学报，2008，44（5）：170-174.

[180] Lilien G L, Kotler P, Moorthy K S. Marketing Models[M]. Englewood Cliffs：Prentice-Hall，1992.

[181] 姚卫新，陈梅梅. 闭环供应链渠道模式的比较研究[J]. 商业研究，2007，357（1）：51-54.

[182] 王文宾，达庆利. 零售商与第三方回收下闭环供应链回收与定价研究[J].管理工程学报，2010，24（2）：130-133.

[183] 叶佑林，吴文秀. 混合回收渠道的闭环供应链协调模型研究[J].科技管理研究，2010（17）：227-230.

[184] Bhattacharya S，Guide Jr V D R，van Wassenhove L N. Optimal order quantities with remanufacturing across new product generations[J]. Production and Operations Management，2006，15（3）：421-431.

[185] Webster S，Mitra S. Competitive strategy in remanufacturing and the impact of take-back laws[J]. Journal of Operations Management，2007，25（6）：1123-1140.

[186] 熊中楷，王凯，熊榆. 经销商从事再制造的闭环供应链模式研究[J]. 管理科学学报，2011，14（11）：1-9.

[187] 韩玉霞. 电控高压共轨柴油机喷油器的喷油特性分析[D]. 南昌：江西农业大学，2012.

[188] Lee D. Turning waste into by-product[J]. Manufacturing & Service Operations Management，2012，14（1）：115-127.

[189] Taheripour F，Hertel T W，Tyner W E，et al. Biofuels and their by-products：Global economic and environmental implications[J]. Biomass and Bioenergy，2010，34（3）：278-289.

[190] 汪永超，刘勇，殷国富，等. 流程企业联副产品成本分配原理与方法研究[J]. 四川大学学报（工程科学版），2005，37（4）：139-143.

[191] 赵良杰，武邦涛，陈忠，等. 感知质量差异对网络外部性市场结构演化的影响[J]. 系统工程理论与实践，2011，31（1）：84-91.

[192] 刘晨光，白玉芳，李文娟，等. 两类市场结构下企业生产方式选择决策[J]. 系统工程理论与实践，2012，32（1）：49-59.

[193] Subramanian R，Subramanyam R. Key factors in the market for remanufactured products[J]. Manufacturing & Service Operations Management，2012，14（2）：315-326.

[194] Geyer R，van Wassenhove L N，Atasu A. The impact of limited component durability and finite life cycles on remanufacturing profit[J]. Management Science，2007，53（1）：88-100.

[195] Ferguson M. Strategic Issues in Closed-loop Supply Chains with Remanufacturing[M]. Oxfordshire：Taylor and Francis，2009.

[196] Marion J. Sun under fire-for fixing solaris OS costs to reduce competition in used sun market [EB/OL]. http://www.sparcproductdirectory.com/view56.html[2004-06-08].

[197] Arora A. Patents，licensing，and market structure in the chemical industry[J]. Research Policy，1997，26（4）：391-403.

[198] Muto S. Possibility of relicensing and patent protection[J]. European Economic Review，1987，31（4）：927-945.

[199] Costa L A，Dierickx I. Licensing and bundling[J]. International Journal of Industrial Organization，2002，20（2）：251-267.

[200] Kim Y J，Vonortas N S. Technology licensing partners[J]. Journal of Economics and Business，2006，58（4）：273-289.

[201] Lichtenthaler U. Licensing technology to shape standards：Examining the influence of the industry context[J]. Technological Forecasting and Social Change，2012，79（5）：851-861.

[202] 钟德强，罗定提，仲伟俊，等. 异质产品 Cournot 寡头竞争企业替代技术许可竞争策略分析[J]. 系统工程理论与实践，2007，9：24-37.

[203] 王怀祖，熊中楷，黄俊. 双边市场条件下的技术许可策略研究[J]. 管理工程学报，2011，25（3）：206-213.

[204] 熊中楷, 申成然, 彭志强. 专利保护下再制造闭环供应链协调机制研究[J]. 管理科学学报, 2011, 14 (6): 76-85.

[205] 沈克慧, 赵丹, 陈承, 等. 单边随机 R&D 企业最优技术许可策略研究[J]. 管理评论, 2012, 24 (5): 73-79.

[206] 中国汽车咨询中心网. 创新再制造交易平台, 解决汽配后市场的困惑[EB/OL]. http://www.autochina360.com/forum/yanjiangjiabin/yanjianggao/65628.html[2013-01-14].

[207] 吕君. 电子产品闭环供应链运营管理研究[J]. 商业经济与管理, 2009, 1 (11): 27-33.

[208] Wang X H. Fee versus royalty licensing in a Cournot duopoly model[J]. Economics Letters, 1998, 60 (1): 55-62.

[209] Weibull J W. Evolutionary Game Theory[M]. Boston: MIT press, 1997.